師父，這玩意比功夫還管用！

闖江湖
必備的

心理學寶典

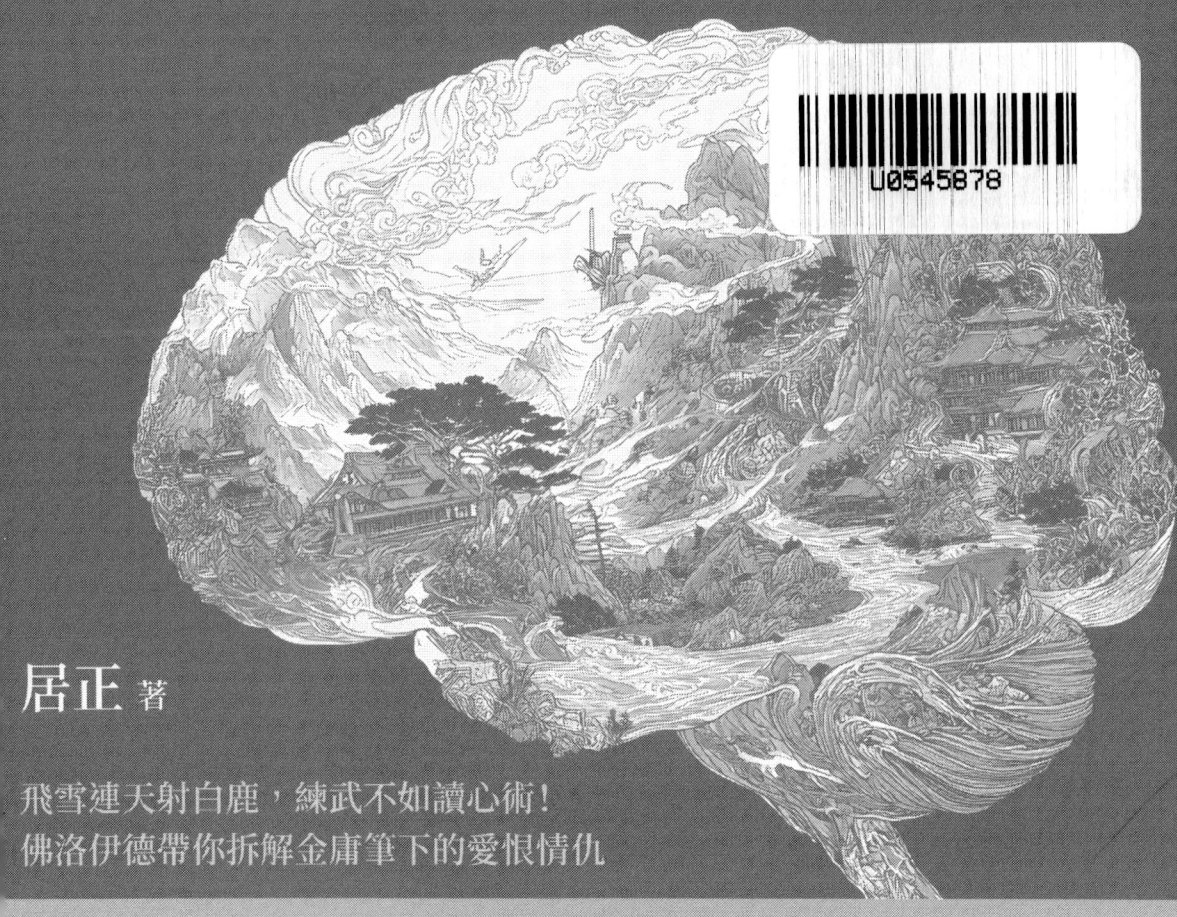

居正 著

飛雪連天射白鹿，練武不如讀心術！
佛洛伊德帶你拆解金庸筆下的愛恨情仇

林平之最恨的為什麼是令狐沖？
李莫愁又是被怎樣的情傷扭曲成魔頭？

帶著精神分析入江湖　　看那些沒說出口的渴望與缺憾

目錄

- 前言 ………………………………………………………… 005
- 愛情篇 ……………………………………………………… 009
- 成長篇 ……………………………………………………… 111
- 養育篇 ……………………………………………………… 179
- 創傷篇 ……………………………………………………… 227
- 其他 ………………………………………………………… 293
- 附錄：談「中西人格的心理差異」………………………… 317
- 後記 ………………………………………………………… 325

目錄

前言

宋人曾道：「凡有井水飲處，即能歌柳詞。」今人則說：「凡有華人居處，便有金庸小說。」

從獲得諾貝爾獎的教授到販夫走卒，從黃土高原到美利堅，各個階層、各個地方，到處都有金庸迷。除了金庸，極少有哪一個作家的作品能如此廣泛地受到人們的喜愛。

——《文壇俠聖：金庸傳》作者冷夏

我從1992年開始接觸金庸的武俠作品，此後我收集了很多金庸先生的作品……金庸小說寫作方法獨特，有高超的想像力。讀金庸小說，使我受到了許多啟發，從中汲取了不少寫作方法。

—— 著名作家賈平凹

金庸武俠小說吸引讀者之處，除了故事構思巧妙、弘揚傳統文化之外，還在於其對人物刻劃得栩栩如生，對人性洞察和理解得深刻。在《笑傲江湖》後記中金庸寫道：「我寫武俠小說是想寫人性……只有刻劃人性，才有較長期的價值。」

人性也是心理學研究的領域之一。尤其在臨床心理諮商與治療中，對人性的探索、對人格的評估是工作中的主旋律，這是為了更貼近地理解每一個走進諮詢室的來訪者。於是，在對人性的觀察與理解上，金庸的武俠小說與心理諮商與治療就有了交會之處。在心理諮商與治療的眾多流派之中，由奧地利精神科醫生、心理學家、哲學家、作家西格蒙德·佛洛伊德

前言

開創並發展至今的精神分析流派,對於人性的研究是頗為豐富且深刻的。

《當金庸遇見佛洛伊德》是一本從精神分析視角分析與解讀金庸武俠小說中人物心理的書。精神分析由佛洛伊德作為起點,百年來眾多傑出的精神分析師和心理學家在弗氏理論的基礎上不斷修正、完善、發展,最終形成了眾多不同的精神分析分支流派。其中,比較重要的有卡爾‧榮格開創的分析心理學;由安娜‧佛洛伊德(Anna Freud)、艾瑞克森(E.H.Erikson)發展的自我心理學與梅蘭妮‧克萊因(Melanie Klein)、威尼科特(Donald Winnicott)發展的客體關係構成的英國精神分析;以雅各‧拉岡(Jacques Lacan)為代表的法國精神分析;海因茨‧科胡特(Heinz Kohut)在美國創立的自體心理學等。

本書便是採用這些精神分析流派的心理理論與臨床模型進行金庸武俠人物的心理分析。包含佛洛伊德的第一拓撲學模型(無意識、前意識、意識),第二拓撲學模型(本我、自我、超我);榮格的集體無意識模型、人格模型;拉岡派的三界理論、映像理論;克萊因的偏執分裂—憂鬱心位、嫉羨理論;自我心理學中的防禦模式;客體關係中的移情、投射、投射性認同;自體心理學的三極自體理論,共情—理解理論;以及主體間性的互動體驗場域視角。

在本書中,筆者拋棄了「潛意識」這個詞,代之以「無意識」。在目前眾多專業的精神分析書中,這兩個詞互有混用,筆者認為用「潛意識」這個詞會產生與「前意識」含義相混淆的理解,而其本意是指在意識之外的存在,因此採用「無意識」這個詞。

本書一共三十八篇心理分析文章，分析金庸武俠人物四十餘位，以及一篇附錄〈談「中西人格的心理差異」〉。根據出版社建議將文章分為「愛情」、「成長」、「養育」、「創傷」以及「其他」五大主題版塊，其中不少人物分析是跨越若干主題的。

　　謹以本書紀念金庸先生百年誕辰！

前言

愛情篇

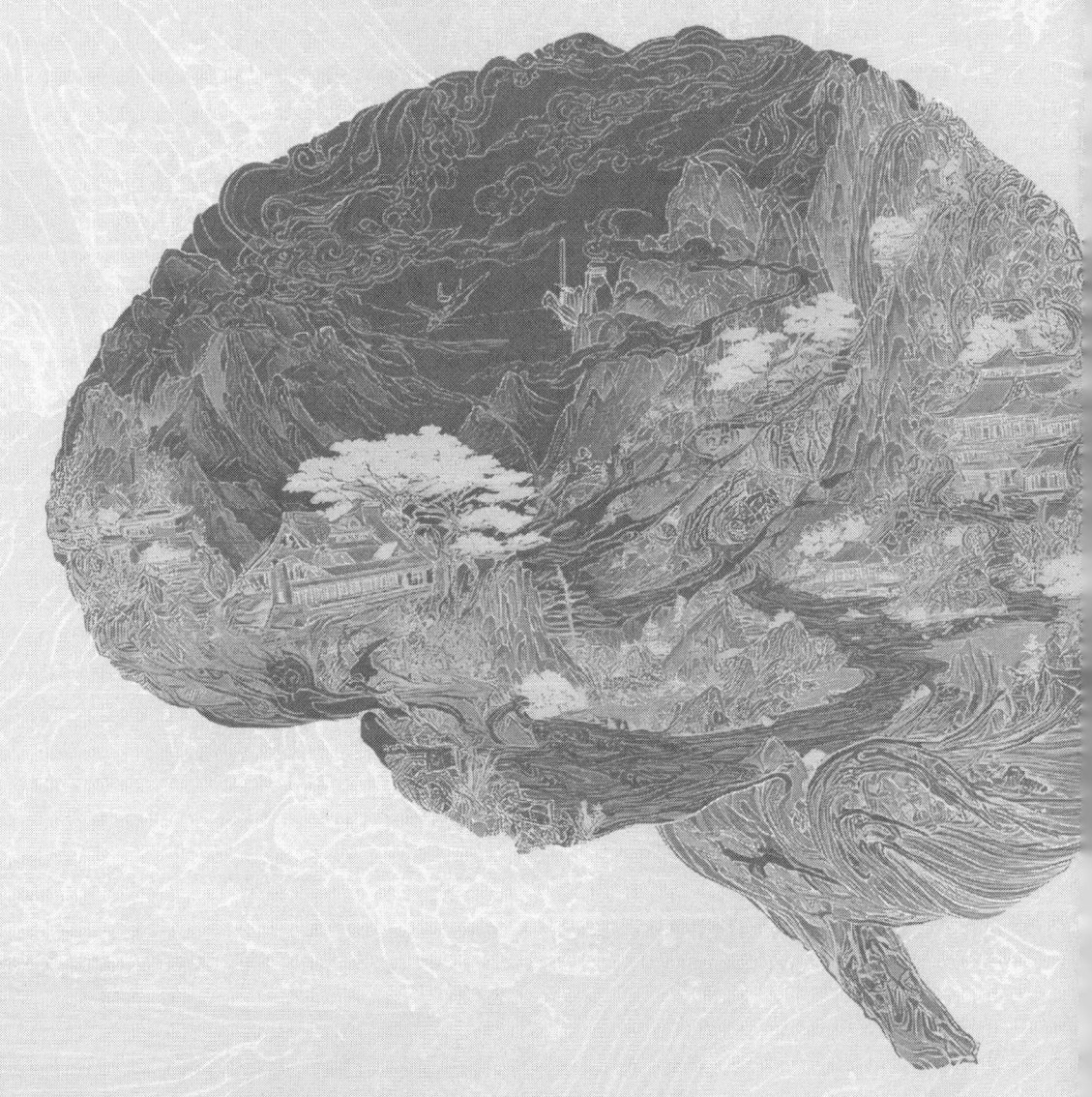

愛情篇

郭靖黃蓉：愛上他是他

在金庸武俠世界中，郭靖和黃蓉的愛情與婚姻經常被讀者們津津樂道。《射鵰英雄傳》裡他們的愛情是小說的一條主線，《神鵰俠侶》裡又呈現了他們的婚姻情況。在這兩本小說中，讀者能明顯感覺到兩人從少年相識到中年相守，其心理上的改變與成長，以及感情上從青澀到成熟的過程。

郭靖的成長

郭靖是金庸武俠世界裡最勵志的主角，堪比電影《阿甘正傳》中的阿甘。郭靖是遺腹子，自小喪父，母親李萍在冰天雪地裡生下他，含辛茹苦地將其養大。他智商和情商不高，資質悟性也平平，學什麼都慢人家一拍，但是郭靖認準了一件事就會一直堅持下去，透過自己的不懈努力最終成長為一代大俠。他組織南宋軍民於襄陽抵抗蒙古大軍入侵，最後和妻子黃蓉、女兒郭芙、兒子郭破虜一同殉國（《倚天屠龍記》中提及）。郭靖其人其事詮釋了「俠之大者，為國為民」的俠義精神。

郭靖天資相對來說比較平庸，甚至偏低，看江南七怪教郭靖功夫有多費力就知道了。但是這樣一個先天遺傳不出色的孩子最後能獲得成功一定是有原因的，郭靖心理成長上的關鍵因素是有位了不起的母親李萍。李萍身上有很多傳統農村婦女的優點：樸實，吃苦耐勞，心地善良。最讓人動容的是，當丈夫郭嘯天慘死後，李萍懷著孩子，被俘後一路向北，其間擇

機逃出,在漫天風雪裡誕下郭靖,靠著一股求生的欲望保全自己和孩子,獨自一人在大漠將孩子撫養成人。心理學極為強調母親在孩子0到3歲時的重要性,母親對待孩子的情感、態度、行為對於孩子的心理成長影響巨大,孩子長大後的安全感、自我認同、親密關係,都是在0到3歲這個年齡層開始慢慢建構。小郭靖內攝了母親李萍重要的心理特質,並深深地內化到他的自體中。因此,六歲的郭靖就有一份俠肝義膽,幫助藏匿哲別,面對成吉思汗手下大將朮赤的鞭打也好,被狗咬也罷,始終不吐露半句哲別行蹤。

李萍之所以被稱為一位相當了不起的母親,以上也只是一部分原因。現實生活中也有不少母親如李萍般懷揣丈夫的臨終囑託,靠著強大的求生本能和對孩子的關愛,在重重困境中也能闖出一條路來。但是孩子長大成人後李萍的所作所為,卻鮮有其他母親能夠做到。當一個家庭缺失父親(喪偶,離異或父親游離在家庭之外)時,母親會不自覺地將孩子(更多是男孩)視作愛的替代對象,以此緩解丈夫缺失帶來的情感痛苦。母子之間的羈絆會非常牢固,母親會在無意識裡保持與孩子緊密的聯結,一絲一毫也不願放手。這導致孩子在心理上無法真正長大,成為我們現在經常講的「媽寶」。

孩子在3到6歲時,心理成長進入伊底帕斯期。這個時候孩子需要父親(父親的角色)參與到家庭中,參與到教育中去,需要在心理上認同自己的父親,理想化父親。雖然郭靖的生父郭嘯天早亡,但是他在伊底帕斯期遇到了蒙古神箭手、大英雄哲別,後來又拜師江南七怪,還有成吉思汗鐵木真,他們都扮演了郭靖心理層面上父親的角色。郭靖將理想化父親的原型投射到他們身上,再將他們好的特質內攝回來,並內化認同。李萍經過千難萬險保全郭靖,在唯一的兒子身上傾注了太多的情感——有對兒

愛情篇

子的部分，也有對丈夫郭嘯天的部分。這麼重的愛能夠放手，實屬不易。李萍的放手讓郭靖在心理上逐漸成熟長大，無論是馳騁大漠引弓射鵰，還是闖蕩江湖華山論劍，郭靖的自體始終非常穩定，這一點也是最吸引黃蓉的地方。

黃蓉的成長

郭靖初遇黃蓉是金庸武俠小說中最著名的情節之一，很戲劇化，也很浪漫，所謂浪漫就是在現實生活中很少出現。那年，十八歲的郭靖獨自從大漠南下嘉興醉仙樓赴十八年比武之約，路過張家口遇上因和父親黃藥師吵架而離家出走的十五歲黃蓉。蓉兒故作小乞兒打扮，郭靖非但沒有嫌棄，還花巨資請這位「黃賢弟」吃飯。席間，蓉兒任性捉弄看不起她的店小二，提出各種要求，郭靖始終寬厚以待。臨別之時，蓉兒不過隨口一句，郭靖就將汗血寶馬相贈。郭靖、黃蓉兩人的愛情始於這次相遇，對於黃蓉來說，這段經歷帶來的感受尤其強烈、深刻。

黃蓉自幼喪母，她母親馮蘅因強記默寫《九陰真經》心力交瘁難產而亡，父親黃藥師獨自將她撫養長大。在桃花島上除黃藥師和後來被趕出師門的四大弟子，以及被禁閉的老頑童周伯通外，只有一些啞僕，在這樣封閉和缺少互動的環境下，可想而知黃蓉在成長過程中，孤獨是主旋律。對於母親的印象，除了那幅肖像畫，便是父親偶爾一些回憶中的隻言片語。小說中也提到每當黃蓉思念母親時，便會到母親的墓中對其畫像訴說心事。黃藥師雖然很疼愛女兒，但他並不是一個能夠給予孩子很多良好情緒體驗的父親，黃蓉與父親大吵一架離家出走闖蕩江湖，也是因為給囚禁在島上的老頑童周伯通送飯交談而被斥責。

用精神分析的語言來說，黃蓉自小缺少被母愛抱持的體驗，成長過程中缺乏能涵容她情緒的穩定客體，因此她在心理上渴望一個能給予她充分安全依戀的好客體，很明顯父親黃藥師並不是這個客體。離家出走的黃蓉將自己打扮成小乞兒的模樣，除了為闖蕩江湖遮掩自己的女兒身，在心理上也是一種自怨自艾，她此刻的內心感受就如乞兒一般無依無靠，如浮萍飄泊。同時這也暗示了一種內心無意識的期待，即期待有一個能搭救自己、憐愛自己、呵護自己的人出現。而恰恰這個時候，郭靖出現了，第一次遇見小乞丐般的黃蓉，無論是邀其同席，任由黃蓉點了一桌菜，還是送馬送皮裘送金子，只有付出不求回報，這一系列行為充分滿足了黃蓉的自戀需求。這種被關注的目光帶來的內心滿足化解了蓉兒以小乞兒形象所象徵的孤獨的悲傷，之後兩人再次相見，黃蓉回到明豔照人的少女打扮，讓靖哥哥一時恍惚出神。黃蓉對郭靖是一見鍾情，能決定一見即鍾情的是強烈的美好體驗，體驗由移情決定，移情的本質源自缺失。郭靖的穩定以及第一次相見便無條件的付出，帶給黃蓉的體驗是抱持和涵容，即理想中母親般呵護的感受。

青澀的少年之愛

郭靖躡著腳步，悄沒聲地走到她身後，月光下望過去，只見她面前放著兩個無錫所產的泥娃娃，一男一女，都是肥肥胖胖，憨態可掬。郭靖在歸雲莊上曾聽黃蓉說過，無錫泥人天下馳譽，雖是玩物，卻製作精絕，當地土語叫做「大阿福」。她在桃花島上就有好幾個。這時郭靖覺得有趣，又再走近幾步。見泥人面前擺著幾隻黏土捏成的小碗小盞，盛著些花草之類，她輕聲說著：「這碗靖哥哥吃，這碗蓉兒吃。這是蓉兒煮的啊，好不好吃啊？」郭靖接口道：「好吃，好吃極啦！」

愛情篇

　　黃蓉微微一驚，回過頭來，笑生雙靨，投身入懷，兩人緊緊抱在一起。過了良久，這才分開，並肩坐在柳溪之旁，互道別來情景。雖只數日小別，倒像是幾年幾月沒見一般。黃蓉咭咭咯咯地又笑又說，郭靖怔怔地聽著，不由得痴了。（《射鵰英雄傳》第十五回）

　　少男少女青澀的愛情大抵如此。扮家家酒是孩子經常玩的遊戲，這個遊戲有很多心理層面的含義，其中有照顧、依戀、模仿等心理元素。在兒童心理治療中經常會採用遊戲治療的方式，孩子在玩遊戲時，將內心無意識中的缺失、渴望，甚至創傷的部分，用投射的方式在遊戲中的道具、故事、過程中呈現出來，然後透過玩遊戲的過程（類似成人的言說過程），將這些呈現出來的無意識部分轉化後再內攝回孩子的精神世界，達到治療的目的。還處在兒童期的孩子會比較熱衷扮家家酒遊戲，因為這個時期的他們需要處理心理上與父母分離，確立更多的自我意識但又依戀父母的矛盾情緒，他們需要透過這種遊戲來完成心理成長。十五歲的黃蓉已經是青春期的少女，還在樂此不疲地玩扮家家酒遊戲，這反映了她成長中的缺失帶來的創傷性體驗，需要更多時間去反覆呈現與消化才能達成治癒。黃蓉在這個遊戲中扮演了照顧者的角色，這是母親的角色，這反映了她內心的創傷，和對被照顧、被呵護的渴望。同時這個遊戲裡有另一個重要客體——象徵郭靖的小泥人，這代表黃蓉的世界裡有了一個親密關係，多了一個愛和被愛的重要客體。此時黃蓉與郭靖的愛情，是一種青澀的少男少女之愛，是一種去性化的滿足依戀與陪伴的愛。

　　黃蓉聽他這句話中深情流露，心下感動，過了一會，說道：「只盼師父身上的傷能好，我再把這幫主的位子傳還給他。那時……那時……」她本想說「那時我和你結成了夫妻」，但這句話終究說不出口，轉口問道：「靖哥哥，怎樣才會生孩子，你知道麼？」郭靖道：「我知道。」黃蓉道：「你

倒說說看。」郭靖道：「人家結成夫妻，那就生孩子。」黃蓉道：「這個我也知道。為什麼結了夫妻就生孩子？」郭靖道：「那我可不知道啦，蓉兒，你說給我聽。」黃蓉道：「我也說不上。我問過爹爹，他說孩子是從臂窩裡鑽出來的。」

郭靖正待再問端詳，忽聽身後一個破鈸似的聲音喝道：「生孩子的事，你們大了自然知道。潮水就快漲啦！」黃蓉「啊」的一聲，跳了起來，沒料到歐陽鋒一直悄悄地在旁窺伺，她雖不明男女之事，但也知說這種話給人聽去甚是羞恥，不禁臉蛋兒脹得飛紅，拔足便向懸崖飛奔，兩人隨後跟去。（《射鵰英雄傳》第二十一回）

在《射鵰英雄傳》中，郭靖與黃蓉的故事就是兩個少年在一起經歷各種奇遇，遇見各種奇人，參與大大小小的武林事件，並在其中獲得心理上的成長，體驗互相依靠與支持的去性化的青澀之愛。郭靖十八歲，黃蓉十五歲，除了那個時代缺乏性啟蒙導致兩人對性的懵懂，兩人的性心理發展也是滯後的。在精神分析的理論模型中，孩子性心理發展的最重要推進因素是伊底帕斯情結，順利度過伊底帕斯情結代表性心理的成熟，如果這個心理過程被阻礙了，孩子長大後在感情生活和親密關係中會出現各種大大小小的心理問題。

伊底帕斯情結是精神分析核心理論之一，自從佛洛伊德提出這個理論模型後，百年來前前後後數代精神分析家在臨床心理治療中不斷對其提煉、補充、修改、完善。男孩與女孩在心理上度過伊底帕斯情結的過程是不一樣的，這裡不做詳細的理論展開，對於這個情結最簡單的通俗化理解就是所謂男孩的「戀母情結」與女孩的「戀父情結」。伊底帕斯情結是一個三人（三元）關係結構，而恰恰郭靖與黃蓉的原生家庭都是兩人關係，郭靖與母親，黃蓉與父親，都是二元結構。

愛情篇

　　在黃蓉與父親黃藥師的二元結構中缺少的是母親的位置，這個部分的缺失讓黃蓉對於依戀和關愛的情感需要，成為其無意識中選擇愛的客體的首要因素。相對應地，郭靖與母親李萍的二元結構中缺少父親的位置，因此一個能給予郭靖人生指引，讓他產生崇拜體驗的客體也是他無意識中渴望的愛的對象。因此，在整部《射鵰英雄傳》中，我們看到黃蓉一直扮演著一種類似郭靖象徵性父親的角色，她的見識和機智讓郭靖亦步亦趨，言聽計從。也是在黃蓉的不斷幫助下，郭靖從一個武功一般、資質平平的少年到獲得北丐青睞，得到降龍十八掌的真傳，最終武功上成為一流高手，事業上成為宋人抵抗蒙古入侵的一面旗幟。而郭靖對於黃蓉來說，是一位始終不離不棄、全心付出、呵護備至的象徵母親般體驗的客體。從這一點上看，郭靖與黃蓉的確般配，在心理上他們各自從對方獲得了無意識中最渴望的滿足，也是對原生家庭創傷的一種療癒。

郭靖與黃蓉的婚姻

　　三人對飲了兩杯。那漁人道：「適才小哥所歌的那首《水龍吟》情致鬱勃，實是絕妙好詞。小哥年紀輕輕，居然能領會詞中深意，也真難得。」黃蓉聽他說話老氣橫秋，微微一笑，說道：「宋室南渡之後，詞人墨客，無一不有家國之悲。」那漁人點頭稱是。黃蓉道：「張於湖的《六州歌頭》中言道，『聞道中原遺老，常南望、翠葆霓旌。使行人到此，忠憤氣填膺，有淚如傾。』也正是這個意思呢。」那漁人拍髀高唱：「使行人到此，忠憤氣填膺，有淚如傾。」連斟三杯酒，杯杯飲幹。

　　兩人談起詩詞，甚是投機。其實黃蓉小小年紀，又有什麼家國之悲？至於詞中深意，更是難以體會，只不過從前聽父親說過，這時便搬述出來，言語中見解精到，頗具雅量高致，那漁人不住擊桌讚賞。郭靖在一旁

聽著，全然不知所云。見那漁人佩服黃蓉，心下自是喜歡。又談了一會，眼見暮靄蒼蒼，湖上煙霧更濃。（《射鵰英雄傳》第十三回）

　　黃蓉向身旁眾人低聲道：「我們勝定啦。」郭靖道：「怎麼？」黃蓉低聲道：「今以君之下駟，與彼上駟……」她說了這兩句，目視朱子柳。朱子柳笑著接下去，低聲道：「取君上駟，與彼中駟；取君中駟，與彼下駟。既馳三輩畢，而田忌一不勝而再勝，卒得王千金。」郭靖瞠目而視，不懂他們說些什麼。（《神鵰俠侶》第十二回）

　　類似這樣的場景在《射鵰英雄傳》和《神鵰俠侶》中多次出現。這也向讀者展現了郭靖與黃蓉的愛情中缺憾的部分。郭靖是黃蓉的愛侶，但永遠無法成為她的知己、靈魂伴侶，這緣於兩人原生家庭、教育背景、智識品味的差距。世間不存在完美的愛情和婚姻，郭靖和黃蓉也一樣，這才是真實。黃蓉選擇了一個與父親黃藥師表面上截然不同的靖哥哥作為終身伴侶，無意識中表達了對父親的不滿，甚至是恨意。她的童年，極端一點說，是被父親黃藥師禁錮在桃花島上孤獨的童年，她在伴侶的選擇上有反父親的一面。在《射鵰英雄傳》中郭靖始終不得黃藥師真正認可，黃藥師在選女婿上更中意西毒歐陽鋒的姪子（私生子）歐陽克。除了武林中的門當戶對，很重要的一點是歐陽克風流倜儻、不拘禮法，很對黃老邪的胃口，性情更接近自己，而郭靖則與他簡直天差地別。但細細分析，郭靖與黃藥師有更深層面上的一致性，即深情。黃藥師自從妻子馮蘅過世，就下定決心等女兒黃蓉長大成人後，獨自駕一艘祭奠亡妻的船出海殉情。同樣，郭靖對黃蓉也是一往情深，哪怕被師父江南七怪和全真丘真人逼迫離開蓉兒娶穆念慈，一向聽話的他也咬牙違抗。後來兩人因五怪在桃花島被殺的誤會，黃蓉遠走，郭靖依然苦苦尋找她的芳蹤，兩人這才終成眷屬。從心理學角度看，黃蓉一定會傾向於選擇這個與父親表面上不同，但內在

愛情篇

又有相似之處的郭靖，而不是歐陽克作為自己的愛人。在與郭靖的相愛相戀中，黃蓉既能完成對父親不滿的「訴說」，又能體驗與父親相似的熟悉與安全感。至於在愛情中郭靖無法滿足她關於智識、品味的需要，雖然會是一種遺憾，但不會成為兩人關係的重大阻礙。因為這不是兩人無意識中最重要的需求，或者說這些並不能補償各自原生家庭中的缺失，因此在關係中並不是決定性因素。有最好，沒有的話，這個遺憾也不會動搖彼此親密關係的基礎。

郭靖在室中踱來踱去，說道：「蓉兒，你平素極識大體，何以一牽涉到兒女之事，便這般瞧不破？眼下軍務緊急，我怎能為了一個小女兒而離開襄陽？」黃蓉道：「我說我自己去找，你又不放我去。難道便讓我們的孩兒這樣白白送命麼？」郭靖道：「你身子還沒復原，怎能去得？」黃蓉怒道：「做爹的不要女兒，做娘的苦命，那有什麼法子？」

楊過在桃花島上和他們相聚多年，見他們夫婦相敬相愛，從來沒吵過半句，這時卻見二人面紅耳赤，言語各不相下，顯然已為此事爭執過多次。黃蓉又哭又說，郭靖繃緊了臉，在室中來回走個不停。

過了一會。郭靖說道：「這女孩兒就算找了回來，你待她仍如對待芙兒一般，嬌縱得她無法無天，這樣的女兒有不如無！」黃蓉大聲道：「芙兒有什麼不好了？她心疼妹子，出手重些，也是情理之常。倘若是我啊，楊過若不把女兒還我，我連他的左臂也砍了下來。」

郭靖大聲喝道：「蓉兒，你說什麼？」舉手往桌上重重一擊，砰的一聲，木屑紛飛，一張堅實的紅木桌子登時給他打塌了半邊。那嬰兒本來不住啼哭，給他這麼一喝一擊，竟然嚇得不敢再哭。（《神鵰俠侶》第二十六回）

在《神鵰俠侶》中，愛情這條線透過楊過和小龍女的故事來呈現。郭靖和黃蓉的婚姻生活中已經沒有了少年時的浪漫與甜蜜。很多讀者會覺得蓉兒不可愛了，的確如此，因為蓉兒長大了，從女孩嫁為人婦，又成了一位母親。郭靖和黃蓉進入了真實的婚姻生活，少了浪漫，多了人間煙火。這時候，兩人原生家庭帶來的各種差異就會被放大。郭靖是個嚴厲的父親，這取決於他從小沒有父親，他兒時只有與嚴厲師父和威嚴大汗相處的經驗，他的內心深處是把嚴厲等同於父親對孩子的愛。而黃蓉是位溺愛孩子的母親，尤其對第一個孩子郭芙的溺愛，這是她無意識中把自己對母愛的需求過度投射到女兒身上的結果。因此，兩人在婚姻中經常為孩子養育問題上的分歧而爭吵傷心。即便如此，兩人的婚姻始終沒有出現危機，這得益於維繫兩人婚姻的條件與動力，對比早年兩人戀愛時有所昇華。經過幾十年婚姻生活的相濡以沫，郭靖與黃蓉彼此扶持，共同經歷各種困難，彼此的依戀早已慢慢治癒了他們在原生家庭裡的缺失和創傷，這部分產生的移情需要已經慢慢不再成為維繫感情的主要動力。此時新的維繫婚姻家庭的主要動力是兩人共同的事業與理想，包括襄陽抗元的家國大業，傳承各自武學的教育事業（丐幫傳承，保護《武穆遺書》），共同養育孩子成才的父母事業。所以當郭靖與黃蓉出現在《神鵰俠侶》中時，讀者覺得蓉兒不可愛了，覺得兩人的感情不浪漫了，但在婚姻中他們之間的感情是穩固的，他們的羈絆依然是深刻、牢固的。

愛情篇

穆念慈：誰可相依

在《射鵰英雄傳》中，穆念慈和楊康是一對情侶，與另一對情侶主角郭靖、黃蓉彼此呼應。但相對於郭、黃二人修成正果的愛情，穆念慈的情感經歷就比較坎坷：在比武招親場上對楊康一見鍾情，之後兩人分分合合，楊康的種種言行讓穆念慈傷心欲絕，於是她飄然遠去，後來發現自己竟已懷胎，她誕下楊過後獨自撫養，數年後鬱鬱而終。

相遇

那少女掠了掠頭髮，退到旗桿之下。郭靖看那少女時，見她十七八歲年紀，玉立亭亭，雖然臉有風塵之色，但明眸皓齒，容顏娟好。那錦旗在朔風下飄揚飛舞，遮得那少女臉上忽明忽暗。錦旗左側地下插著一桿鐵槍，右側插著兩枝鑌鐵短戟。

只見那少女和身旁的一個中年漢子低聲說了幾句話。那漢子點點頭，向眾人團團作了一個四方揖，朗聲說道：「在下姓穆名易，山東人氏。路經貴地，一不求名，二不為利，只為小女年已及笄，尚未許得婆家。她曾許下一願，不望夫婿富貴，但願是個武藝超群的好漢，因此上斗膽比武招親。凡年在三十歲以下，尚未娶親，能勝得小女一拳一腳的，在下即將小女許配於他。在下父女兩人，自南至北，經歷七路，只因成名的豪傑都已婚配，而少年英雄又少肯於下顧，是以始終未得良緣。」說到這裡，頓了一頓，抱拳說道：「北京是臥虎藏龍之地，高人俠士必多，在下行事荒唐，

穆念慈：誰可相依

請各位多多包涵。」

　　郭靖見這穆易腰粗膀闊，甚是魁梧，但背脊微駝，兩鬢花白，滿臉皺紋，神色間甚是愁苦，身穿一套粗布棉襖，衣褲上都打了補丁。那少女卻穿著光鮮得多。（《射鵰英雄傳》第七回）

　　穆念慈初遇楊康是在比武招親的擂臺上，楊勝了穆一招半式，按照擂臺定下的規矩，楊康當娶了穆念慈。但楊身為小王爺下場比武不過是少年郎貪玩之心一時興起，門戶相差之巨大使得楊康從沒想過要娶其過門。這也導致了旁觀的郭靖打抱不平下場與之爭鬥，繼而又引發了之後的一連串事件。

　　穆念慈是孤兒，三歲時全家死於瘟疫，幸被楊鐵心所救，撫養長大。楊鐵心收養穆念慈也是有報恩成分，當年遭遇牛家村突襲，他與妻子包惜弱生離死別，重傷逃亡到鄰近的荷塘村被穆家人所救。穆念慈長大後，楊鐵心帶著她東奔西走，嘗盡風塵困頓。對比父女倆的衣著可以看出，楊鐵心對穆念慈的照顧，是在自己能力範圍內做得不錯的，雖然自己穿得寒酸，但還是盡力讓女兒在人前光鮮。

　　眾人把馬鈺和王處一扶進客店，全金發出去購買棺木，料理楊鐵心夫婦的喪事。丘處機見穆念慈哀哀痛哭，心中也很難受，說道：「姑娘，你爹爹這幾年來怎樣過的？」

　　穆念慈拭淚道：「十多年來，爹爹帶了我東奔西走，從沒在一個地方安居過十天半月，爹爹說，要尋訪一位⋯⋯一位姓郭的大哥⋯⋯」說到這裡，聲音漸輕，慢慢低下了頭。

　　丘處機向郭靖望了一眼道：「嗯。你爹怎麼收留你的？」穆念慈道：「我是臨安府荷塘村人氏。十多年前，爹爹在我家養傷，不久我親生的爹娘和幾個哥哥都染瘟疫死了。這位爹爹收了我做女兒，後來教我武藝，為了要

愛情篇

尋郭大哥，所以到處行走，打起了……打起了……『比武……招親』的旗子。」

丘處機道：「這就是了。你爹爹其實不姓穆，是姓楊，你以後就改姓楊罷。」

穆念慈道：「不，我不姓楊，我仍然姓穆。」丘處機道：「幹嘛？難道你不信我的話？」穆念慈低聲道：「我怎敢不信？不過我寧願姓穆。」丘處機見她固執，也就罷了，以為女兒家忽然喪父，悲痛之際，一時不能明白過來，殊不知不能明白過來卻是他自己。穆念慈心中另有一番打算，她自己早把終身付託給了完顏康，心想他既是爹爹的親生骨血，當然姓楊，自己如也姓楊，婚姻如何能諧？（《射鵰英雄傳》第十一回）

穆念慈對楊康是一見鍾情，比武之後傾心於他，誓要嫁給這個金國小王爺。從意識層面來看，也許長年累月的飄泊讓她產生了一種急於尋找歸宿的心態，但是當楊康在比武招親之後明確表達了不會娶穆念慈的意思，甚至使出九陰白骨爪抓傷了楊鐵心，後來又一次次地欺騙於她，穆念慈依然對楊康抱有幻想，希望終有一日能夠與之雙宿雙飛。這樣的矛盾衝突就不僅僅是意識層面的問題，也許在無意識中有更深層的原因。

選擇

楊康雖然是楊鐵心的親生兒子，但是兩個人的身分、外表、舉止、行為、性情可謂天差地別，當然，這是因為楊康從小理想化並認同養父完顏洪烈的結果。楊鐵心堅毅，內心沉穩，疾惡如仇；楊康輕佻，富有心機，見風使舵。穆念慈選擇傾心於一個和父親楊鐵心完全不同的男子，是有無意識裡對父親表達不滿的部分。雖然楊鐵心是自己的救命恩人，也對自己照顧有加，但透過穆念慈的表述可以看出，在其心中，父親的養育和照顧

穆念慈：誰可相依

是有原因的，即自己是個「工具」，自己的存在是為了透過比武招親的方式幫父親尋找一個外人，一個自己也不知道的人，這個人叫郭靖。所以無論是楊鐵心在世時，還是過世後，丘處機等人希望穆念慈嫁給郭靖，但穆念慈鐵了心不願這麼做。與郭靖在一起會讓穆念慈一次又一次地在內心追問自己，早年奔波生活的意義何在？自己被父親養大到底多大程度上是出於愛？乃至會懷疑父親是不是真的愛自己，這些不會有答案的問題就夠穆念慈內心衝突一輩子了。

穆念慈笑道：「郭世兄要是聽到你這般誇他，心中可不知有多喜歡了……那天爹爹帶了我在北京比武招親，有人打勝了我……」黃蓉搶著道：「啊，我知道啦，你的心上人是小王爺完顏康。」

穆念慈道：「他是王爺也好，是乞兒也好，我心中總是有了他。他是好人也罷，壞蛋也罷，我總是他的人了。」她這幾句話說得很輕，但語氣卻十分堅決。黃蓉點了點頭，細細體會她這幾句話，只覺自己對郭靖的心思也是如此，穆念慈便如是代自己說出了心中的話一般。兩人雙手互握，並肩坐在槐樹之下，霎時間只覺心意相通，十分投機。

……

午後未時前後，穆念慈匆匆出店，傍晚方回。黃蓉見她臉有喜色，只當不知。用過晚飯之後，二女同室而居。黃蓉先上了炕，偷眼看她以手支頤，在燈下呆呆出神，似是滿腹心事，於是閉上了眼，假裝睡著。過了一陣，只見她從隨身的小包裹中取出一塊東西來，輕輕在嘴邊親了親，拿在手裡怔怔地瞧著，滿臉是溫柔的神色。黃蓉從她背後望去，見是一塊繡帕模樣的緞子，上面用綵線繡著什麼花樣。突然間穆念慈急速轉身，揮繡帕在空中一揚，黃蓉嚇得連忙閉眼，心中突突亂跳。

只聽得房中微微風響，她眼睜一線，卻見穆念慈在炕前迴旋來去，虛擬出招，繡帕卻已套在臂上，原來是半截撕下來的衣袖。她陡然而悟：「那

愛情篇

日她與小王爺比武，這是從他錦袍上扯下的。」但見穆念慈嘴角邊帶著微笑，想是在回思當日的情景，時而輕輕踢出一腳，隔了片刻又打出一拳，有時又眉毛上揚、衣袖輕拂，儼然是完顏康那副又輕薄又傲慢的神氣。她這般陶醉了好一陣子，走向炕邊。（《射鵰英雄傳》第十二回）

一個女孩子無意識中選擇傾心的男子，一定和自己的父親有關，要麼和自己的父親很相似，要麼和自己的父親截然相反。其實，這兩種選擇的內在心理機制是一樣的，只是外在表現不同，它們都源自伊底帕斯情結。精神分析理論認為，伊底帕斯情結在孩子 3 到 6 歲時表現得比較明顯，即男孩會在無意識的想像裡弒父娶母，所以會表現和母親比較親近而遠離或討厭父親，女孩則反之。修通伊底帕斯情結是這個年齡層孩子的「功課」，如果沒有處理好或修通，這個情結會持續影響孩子未來與異性相處的模式，包括配偶選擇、親密關係、婚姻及家庭關係等。

《射鵰英雄傳》中很有意思的是，穆念慈和黃蓉在心儀男子的選擇上都不約而同地選擇了與自己父親截然不同的對象，而穆、黃兩人恰恰都是從小失去母親，由父親一手養大的。穆念慈心心念念要透過委身小王爺早些離開父親，而黃蓉則更進一步，直接用離家出走的方式離開桃花島遠離父親，這背後的心理機制都是一樣的，都是因無意識裡對伊底帕斯情結的恐懼而付諸行動的一種防禦方式。

所以，貌似反向的行為，指向的其實是無意識裡對父親的愛，渴望代替母親的位置與父親融合的伊底帕斯衝動。穆念慈從小和楊鐵心相依為命，父女二人的關係是沒有第三個人（即母親）參與進來的，母親是缺失的。這個關係既滿足了穆念慈對伊底帕斯情結的幻想，同時也激發了她對於伊底帕斯情結的焦慮與恐懼，這是一種愛恨交織的矛盾心理。

重演

　　完顏康聞到她的幽幽少女香氣，又感到她身子微顫，也不覺心魂俱醉，過了一會，低聲道：「你怎會找到我的？」穆念慈道：「我從京裡一直跟你到這裡，晚晚都望著你窗上的影子，就是不敢……」

　　完顏康聽她深情如斯，大為感動，低下頭去，在她臉頰上吻了一吻，嘴唇所觸之處，猶如火燙，登時情熱如沸，緊緊摟住了她，深深長吻，過了良久，方才放開。

　　穆念慈低聲道：「我沒爹沒娘，你別……別拋棄我。」完顏康將她摟在懷裡，緩緩撫摸著她的秀髮，說道：「你放心！我永遠是你的人，你永遠是我的人，好不好？」穆念慈滿心歡悅，抬起頭來，仰望著完顏康的雙目，點了點頭。

　　……

　　穆念慈聽他認錯，心腸當即軟了，說道：「我在臨安府牛家村我義父的故居等你，隨你什麼時候……央媒前來。」頓了一頓，低聲道：「你一世不來，我等你一輩子罷啦。」這時完顏康對她又敬又愛，忙道：「妹子不必多疑，我公事了結之後，自當盡快前來親迎。此生此世，決不相負。」

　　穆念慈嫣然一笑，轉身出門。完顏康叫道：「妹子別走，我們再說一會話兒。」穆念慈回頭揮了揮手，足不停步地走了。完顏康目送她越牆而出，怔怔出神，但見風拂樹梢，數星在天，回進房來，鐵槍上淚水未乾，枕衾間溫香猶在，回想適才之事，真似一夢。只見被上遺有幾莖秀髮，是她先前掙扎時落下來的，完顏康撿了起來，放入了荷包。

　　他初時與她比武，原係一時輕薄好事，絕無締姻之念，哪知她竟從京裡一路跟隨自己，每晚在窗外瞧著自己影子，如此款款深情，不由得大為所感，而她持身清白，更是令人生敬，不由得一時微笑，一時嘆息，在燈下反覆思念，顛倒不已。（《射鵰英雄傳》第十二回）

愛情篇

　　當楊鐵心尋到十八年前失散的妻子包惜弱，兩人在楊康與穆念慈以及眾人面前雙雙殉情之時，父女二人帶有伊底帕斯情結意味的關係在穆念慈心中破滅了。穆念慈內心無意識的解讀是：那個從來沒有出現過的母親終於出現了，原來父親愛的一直是母親，並且這個母親搶走了父親，父親心甘情願跟隨母親一同離去，結果是拋棄了我。

　　這個帶有被拋棄色彩的事件又引發了穆念慈幼兒時期被親生父母「拋棄」（父母因病死亡在孩子的內心體驗中亦是一種被拋棄）的創傷體驗。所以穆念慈在楊鐵心夫婦自殺之後心心念念地思念著楊康，跟蹤楊康，想和楊康在一起，希望重演小時候被拋棄之後能夠有人搭救自己，讓自己可以去依戀的「劇情」。

　　同時楊康是楊鐵心與包惜弱的親生孩子，與楊康在一起也是一種象徵：我在和母親包惜弱競爭父親楊鐵心的愛中失敗了，但是我可以透過得到楊康的愛來報復和補償這個缺憾。

　　穆念慈對楊康的戀戀不捨又激發了楊康內心對於母性依戀的需要，母親包惜弱生楊康之前就因為突如其來的創傷事件一直陷入憂鬱情緒中，對楊康的關注一定是不夠的。雖然楊康轉而理想化並認同養父完顏洪烈來彌補這個不足的部分，但這份缺失的母愛——來自女性的愛一直是楊康心中的一抹硃砂痣。雖然楊康對於女性的態度更多帶有物欲化色彩（認同完顏洪烈的結果），但那只是得不到，害怕再一次失望的防禦而已。當穆念慈一次次地用熱切行動喚起楊康內心因缺失而極度渴望被愛的需要後，楊康和穆念慈的感情就如乾柴烈火般發生了。

　　穆念慈道：「那老兒走後，楊康又來跟我囉唆。我問他，剛才跟那老兒說的這一番話到底是真心還是假意。他說：『我跟你已做了夫妻，一切

都不用瞞你啦。大金國大軍不日南下，我們得了鐵掌幫這樣的大援，裡應外合，兩湖唾手可得。』他說得興高采烈，說大金滅了宋朝後，他父王趙王爺將來必登大寶，做大金國皇帝，他便是皇太子，那時候富貴榮華，不可限量。

「我一言不發地聽著。他忽然說：『妹子，那時候你就是皇后娘娘了。』我……我再也忍耐不住，狠狠打了他一個耳光，奪門而出，直向山下急奔。這時鐵掌峰上已鬧得天翻地覆，無數幫眾嘍囉拿了燈籠火把，齊向那座最高的山峰上奔去。我獨自下山，倒也無人攔阻。

「經了這番變故，我心如死灰，只想一死了之。那時候也不知東西南北，只是亂走。後來見到一所道院，就闖了進去，剛踏進門，便暈倒了。幸好那裡的老道姑收留了我，我一場大病，病了十多天，這幾天才好了些。我換上了這身道裝，啟程回臨安牛家村去，不想在這裡遇上了你們。」（《射鵰英雄傳》第三十二回）

穆、楊二人最終各奔東西，自然有國仇家恨的原因，但穆念慈在認識楊康的第一天就知道楊康是什麼樣的人，就如她對黃蓉所說，無論楊康是好人還是壞人都會跟隨他一輩子，但為何最後黯然離去？因為那只是意識層面的表達。穆念慈不止一次地希望楊康能夠放棄金人身分，認同漢人身分，並且能夠與金人為敵，這是楊康無法做到的。假設楊康能夠做到，那他就是向生父楊鐵心認同，從某種意義上說是成為第二個楊鐵心，如果穆念慈能夠成功將楊康改造成這個樣子，那麼在無意識裡便滿足了她伊底帕斯期的願望，這個願望在無意識裡有強大的吸引力。

穆念慈兒時被拋棄的創傷對其影響是巨大的，這導致她非常渴望依戀一個人來修復創傷，同時在無意識裡又害怕再次被拋棄。因此，當和一個人產生依戀後，因為擔心再一次被拋棄，她會不自覺地做出一些事情讓自

愛情篇

己主動離開，以免陷入再次的被動。這個悖論在穆念慈與楊鐵心以及楊康的關係中一次又一次地強迫性重複上演，這個悖論對於楊康來說亦是如此。

穆念慈與楊康之間存在著致命的吸引力，這個吸引力讓兩人走到了一起。但同時，這種吸引力也是由心理創傷引起的，創傷的影響往往是終生的（如果不修復的話），它讓一個人不自覺地做出一些選擇，而這樣的選擇又是另一次創傷的開始。

郭襄：夢醒時分

談郭襄，首先要談談金庸先生寫《神鵰俠侶》這本書的主旨。全書講的是一個「情」字，金庸對於情的看法，或者整本書對於情的總結都展現在貫穿全書的元好問那首〈摸魚兒・雁丘詞〉（上闋）中：

問世間，情是何物，直教生死相許？天南地北雙飛客，老翅幾回寒暑。歡樂趣，離別苦，就中更有痴兒女。君應有語：渺萬里層雲，千山暮雪，隻影為誰去？

於是乎，書一開篇就是為情所傷的李莫愁殺害情郎陸展元之弟陸立鼎一家；武三通為情而瘋，一路追來的妻子武三娘為夫吮毒而亡；其後便是楊過與小龍女坎坷的愛情之路：從小龍女失貞獨自離去，到襄陽英雄大會兩人重聚被天下群雄恥笑師徒亂倫，然後楊過斷臂，絕情谷中情花毒，小龍女重傷難癒怕楊過傷心，留下十六字跳下斷腸崖。從此楊過飄泊江湖，從翩翩少年到兩鬢斑白，只為十六年的約定。另有為楊過盜藥而死的公孫綠萼，心心念念楊過而終身不嫁的程英、陸無雙，還有絕情谷主公孫止與裘千尺的相愛相殺，金庸寫盡了情之苦，愛之難，苦到斷腸，難到上青天，令讀者深深感懷。

如果《神鵰俠侶》以楊過飄泊半生尋小龍女不得鬱鬱而終結尾，抑或以楊過開始浪跡天涯結束，留給讀者一個開放式結局（如《雪山飛狐》），也算是呼應了本書對情的探討宗旨。

愛情篇

　　曾經看《金庸傳》裡有講，當初金庸在《明報》上連載《神鵰俠侶》時洛陽紙貴，人們都在等著看楊過和小龍女的結局，考慮到萬一寫成悲劇，讀者一怒之下不買報紙了，金庸才寫成了十六年後重聚的大團圓。

　　也許金庸先生心有不甘，還是想讓大眾認同他對於情之苦的深刻體驗（年輕時苦追女神夏夢多年不得），於是乎寫了郭襄出場的後八回，一位集美貌與智慧於一身，既可愛又豪爽的女孩子也會為情所困、被情所傷。

　　然而金庸在《倚天屠龍記》裡依然沒有放過她，借張三豐徒弟俞蓮舟之口，道出郭襄從十六歲開始踏破萬里苦尋楊過不得，最後在四十歲大徹大悟出家為尼，創立峨嵋派。是否真悟了不曉得，只曉得收了個徒弟取名「風陵」，想是與楊過的緣分始於風陵渡口的那一晚有關吧。

郭家二姝

　　談郭二小姐郭襄必然要對比一下郭大小姐郭芙。郭芙是郭靖與黃蓉的第一個女兒，在桃花島出生，從小刁蠻任性，把桃花島搞得天翻地覆。每當闖了禍父親郭靖要懲罰她的時候，母親黃蓉一味袒護，然後小郭芙摟著父親脖子撒撒嬌，郭靖也便不忍責罰了。郭芙的童年教育是沒有邊界的，她亦不知道界限在哪裡，周圍人一直在滿足她的嬰兒般誇大性自戀。所以我們看到郭芙長大後刁蠻任性，不通世事，缺乏共情能力，同時內心又非常脆弱。因為這世間並非如桃花島一般，當遭遇挫折時有父母，有大師父柯鎮惡，有大武小武擋在前面，所以當郭芙闖蕩江湖時，不是受挫生氣，就是闖禍害人。

　　再看郭二小姐郭襄。她小郭芙十多歲，生在硝煙四起的襄陽前線，一出生就先被李莫愁盜走，後又被斷臂之後心存憤恨的楊過偷走，喝過豹

奶，喝過米粥，就是沒怎麼喝過母乳，多次遇險生死一線。精神分析認為，越早的創傷越是深刻地印記在無意識中，並且會持續地影響人的一生。小郭襄最早體驗到的是被父母「拋棄」的感覺，以及動盪中體驗死亡的恐懼。為了抵禦這種不舒服的感受，郭襄慢慢發展出的心理防禦模式讓她變得各方面都比較優秀，智商情商都很高，因為她內心的無意識有個信念，就是只要我足夠好就不會被再次拋棄。

　　郭靖和黃蓉教養郭襄包括三子郭破虜的方式和郭芙相較是180度大轉變。書中說郭靖黃蓉認為之前對郭芙的寵愛教育太失敗，因此對二女、三子比較嚴厲，缺少關愛。書中李莫愁盜走郭襄，誤認為是楊過與小龍女所生，並不知是郭靖黃蓉之女，當黃蓉一路尋女碰上李莫愁時，我們並沒有看到一個因為掛念女兒生死而心煩意亂的母親，黃蓉反而又表現出了年輕時那個促狹少女的本色，比武戲弄李莫愁，讓楊過有機可乘偷走小郭襄。而作為父親，郭靖對於楊過偷走郭襄的態度，居然是：「我們便拿襄兒換他一命，那也是心甘情願。」襄陽一戰，郭襄被金輪法王綁在高臺之上，烈焰飛騰，遠處的郭靖大義凜然，寧可女兒死也不投降。郭大俠，俠之大者，為國為民；最後楊過獨自殺進蒙古軍中，力敵法王差點性命不保救下郭襄。不知道此時此刻襄兒心底有多少的失望和傷感。郭靖和黃蓉是不合格的父母，從心理學角度說是功能很差的父母，三個子女的教育都不太成功，當然這也和他們兩人的成長經歷息息相關，一個自幼沒有父親，一個從小沒有母親，他們沒有機會從各自父母那裡學到如何做一個更好的父母。

被忽視的女兒

　　人都有依戀的需求，郭襄無法從父母那裡得到更多的關愛，於是便向他人的關係中去尋求。所以我們看到郭二小姐喜好結交，且不避男女之

愛情篇

別。從丐幫一眾乞丐到風陵渡口的販夫走卒，從年老的魯有腳到少年張君寶，甚至與書中大反派金輪法王都有「交情」，法王一度想收郭襄做弟子。郭襄行事常出人意表，頗有外公東邪黃藥師之風，被江湖上稱作小東邪。其作風與父親郭靖的行事風格完全不同，這也是她內心對於父親不認同的表達。郭靖是個木訥忠厚之人，這也是東邪黃藥師心底一輩子不喜之處，郭靖黃蓉婚後住到桃花島，他便雲遊江湖，連唯一的女兒都不知其蹤。黃蓉一心一意地選擇和父親完全不同的郭靖，也有部分不認同父親的心理意義。而楊過的性格與郭靖完全相左，和黃藥師頗為契合，少年時就被其看重，華山論劍的時候被東邪譽為西狂，豈不正對郭二小姐的脾氣。

楊過未出生時，父親楊康便死於鐵槍廟，母親穆念慈含辛茹苦獨自撫養終積勞成疾，在楊過十二歲時撒手人寰，從此楊過乞食為生，受盡人間白眼。早期的經歷造就了楊過明顯的自戀型人格特徵，他既渴望與人建立關係又害怕被拋棄，情緒的表達大起大落，行為舉止又有與年齡不相稱的世故油滑。這樣的俊美少年對於女孩子簡直就是「毒藥」一般。郭大小姐郭芙一生都愛著楊過不自知，直到書中最後襄陽一戰，萬馬軍中，生死一線時，回首前塵往事，電光石火間才明白到這一層。

郭芙少時驕縱，被周圍人視作明珠，父母亦不管教，身邊的大小武極盡討好之能事，唯楊過對她不理不睬。愛恨一體兩面，於是郭芙不斷羞辱他，內心總是沒來由恨得牙癢癢，甚至砍去了楊過的右臂，使他身體永遠失去的部分和自己有關，那是要楊過一生時時刻刻都記住她的無意識表達。

同時，郭芙又是幸運的，兒時得到父母的關愛是最多的，無論闖什麼禍，無論怎麼無法無天，都有父母擔著，還不用擔心被懲罰。在郭芙心中，她多麼希望一生都擁有像童年一樣美好的生活，哪怕長大回不去了，無意識裡也希望再經歷一遍。婚姻對人的意義是無意識中希望重溫或改變一次

童年的遭遇，重溫或改變則是根據自己對童年生活的感受是美好還是遺憾來決定。所以，當和郭靖氣質相似的耶律齊出現時，郭芙不做他想，芳心暗許。婚後郭大小姐的確又重溫被寵被供著的美好生活。可嘆都是一母所生，聰慧且討人喜愛的郭二小姐就沒那麼好運了。

戀上大叔

郭襄長大再遇見楊過時，她十六歲，楊過三十五歲。歷經十六年與小龍女的分離，楊過闖蕩江湖，逐漸從性情乖張輕佻的少年成長為一代神鵰大俠，沉穩又不失溫情，江湖地位、人脈資源、處事能力早已與年輕時天差地別。郭襄第一次聽到神鵰大俠的名號，是在夜宿風陵渡聽眾人談論楊過行俠仗義的事蹟，不覺被深深吸引，這是赤裸裸的光環效應（Halo effect），郭襄也認同了。之後她隨大頭鬼尋神鵰大俠，見識了楊過憑著一身軟硬手段調解江湖紛爭，大俠的光環在小郭襄的心中又加重了一層。跟隨楊過去黑沼捉靈狐是兩個人第一次單獨相處。一起相伴去完成一個任務，這在心理上是非常有意義的，代表兩個人一起擁有了一個「祕密」，這樣的體驗是能夠拉近親密關係的。這個祕密在彼此心底珍藏，只屬於郭襄和楊過，是沒有小龍女也沒有其他人分享的。

《倚天屠龍記》中，數十年後當滅絕師太使出一招「黑沼靈狐」，金庸還不忘提一句，此招是峨嵋祖師郭襄為了紀念當年與神鵰大俠一起黑沼捉狐而創，金老爺子當真心思縝密。

楊過送給郭襄三枚金針，可以幫助她完成三個願望，如同阿拉丁神燈般。郭襄立刻用掉了第一枚金針，想看看楊過藏在面具下的真容。當面具摘下，一張清臞俊秀的臉孔出現在眼前時，郭襄此生心中再也無法忘記。

愛情篇

第二枚金針，郭襄邀請楊過在她生日那天來看看她。郭襄的這個十六歲生日過得可謂刻骨銘心，楊過先邀請了江湖上諸多英雄豪傑前來給郭二小姐祝壽，然後獻上三重大禮：殲滅蒙古先鋒部隊，割下敵人兩千只耳朵；以祝壽煙花為訊號，火燒蒙古大軍糧草；當場揭穿潛入丐幫的內奸霍都。三件大功勞將歡樂氣氛烘托到最高時，楊過飄然出場。而這一切是為了襄兒，至少是藉著襄兒的生日，這對於郭襄來說是一種什麼體驗？這是一種自戀心理被充分滿足的高峰經驗。套用《大話西遊》裡紫霞仙子的那句話：我的意中人是個蓋世英雄，有一天他會踩著七色的雲彩來娶我……

如夢似幻的美好，怎會有少女不傾心？當楊過苦等小龍女十六年無果意欲輕生時，郭襄拿出第三枚金針希望楊過不要跳崖，楊過還是跳了，郭襄跟著也跳了，至此，情根深種直至生死與共。

襄陽一戰以及華山論劍後，楊過與小龍女歸隱活死人墓，從此絕跡江湖。郭襄從十六歲情根深種，到四十歲削髮出家，其間二十四年中踏遍江湖尋找楊過。如果問她尋到了又如何？和楊過、小龍女一起生活？怕是襄兒自己也說不清，只是一味去尋，無意識驅使著她尋找。郭襄兒時的遭遇，父母撫養功能的不佳，讓她無意識中一直對於優質的依戀關係心存嚮往，雖然與楊過相遇相識的日子極短，但是其間發生的種種故事，感受到的優質的愛與關懷，以及自戀的滿足感遠超之前所有的關係體驗，即便在《倚天屠龍記》中遇到瀟灑倜儻的「崑崙三聖」何足道，又何足道哉。這些是襄兒從小在心底便缺失的，是襄兒諸般美好下深深的悲傷，她去尋楊過是一種象徵，楊過是她內心缺失部分的象徵，她要找回來。

峨嵋山巔，青燈古廟，襄兒落髮，淚灑前襟，回首前塵往事，襄兒是否大徹大悟？心底的缺口還在嗎？仰天望去，白雲蒼狗，天地悠悠。

李莫愁：空城

在一個陰雲密布的午後，我一個人開車在行人稀少的路上，突然收音機裡傳來了一首楊坤的歌〈空城〉，就在一剎那，我腦海中閃現一個名字：李莫愁。李莫愁雖然是《神鵰俠侶》裡的配角，但她基本貫穿了整部小說，並影響了故事走向，其身上強烈的情感激盪讓人印象深刻。她在武林中被看作一個可憎可恨的魔頭，同時又可憐，可悲，可嘆。

分裂

武三娘嘆了口氣道：「這就是了。我是外人，說一下不妨。令兄陸大爺十餘年前曾去大理。那魔頭赤練仙子李莫愁現下武林中人聞名喪膽，可是十多年前卻是個美貌溫柔的好女子，那時也並未出家。也是前生的冤孽，她與令兄相見之後，就種下了情苗。後來經過許多糾葛變故，令兄與令嫂何沅君成了親。說到令嫂，卻又不得不提拙夫之事。此事言之有愧，但今日情勢緊迫，我也只好說了。這個何沅君，本來是我們的義女。」（《神鵰俠侶》第一回）

透過武三娘的描述可以得知，李莫愁原本是個好女子，和令人聞風喪膽的女魔頭毫無關連。促成其性情大變的是，十多年前她傾心的男子陸展元最後沒有娶她，而是娶了另一位女子何沅君。李莫愁欲大鬧陸、何二人的婚禮，席間一位天龍寺的高僧出手阻攔，定下了十年之期，十年內李莫愁不得找兩位新人的麻煩。十年期限過去，陸、何二人已相繼去世，李莫愁

愛情篇

舊恨難消，欲滅掉陸家其他人洩憤，這也是《神鵰俠侶》這本書的開場。

時當南宋理宗年間，地處嘉興南湖。節近中秋，荷葉漸殘，蓮肉飽實。這一陣歌聲傳入湖邊一個道姑耳中。她在一排柳樹下悄立已久，晚風拂動她杏黃色道袍的下襬，拂動她頸中所插拂塵的萬縷柔絲，心頭思潮起伏，當真亦是「芳心只共絲爭亂」。只聽得歌聲漸漸遠去，唱的是歐陽修另一首〈蝶戀花〉詞，一陣風吹來，隱隱送來兩句：「風月無情人暗換，舊遊如夢空腸斷……」歌聲甫歇，便是一陣格格嬌笑。

那道姑一聲長嘆，提起左手，瞧著染滿了鮮血的手掌，喃喃自語：「那又有什麼好笑？小妮子只是瞎唱，渾不解詞中相思之苦、惆悵之意。」（《神鵰俠侶》第一回）

武三通急躍出洞，但見李莫愁俏生生地站在當地，不由得大感詫異：「怎麼十年不見，她仍是這等年輕貌美？」當年在陸展元的喜筵上相見，李莫愁是二十歲左右的年紀，此時已是三十歲，但眼前此人除了改穿道裝之外，卻仍是肌膚嬌嫩，宛如昔日好女。她手中拂塵輕輕揮動，神態甚是悠閒，美目流盼，桃腮帶暈，若非素知她是個殺人不眨眼的魔頭，定道是位帶髮修行的富家小姐。（《神鵰俠侶》第二回）

書中李莫愁第一次單獨現身和第一次出現在眾人面前的場景分別在第一回與第二回。她給人最大的感受就是矛盾。第一次現身時，聽著一首歐陽修填的詞曲，她心有所感，情真意切，與之形成鮮明對比的是一隻剛殺了人後沾滿鮮血的左手，預示著其凶橫殘忍的另一面。而當李出現在眾人面前時，一副盈盈淺笑的仙子模樣，讓人很難將她與殺人不眨眼的魔頭連結起來，就如李莫愁的江湖外號一樣，赤練仙子，狠毒的赤練蛇與美貌仙子，分裂的兩面。

這互相衝突的兩部分呈現出一種非整合性的分裂。分裂是一種非常原

始的防禦機制，運用分裂機制比較多的人在看待事物時，關注到的是分裂出來的部分，認知或情感體驗上不是全好，就是全壞，無法把好壞整合起來感知。經常採用分裂模式應對世間萬事萬物的人，通常會讓人感受到偏執的性格特點。

喪失

李莫愁立起豔羨之念，想起自己的不幸，緩緩地道：「小師妹，你一生便住在這石墓之中，跟你熟識的男子也就只他一人，卻不知世上男人負心的多，真正忠誠對你的只怕半個也沒有。你師姊本來有個相好的男人，他對我說盡了甜言蜜語，說道就是為我死一千次一萬遭也沒半點後悔。不料跟我只分開了兩個月，他遇到了一個年輕貌美的姑娘，立即就跟她好得不得了，再見到我時竟睬也不睬，好像素不相識一般。我問他怎麼樣？他說道：『李姑娘，我跟你是江湖上的道義之交，多承你過去待我不錯，將來如有補報之處，自不敢忘。』他居然老了臉皮說道：『李姑娘，下個月二十四日，我在大理跟何姑娘成親。那時你如有空，請你大駕光臨來吃喜酒。』我氣得當場嘔血，暈倒在地。他將我救醒，扶我到一家客店中休息，就此揚長而去。」

她複述陸展元當年對她所說的決絕言語，神情聲口，十足十便似出於一個薄情寡義的男子之口，只是加上了極深的怨艾憤恨。這些年來，她的確時時刻刻在回想當日陸展元對她所說的言語。（《神鵰俠侶》新修版第七回）

李莫愁與陸展元十年前的愛恨情仇到底如何，金庸只在新修版裡補了這一段李莫愁自己的解讀和情感體驗，陸展元是否真是個負心漢，恐怕很難得知。但是可以肯定的是，這個「喪失」的經歷是一個扳機，觸發並打破

愛情篇

了李莫愁心理上原本相對平衡穩定的狀態，讓赤練仙子往後餘生一直在偏執的性格和分裂的處事模式中不斷強迫性重複。

心位

武三通突然喝道：「李莫愁，我要問你一句話，陸展元和何沅君的屍首，你弄到哪裡去了？」李莫愁陡然聽到陸展元和何沅君的名字，全身一顫，臉上肌肉抽動，說道：「都燒成灰啦。一個的骨灰散在華山之巔，一個的骨灰倒入了東海，叫他二人永生永世不得聚首。」眾人聽她如此咬牙切齒地說話，怨毒之深，當真是刻骨銘心，無不心下暗驚。（《神鵰俠侶》第三十二回）

當一個人遭遇「喪失」事件後，可能會進入梅蘭妮・克萊因所謂的「憂鬱心位」。這個憂鬱位態並非憂鬱症，而是一種包含多種情感體驗的過程，有悲傷、內疚、遺憾、懊悔，甚至還有憤怒和攻擊等情緒摻雜在一起。而經過一段時間對相關人和事以及情感體驗的內心「哀悼」，該整合的整合，該分離的分離，最後在心理層面完成修復，這個人在人格層面也就得到了強化，在心理層面也成長了。而有一部分人在遭遇喪失事件後不會進入這個憂鬱位態，為了阻撓自我進入這個哀悼的過程，他們會採用躁狂性分裂的防禦模式，就像李莫愁這樣，克萊因把這樣的狀態稱為偏執──分裂心位。

通常一個心理上相對健康的人一生會在「偏執──分裂」與「憂鬱」這兩個位態之間來回擺動，從而不斷地整合自己。但很明顯，李莫愁始終處在偏執──分裂心位，無法進入憂鬱心位開始哀悼的過程。究其原因，則是來自其內心深處的被迫害焦慮。

李莫愁：空城

　　每個孩子出生後，體驗到的是和媽媽溫暖而安全的子宮完全不同的一個世界，尤其在當母親忽視或離開而感到餓、冷等不適時，小嬰兒會在內心產生一種焦慮，是一種由於害怕被迫害、被毀滅而產生的焦慮，即被迫害焦慮。而母親溫暖的照顧和回應是緩解小嬰兒被迫害焦慮的良藥，母親這個好的情感功能會透過內攝機制進入小嬰兒的心中成為好的自體客體，並逐漸內化到孩子的自體中，之後慢慢成為孩子自體中好的部分。這個部分一方面是自尊、自我好的評價和認知的基礎，另一方面也會成為日後緩解和忍受焦慮等心理衝突的有力支撐。

　　《神鵰俠侶》中並沒有交代李莫愁兒時的情況，只是從小龍女口中側面知道，作為小龍女的師姐，李莫愁的少年期是在活死人墓裡度過的，她如何到了古墓，在被師父收為徒弟之前遭受過什麼創傷，我們無從知曉。小龍女是孤兒，從小在活死人墓中被孫婆婆照顧長大，而孫婆婆並沒有照顧過李莫愁，也許李莫愁是由師父親自帶大的。李、龍二人的師父是古墓派開派祖師林朝英的婢女，在整部書中沒有正面出現過，幾乎也沒有被談起過。小龍女對楊過談得最多的是師祖林朝英，也曾流露出對照顧自己的孫婆婆的情感，唯獨對授業恩師隻字不提。可以想見，李莫愁和小龍女的師父也許是個情感比較淡薄，對待徒弟比較冷淡的一個人。從這一點看，這個師父高機率不是一個溫暖共情的「好媽媽」。

　　而如果一個孩子從小缺乏好的客體（好媽媽）進行內攝的體驗，內心對於焦慮的忍受度是非常低的，於是採用分裂的防禦機制，把不好的感覺投射到外界的人和事，這樣才能暫時緩解焦慮帶給自己的痛苦。

愛情篇

愛煞

　　武三通也是所愛之人棄己而去，雖然和李莫愁其情有別，但也算得是同病相憐，可是那日自陸展元的酒筵上出來，親眼見她手刃何老拳師一家二十餘口男女老幼，下手之狠，此時思之猶有餘悸。何老拳師與她素不相識，無怨無仇，跟何沅君也是毫不相干，只因大家姓了個「何」字，她傷心之餘，竟去將何家滿門殺了個乾乾淨淨。何家老幼直到臨死，始終沒一個知道到底為了何事。其時武三通不明其故，未曾出手干預，事後才得悉李莫愁純是遷怒，只是發洩心中的失意與怨毒，從此對這女子便既恨且懼，這時見她臉上微現溫柔之色，但隨即轉為冷笑，不禁為程陸二女暗暗擔心。

　　李莫愁道：「我既在陸家牆上印了九個手印，這兩個小女孩是非殺不可的。武三爺，請你讓路罷。」

　　武三通道：「陸展元夫婦已經死了，他兄弟、弟媳也已中了你的毒手，小小兩個女孩兒，你就饒了罷。」

　　李莫愁微笑搖首，柔聲道：「武三爺，請你讓路。」

　　武三通將慄樹抓得更加緊了，叫道：「李姑娘，你忒也狠心，阿沅……」「阿沅」這兩字一出口，李莫愁臉色登變，說道：「我曾立過重誓，誰在我面前提起這賤人的名字，不是他死就是我亡。我曾在沅江之上連毀六十三家貨棧船行，只因他們招牌上帶了這個臭字，這件事你可曾聽到了嗎？武三爺，是你自己不好，可怨不得我。」說著拂塵一起，往武三通頭頂拂到。（《神鵰俠侶》第二回）

　　由於缺乏可以撫慰焦慮的好客體來內化，李莫愁內心始終處在一種極為「空」的狀態，加上常年生活在古墓中，黑暗的古墓帶著死亡的味道，加重了她內心深處的被迫害焦慮，所以李莫愁寧願放棄繼承掌門的位置也

要離開古墓，無意識裡是想尋求可以治癒自己的那個好客體，來填滿內心空洞的缺口。

可惜陸展元並不是能夠治癒李莫愁內心的好客體，當然我們並不具體知曉兩人的感情經歷，只有李莫愁的一面之詞。

可以客觀了解到的事實是：李莫愁手臂上依然留著守宮砂；陸在李莫愁威脅逼迫下依然與何沅君堅定地結合並同生共死；陸依然留存著當年李送給自己的錦帕。

種種情景可見陸並非如李莫愁描述的是一個徹頭徹尾的渣男，也許當年只是赤練仙子的一廂情願也未可知，只是李莫愁不能在內心整合地去看陸，不能面對兩人諸多好壞摻雜的情感體驗，而是一刀分開，把壞的部分投射到外界，投射到他人身上，以讓自己暫時好受一點。因此，李莫愁開啟了偏執——分裂模式，殺人如麻——因為何老鏢師姓何就殘忍地滅門；商家旗號有沅字就毀了幾十條商船；聽聞誰是負心漢不分青紅皂白直接一刀殺了。

李莫愁一生倨傲，從不向人示弱，但這時心中酸苦，熬不住叫道：「我好痛啊，快救救我。」

朱子柳指著天竺僧的遺體道：「我師叔本可救你，然而你殺死了他。」李莫愁咬著牙齒道：「不錯，是我殺了他，世上的好人壞人我都要殺。我要死了，我要死了！你們為什麼活著？我要你們一起都死！」

她痛得再也忍耐不住，突然間雙臂一振，猛向武敦儒手中所持長劍撞去。武敦儒無日不在想將她一劍刺死，好替亡母報仇，但忽地見她向自己劍尖上撞來，出其不意，吃了一驚，自然而然地縮劍相避。

李莫愁撞了個空，一個筋斗，骨碌碌地便從山坡上滾下，直跌入烈火之中。眾人齊聲驚叫，從山坡上望下去，只見她霎時間衣衫著火，紅煙火

愛情篇

舌，飛舞身周，但她站直了身子，竟是動也不動。眾人無不駭然。

小龍女想起師門之情，叫道：「師姐，快出來！」但李莫愁挺立在熊熊大火之中，竟是絕不理會。瞬息之間，火焰已將她全身裹住。突然火中傳出一陣淒厲的歌聲：「問世間，情是何物，直教生死相許？天南地北……」唱到這裡，聲若游絲，悄然而絕。（《神鵰俠侶》第三十二回）

偏執——分裂機制始終固著，導致李莫愁最後明顯從邊緣的狀態慢慢走向了偏精神病性的狀態，內心的痛苦讓她對所有好的客體產生了嫉妒。這是一個悖論：一方面希望得到好的客體來治癒自己，另一方面又嫉妒好的客體有自己不具備的心理調適能力，所以要毀滅這個好客體。

李莫愁的可恨，可憐，可悲，可嘆，源自其成年後因喪失愛情而激發早年創傷體驗帶來的痛苦，繼而採用分裂的防禦方式去應對。最終在絕情谷中，李莫愁帶著心中無法熄滅的痛苦，和對好男人、好的情感模式的失望離開了這個世界，雖然令人嘆息，但這對赤練仙子來說未嘗不是一種解脫。

紀曉芙：執迷不悔

相比較同時代其他武俠小說，金庸武俠作品在人物性格刻劃的豐富性上絕對首屈一指，就算是對非主角人物的性格描寫也絕不含糊，而是很豐滿，很鮮活，很動人，一個個呼之欲出，就算所占篇幅不多也總能令人留下深刻印象。紀曉芙就是其中很典型的一位。

登場

峨嵋派眾人最後起身告辭。紀曉芙見殷梨亭哭得傷心，眼圈兒也自紅了，走近身去，低聲道：「六哥，我去啦，你⋯⋯你自己多多保重。」

殷梨亭淚眼模糊，抬起頭來，哽咽道：「你們⋯⋯你們峨嵋派⋯⋯也是來跟我五哥為難麼？」

紀曉芙忙道：「不是的，家師只是想請張師兄示知謝遜的下落。」

她頓了一頓，牙齒咬住了下唇，隨即放開，唇上已出現了一排深深齒印，幾乎血也咬出來了，顫聲道：「六哥，我⋯⋯我實在對你不住，一切你要看開些。我⋯⋯我只有來生圖報了。」殷梨亭覺得她說得未免過分，道：「這不干你的事，我們不會見怪的。」紀曉芙臉色慘白，道：「不⋯⋯不是這個⋯⋯」

她不敢和殷梨亭再說話，轉頭望向無忌，說道：「好孩子，我們⋯⋯我們大家都會好好照顧你。」從頸中除下一個黃金項圈，要套在無忌頸中，柔聲道：「這個給了你⋯⋯」無忌將頭向後一仰，道：「我不要！」紀

愛情篇

曉芙大是尷尬，手中拿著那個項圈，不知如何下臺。她淚水本在眼眶中滾來滾去，這時終於流了下來。

靜玄師太臉一沉，道：「紀師妹，跟小孩兒多說什麼？我們走罷！」紀曉芙掩面奔出。(《倚天屠龍記》第十回)

紀曉芙是漢陽金鞭紀老英雄的掌上明珠，也是峨嵋派掌門滅絕師太在收周芷若之前最看重的徒弟，滅絕師太曾一度有意將掌門之位傳給她，可見其正統出身。《倚天屠龍記》中第一次提到紀曉芙，是在張翠山結束十年海外生活從冰火島返回武當山與師兄弟互表衷腸時，二師兄俞蓮舟提到六師弟殷梨亭與紀曉芙定下了親事。在眾人的描述中，紀曉芙是名門弟子，武功、人品都是上上之選，與殷梨亭是天生一對。但就是這麼讓大夥覺得天造地設的一對，似乎在紀曉芙第一次出場時出現了一些不和諧的聲音。紀曉芙似有難言之隱，欲言又止，而殷梨亭在痛失五哥張翠山的當下，心中雖有一絲疑惑，但也沒有細細追問。

紀曉芙在張三豐百歲壽宴上目睹了張翠山夫婦雙雙自盡的事件。張翠山的行為背後是對三師兄俞岱巖多年殘疾的愧疚，這觸發了他對妻子殷素素愛與恨的衝突，最終將毀滅指向自身。張翠山是名門正派，是武當的張五俠，殷素素是邪魔外道，是天鷹教堂主，正邪的對立、門派的紛爭是殘酷的。在荒無人煙的冰火島，張翠山夫婦可以逃避這個衝突，可一旦回到中原，踏入江湖，這個衝突便不可避免，終會發酵，最後釀成慘劇。這個慘烈的事件讓紀曉芙心有所感，擊中了她心中埋藏許久的祕密，於是擔憂、恐懼、內疚等情緒便不可遏制地流露了出來，那麼紀曉芙的祕密又是什麼呢？

紀曉芙：執迷不悔

祕密

　　紀曉芙知道今日面臨重大關頭，決不能稍有隱瞞，便道：「師父，那一年我們得知了天鷹教王盤山之會的消息後，師父便命我們師兄妹十六人下山，分頭打探金毛獅王謝遜的下落。弟子向西行到川西大樹堡，在道上遇到一個身穿白衣的中年男子，約莫有四十來歲年紀。弟子走到哪裡，他便跟到哪裡。弟子投客店，他也投客店，弟子打尖，他也打尖。弟子初時不去理他，後來實在瞧不過眼，便出言斥責。那人說話瘋瘋癲癲，弟子忍耐不住，便出劍刺他。這人身上也沒兵刃，武功卻是絕高，三招兩式，便將我手中長劍奪了過去。

　　「我心中驚慌，連忙逃走。那人也不追來。第二天早晨，我在店房中醒來，見我的長劍好端端地放在枕頭邊。我大吃一驚，出得客店時，只見那人又跟上我了。我想跟他動武是沒用的了，只有向他好言求懇，說道大家非親非故，素不相識，何況男女有別，你老是跟著我有何用意。我又說，我的武功雖不及你，但我們峨嵋派可不是好惹的。」

　　滅絕師太「嗯」了一聲，似乎認為她說話得體。

　　紀曉芙續道：「那人笑了笑，說道，『一個人的武功分了派別，已自落了下乘。姑娘若是跟著我去，包你一新耳目，教你得知武學中別有天地。』」

　　滅絕師太性情孤僻，一生潛心武學，於世務殊為隔膜，聽紀曉芙轉述那人之言，說「一個人的武功分了派別，已自落了下乘」，又說「教你得知武學中別有天地」的幾句話，不由得頗為神往，說道：「那你便跟他去瞧瞧，且看他到底有什麼古怪本事。」

　　紀曉芙臉上一紅，道：「師父，他是個陌生男子，弟子怎能跟隨他去。」滅絕師太登時醒悟，說道：「啊，不錯！你叫他快滾得遠遠的。」紀

愛情篇

曉芙道：「弟子千方百計，躲避於他，可是始終擺脫不掉，終於為他所擒。唉，弟子不幸，遇上了這個前生的冤孽……」說到這裡，聲音越來越低。

滅絕師太問道：「後來怎樣？」紀曉芙低聲道：「弟子不能拒，失身於他。他監視我極嚴，教弟子求死不得。如此過了數月，忽有敵人上門找他，弟子便乘機逃了出來，不久發覺身已懷孕，不敢向師父說知，只得躲著偷偷生了這個孩子。」

滅絕師太道：「這全是實情了？」紀曉芙道：「弟子萬死不敢欺騙師父。」滅絕師太沉吟片刻，道：「可憐的孩子。唉！這事原也不是你的過錯。」

丁敏君聽師父言下之意，對紀師妹竟大是憐惜，不禁狠狠向紀曉芙瞪了一眼。

滅絕師太嘆了一口氣，道：「那你自己怎麼打算啊？」紀曉芙垂淚道：「弟子由家嚴作主，本已許配於武當殷六爺為室，既是遭此變故，只求師父恩准弟子出家，削髮為尼。」滅絕師太搖頭道：「那也不好。嗯，那個害了你的壞蛋男子叫什麼名字？」

紀曉芙低頭道：「他……他姓楊，單名一個逍字。」滅絕師太突然跳起身來，袍袖一拂，喀喇喇一響，一張飯桌給她擊坍了半邊。張無忌躲在屋外偷聽，固是嚇得大吃一驚，紀曉芙、丁敏君、貝錦儀三人也是臉色大變。

滅絕師太厲聲道：「你說他叫楊逍？便是魔教的大魔頭，自稱什麼『光明左使者』的楊逍麼？」

紀曉芙道：「他……他……是明教中的，好像在教中也有些身分。」滅絕師太滿臉怒容，說道：「什麼明教？那是傷天害理，無惡不作的魔教。他……他躲在哪裡？是在崑崙山的光明頂麼？我這就找他去。」紀曉芙道：「他說，他們明教……」滅絕師太喝道：「魔教！」紀曉芙道：「是。他

紀曉芙：執迷不悔

說，他們魔教的總壇，本來是在光明頂，但近年來他教中內部不和，他不便再住在光明頂，以免給人說他想當教主，因此改在崑崙山的『坐忘峰』中隱居，不過只跟弟子一人說知，江湖上誰也不知。師父既然問起，弟子不敢不答。師父，這人……這人是本派的仇人麼？」

滅絕師太道：「仇深似海！你大師伯孤鴻子，便是給這個大魔頭楊逍活活氣死的。」

紀曉芙甚是惶恐，但不自禁地也隱隱感到驕傲，大師伯孤鴻子當年是名揚天下的高手，居然會給「他」活活氣死。她想問其中詳情，卻不敢出口。

滅絕師太抬頭向天，恨恨不已，喃喃自語：「楊逍，楊逍……多年來我始終不知你的下落，今日總教你落在我手中……」突然間轉過身來，說道：「好，你失身於他，迴護彭和尚，得罪丁師姊，瞞騙師父，私養孩兒……這一切我全不計較，我差你去做一件事，大功告成之後，你回來峨嵋，我便將衣缽和倚天劍都傳了於你，立你為本派掌門的繼承人。」

這幾句話只聽得眾人大為驚愕。丁敏君更是妒恨交迸，深怨師父不明是非，倒行逆施。紀曉芙道：「師父但有所命，弟子自當盡心竭力，遵囑奉行。至於承受恩師衣缽真傳，弟子自知德行有虧，武功低微，不敢存此妄想。」滅絕師太道：「你隨我來。」拉住紀曉芙手腕，翩然出了茅舍，直往谷左的山坡上奔去，到了一處極空曠的所在，這才停下。（《倚天屠龍記》第十三回）

紀曉芙在師父滅絕師太面前終將這個祕密講了出來。這個祕密大致就是自己多年之前遇上明教光明左使楊逍，然後被尾隨、被搭訕、被調戲，最終失身，誕下一個女孩，從此帶著這個孩子流落江湖。這個祕密中提到的故事表面上看是個典型的被性侵的創傷性事件，但在紀曉芙描述事件的過程中沒有任何情感的表達，始終是平鋪直敘，一直到提及與自己有婚約的殷梨亭時才有情緒出現，並請求師父責罰。貌似自己遭受的痛苦感受不

愛情篇

值一提，反而對不起殷梨亭的感受更加強烈。這只說明一件事，就是紀曉芙人格裡的本我欲望，的的確確是愛上了楊逍，而超我的道德感又讓自己感覺有負殷梨亭，所以透過懇求師父讓自己出家為尼來滿足超我的懲罰。

當然，紀曉芙不敢帶有情感地談論她對楊逍的真實感受，其中有刻意隱瞞的部分，這個事件大概發生在十年之前（紀曉芙向滅絕師太祖露實情時，其女兒楊不悔已是八九歲的年紀），以紀曉芙的聰明，她一定在心中將遇到師父，不得不說出這個事件的經過構思過很多遍了，這才可以這麼流暢而不帶情緒地敘述。因此紀曉芙言說的不是真正的祕密，而是祕密之後的「祕密」，因為真正的祕密是無法言說的。

周芷若睜著眼睛，愈聽愈奇，只聽師父又道：「郭大俠夫婦鑄成一刀一劍之後，將寶刀授給兒子郭公破虜，寶劍傳給本派郭祖師。當然，郭祖師曾得父母傳授武功，郭公破虜也得傳授兵法。但襄陽城破之日，郭大俠夫婦與郭公破虜同時殉難。郭祖師的性子和父親的武功不合，因此本派武學，和當年郭大俠並非一路。」

滅絕師太又道：「一百年來，武林中風波迭起，這對刀劍換了好幾次主人。後人只知屠龍寶刀乃武林至尊，唯倚天劍可與匹敵，但到底何以是至尊，那就誰都不知道了。郭公破虜青年殉國，沒有傳人，是以刀劍中的祕密，只有本派郭祖師傳了下來。她老人家生前曾竭盡心力，尋訪屠龍寶刀，始終沒有成功，逝世之時，將這祕密傳給了我恩師風陵師太。我恩師秉承祖師遺命，尋訪屠龍寶刀也是毫無結果。她老人家圓寂之時，便將此劍與郭祖師的遺命傳了給我。我接掌本派門戶不久，你師伯孤鴻子和魔教中的一個少年高手結下了梁子，約定比武，雙方單打獨鬥，不許邀人相助。你師伯知道對手年紀甚輕，武功卻極厲害，於是向我將倚天劍借了去。」

周芷若聽到「魔教中的少年高手」之時，心中怦怦而跳，不自禁地臉上紅了，但隨即想起：「不是他，只怕那時他還沒出世。」

紀曉芙：執迷不悔

只聽滅絕師太續道：「當時我想同去掠陣，你師伯為人極顧信義，說道他跟那魔頭言明，不得有第三者參與，因此堅決不讓我去。那場比試，你師伯武功並不輸於對手，卻給那魔頭連施詭計，終於胸口中了一掌，倚天劍還未出鞘，便給那魔頭奪了去。」

周芷若「啊」的一聲，想起了張無忌在光明頂上從滅絕師太手中奪劍的情景，只聽師父續道：「那魔頭連聲冷笑，說道，『倚天劍好大的名氣！在我眼中，卻如廢銅廢鐵一般！』隨手將倚天劍拋在地下，揚長而去。你師伯拾起劍來，要回山來交還給我。哪知他心高氣傲，越想越是難過，只行得三天，便在途中染病，就此不起。倚天劍也給當地官府取了去，獻給朝廷。你道氣死你師伯孤鴻子的這個魔教惡徒是誰？」周芷若道：「不……不知是誰？」

滅絕師太道：「便是那後來害死你紀曉芙師姊的那個大魔頭楊逍！」（《倚天屠龍記》第二十七回）

情感不能直接言說似乎是峨嵋派的「傳統」，從峨嵋派開山祖師郭襄便是如此。郭襄愛的是神鵰大俠楊過，但過兒早已傾心小龍女，又比郭襄大二十歲左右，一直以大哥哥的身分自居。楊過與小龍女在第二次華山論劍之後歸隱活死人墓，郭襄四處尋訪，她對自己說只是想知道楊過的下落，想再看他一眼，這何嘗不是一種思念，一種深情。郭女俠從十六歲開始，二十多年間不斷尋訪楊過，歷經襄陽城破，父母、姐弟全部陣亡，孤單一人，江湖飄零，情深如斯，最終在四十歲時於峨嵋山出家為尼，孑然一身。是郭襄看破紅塵，放下情緣了嗎？多年以後，她收了一個徒弟繼承衣缽，卻將徒弟取名為「風陵」。回首往事，那一年郭襄十六歲，在風陵渡口第一次聽眾人談到神鵰大俠，悠然神往，之後遇見楊過，從此一生無法釋懷。她對楊過的愛是說不出來的，只能隱藏在「風陵」兩字的背後，成為祕密。

愛情篇

紀曉芙的師父滅絕師太痛恨楊逍的起因是，師兄孤鴻子敗於其手下，並遭言語羞辱，急怒攻心，不久染病而亡。其實這是一次江湖門派間公平的比武，楊逍既沒有使什麼陰謀詭計，也沒有出重手置人死地，光明正大地贏了。孤鴻子雖敗似乎也沒受什麼重傷，致命的是心理上被楊逍自戀的表現挫敗了，創傷了。孤鴻子與滅絕師太是師兄妹，彼此之間固然有師門之誼，但提到往事，滅絕師太的反應超越了一般師兄妹的情誼。她逼迫紀曉芙下毒暗算楊逍，如果紀答應，除了原諒其種種違反門規的錯誤，甚至許以峨嵋掌門之位。要知道滅絕師太人如其名，滅情絕欲，並不是寬容和善之人，能夠這麼做可見其心中有多大的悲憤。滅絕師太本身亦是一個十分自戀的人，能入其法眼的人物少之又少，這樣自戀的人居然讓弟子用下三濫的手段去殺死自己的仇人，可以想見她對楊逍的仇恨有多深，已經超越了一般的江湖門派爭鬥，上升到了私人恩怨的地步。這背後可能也隱藏了滅絕師太不能言說的祕密，就是她愛著師兄孤鴻子，她原本有機會不讓師兄離她而去，但是她因顧忌同樣自戀的孤鴻子的面子沒有隨他一起去比武，這也許是滅絕師太內心最痛苦、最悔恨的決定，這些不能被涵容的部分必須排除在內心之外，於是她將這部分怨恨自然而然地投向了楊逍。滅絕師太內心對愛的渴望，對親密關係的期待隨著孤鴻子這個愛的客體的逝去而灰飛煙滅，於是，她壓抑掉這些她以為自己不需要的情感，絕情滅欲的滅絕師太就此誕生。

傳遞

楊逍又細問了一遍紀曉芙臨死的言語，垂淚道：「滅絕惡尼是逼她來害我，只要她肯答應，便是為峨嵋派立下大功，便可繼承掌門人之位。唉，曉芙啊，曉芙，你寧死也不肯答允。其實，你只須假裝答允，我們不

是便可相會、便不會喪生在滅絕惡尼的手下了麼？」

張無忌道：「紀姑姑為人正直，她不肯暗下毒手害你，也就不肯虛言欺騙師父。」楊逍悽然苦笑，道：「你倒是曉芙的知己……豈知她師父卻能痛下毒手，取她性命。」

張無忌道：「我答應紀姑姑，將不悔妹妹送到你手……」楊逍身子一顫，道：「不悔妹妹？」轉頭問楊不悔道：「孩子，乖寶貝，你姓什麼？叫什麼名字？」楊不悔道：「我姓楊，名叫不悔。」楊逍仰天長嘯，只震得四下裡木葉簌簌亂落，良久方絕，說道：「你果然姓楊。不悔，不悔。好！曉芙，我雖強逼於你，你卻沒懊悔。」張無忌聽紀曉芙說過二人之間的一段孽緣，這時眼見楊逍英俊瀟灑，年紀雖然稍大，但仍不失為一個風度翩翩的美男子，比之稚氣猶存的殷梨亭六叔，只怕當真更易令女子傾倒。紀曉芙被逼失身，終至對他傾心相戀，須也怪她不得。以他此時年紀，這些情由雖不能全然明白，卻也隱隱約約地想到了。（《倚天屠龍記》第十四回）

峨嵋派前幾代掌門，包括周芷若在內，其情感經歷在心理層面上很明顯在重複演繹著同一種模式，或者說這更像一個魔咒，即不能獲得美好的愛情，哪怕內心再渴望，最終也會失去，永遠無法得到，甚至會被懲罰。從開山祖師郭襄開始，風陵師太的情感故事不詳，到滅絕師太，再到紀曉芙和周芷若，都按照這個劇本去重複演繹。這就是精神分析中經常討論的「代際創傷」的心理現象。從個人層面來說，一個人會不斷在無意識裡重複早年的情感體驗和行為模式，而在家族層面亦會有類似的現象，在家族內未被治癒的創傷，會在無意識裡一代又一代地傳承下去，輪迴上演，被重複體驗。

從心理學角度上看，峨嵋派就是這樣一個進行無意識「代際創傷」的

愛情篇

家族。在一代代的創傷傳遞中，每代人都會在無意識的影響下感到莫名的痛苦，但又不明白其中緣由，只能在意識層面想遠遠地逃開。紀曉芙沒有選擇殷梨亭，而傾心於楊逍——一個與峨嵋派勢不兩立的明教中人，一方面是想逃離家族的代際創傷，另一方面是希望透過逃離這樣的代際創傷成為一個真正的女人。這是她的師祖郭女俠，以及師父滅絕師太都沒有成為的角色。要成為女人，首先要成為慾望的對象，這樣才能站在女人的位置。從與楊逍的苦戀上看，她的確成功了一半，但另一半卻沒有走到底。不是紀曉芙不願意，不努力，是無意識的家族代際創傷的力量實在太強大。在無法清楚感知被無意識影響的情況下，紀曉芙也同樣選擇了一個年紀大自己很多的成熟男人，一如楊過之於郭襄，孤鴻子之於滅絕師太（具體大多少，書中未提及），而這樣的成熟男人又並非對自己情有獨鍾。楊過自不必說，孤鴻子如果心中對滅絕師太有深刻的牽掛，必會珍惜自己的性命回到峨嵋。至於楊逍，在紀曉芙獨自離去後，再也沒有主動尋找過這個深情的女子，參與教內鬥爭不順後，一個人獨居坐忘峰。並且這三個男人都同樣具有非常自戀的特質，被這樣特質的男人吸引，也是代際創傷裡逃不掉的宿命。

　　紀曉芙以為自己可以打破代際創傷，哪怕付出失樂園般的代價，但最終還是呈現了峨嵋派這個「家族」裡代際創傷的相同命運。她一方面用自我放逐、獨自忍受痛苦的方式表達了無意識裡對「母親」和「家族」的忠誠，另一方面，紀女俠也沒有後悔過，所以她替自己與楊逍的孩子取名為「楊不悔」。

宋青書：為愛痴狂

　　金庸武俠小說中有種說法：「一遇楊過誤終身。」前有陸無雙、程英、公孫綠萼，後有郭襄，他們都愛上了楊過。但最後不是終身不嫁，就是為愛殉情，又或者遁入空門，最終歸宿都令人唏噓。以上都是女子，在《倚天屠龍記》中，有一位男子也是為情所困，他原本是有為青年，但一步一步墮入深淵，最終身敗名裂，他就是武當派內定的第三代掌門人選宋青書。不少讀者都認為宋青書的悲劇始於在人群中多看了周芷若一眼，從此深陷情網無法自拔，最後被人利用鑄成大錯，背叛師門，死於非命。本文就來分析一下宋青書為何會對周芷若如此痴迷，其內心世界到底發生了什麼「動亂」。

巔峰出場

　　眾人適才見他力鬥殷氏三兄弟，法度嚴謹，招數精奇，確是名門子弟的風範，而在三名高手圍攻之下，顯然已大落下風，但仍是鎮靜拒敵，絲毫不見慌亂，尤其不易，此時走到臨近一看，眾人心中不禁暗暗喝采：「好一個美少年！」但見他眉目清秀，俊美之中帶著三分軒昂氣度，令人一見之下，自然心折。

　　殷梨亭道：「這是我大師哥的獨生愛子，叫做青書。」靜玄道：「近年來頗聞玉面孟嘗的俠名，江湖上都說宋少俠慷慨仗義，濟人解困。今日得識尊範，幸何如之。」峨嵋眾弟子竊竊私議，臉上均有「果然名不虛傳」的

愛情篇

讚佩之意。

　　蛛兒站在張無忌身旁，低聲道：「阿牛哥，這人可比你俊多啦。」張無忌道：「當然，那還用說？」蛛兒道：「你喝醋不喝？」張無忌道：「笑話，我喝什麼醋？」蛛兒道：「他在瞧你那位周姑娘，你還不喝醋？」(《倚天屠龍記》第十八回)

　　第二個圈將要兜完，宋青書猛地立定，叫道：「趙靈珠師叔、貝錦儀師叔，請向離位包抄，丁敏君師叔、李明霞師叔，請向震位堵截……」他隨口呼喝，號令峨嵋派的三十多名弟子分占八卦方位。峨嵋眾人正當群龍無首之際，聽到他的號令之中自有一番威嚴，人人立即遵從。這麼一來，青翼蝠王韋一笑已無法順利大兜圈子，縱聲尖笑，將手中抱著那人向空中擲去，疾馳而逝。滅絕師太伸手接住從空中落下的弟子，只聽得韋一笑的聲音隔著塵沙遠遠傳來：「峨嵋派居然有這等人才，滅絕老尼了不起啊。」這幾句話顯是稱讚宋青書的。滅絕師太臉一沉，看手中那名弟子時，只見他咽喉上鮮血淋漓，露出兩排齒印，已然氣絕。

　　……

　　她呆了半晌，瞪目問宋青書道：「我門下這許多弟子的名字，你怎地竟都知道？」宋青書道：「適才靜玄師叔給弟子引見過了。」滅絕師太道：「嘿，入耳不忘！我峨嵋派哪有這樣的人才？」(《倚天屠龍記》第十八回)

　　宋青書在《倚天屠龍記》中出場即巔峰。他出身名門正派，是武當實際的掌門人、武當七俠之首宋遠橋的獨子，武當開山祖師張三豐的嫡系徒孫。青書從小就被當作武當派未來的掌門人來培養。除了出身好，從小得到足夠的支持，其本身也有著高於普通人的天資，加上後天系統正規的武當派武學訓練，他自然而然地成為武當第三代的佼佼者（嚴格意義上講，張無忌不算武當派系統訓練出來的）。宋青書在書中正式出場之前已在江

湖頗有名望，是能獨當一面的青年才俊，放到武林各派中都是不可多得的人才，未來的武林之星。

情商在線

　　當日晚間歇宿，宋青書恭恭敬敬地走到滅絕師太跟前，行了一禮，說道：「前輩，晚輩有一不情之請相求。」滅絕師太冷冷地道：「既是不情之請，便不必開口了。」宋青書恭恭敬敬地行了一個禮，道：「是。」回到殷梨亭身旁坐下。

　　……

　　宋青書大為嘆服，說道：「家父常自言道，他自恨福薄，沒能見到尊師的劍術。今日晚輩見到了丁師叔這招『輕羅小扇』，當真是開了眼界。晚輩適才是想請師太指點幾手，以解晚輩心中關於劍法上的幾個疑團，但晚輩非貴派子弟，這些話原本不該出口。」

　　滅絕師太坐在遠處，將他的話都聽在耳裡，聽他說宋遠橋推許自己為天下劍法第二，心中極是樂意。張三豐是當世武學中的泰山北斗，人人都是佩服的，她從未想過能蓋過這位古今罕見的大宗師。但武當派大弟子居然認為她是除張三豐外劍術最精，不自禁地頗感得意，眼見丁敏君比劃這一招，精神勁力都只三四分火候，名震天下的峨嵋劍法豈僅如此而已？當下走近身去，一言不發地從丁敏君手中接過長劍，手齊鼻尖，輕輕一顫，劍尖嗡嗡連響，自右至左、又自左至右地連晃九下，快得異乎尋常，但每一晃卻又都清清楚楚。

　　眾弟子見師父施展如此精妙劍法，無不看得心中劇跳，掌心出汗。殷梨亭大叫：「好劍法，好劍法！妙極！」宋青書凝神屏氣，暗暗心驚。他初時不過為向滅絕師太討好，稱讚一下峨嵋劍法，哪知她施將出來，實有難

愛情篇

以想像的高妙，不由得衷心欽服，誠心誠意地向她討教起來。宋青書問什麼，滅絕師太便教什麼，竟比傳授本門弟子還要盡力。宋青書武學修為本高，人又聰明，每一句都問中了竅要。峨嵋群弟子圍在兩人之旁，見師父所施展的每一記劍招，無不精微奇奧，妙到巔毫，有的隨師十餘年，也未見師父顯過如此神技。（《倚天屠龍記》第十八回）

在《倚天屠龍記》中，峨嵋派的掌門滅絕師太可以說是一位極難相處的人，連膝下的弟子都對她又敬又怕。但宋青書第一次與滅絕師太見面就與其相處得來，這是相當不容易的一件事，這代表了他觀人識人、溝通交流的能力是相當強的。他能夠在短時間裡摸清滅絕師太這個長輩的脾氣秉性，並畢恭畢敬、投其所好，與之建立良好的關係，這個溝通的本領是需要在特定的情境下才能潛移默化地學習並內化的。宋青書善於與長輩、權威溝通和相處的本事與其父宋遠橋息息相關。宋遠橋是張三豐的大弟子，代管武當多年，深得師父信任，其辦事能力和溝通能力肯定也是一等一的。這代表了宋青書對父親宋遠橋的認同，也代表他對武當派的認同，對自己未來是武當掌門這個角色的認同。這個認同是他的人生目標，是他心理能量的泉源，是他在江湖上取得成就、揚名立萬的推動力。

遭逢挫折

俞蓮舟雖叫他（宋青書）不可傷了張無忌性命，但不知怎的，他心中對眼前這少年竟蓄著極深的恨意，這倒不是因他說自己粗暴，卻是因見周芷若瞧著這少年的眼光之中，一直含情脈脈，極是關懷，最後雖奉了師命而刺他一劍，但臉上神色悽苦，顯見心中難受異常。

宋青書自見周芷若後，眼光難有片刻離開她身上，雖然常自抑制，不敢多看，以免給人認作輕薄之徒，但周芷若的一舉一動、一顰一笑，他無

不瞧得清清楚楚，心下明白：「她這一劍刺了之後，不論這小子死也好，活也好，再也不能從她心上抹去了。」自己倘若擊死這個少年，周芷若必定深深怨怪，可是妒火中燒，實不肯放過這唯一制他死命的良機。宋青書文武雙全，乃是武當派第三代弟子中出類拔萃的人物，為人也素來端方重義，但遇到了「情」之一關，竟然方寸大亂。

......

宋青書心中大駭，偶一回頭，突然和周芷若的目光相接，只見她滿臉關懷之色，不禁心中又酸又怒，知道她關懷的絕非自己，當下深深吸一口氣，左手揮掌猛擊張無忌右頰，右手出指疾點他左肩「缺盆穴」，這一招叫做「花開並蒂」，名稱好聽，招數卻十分厲害，雙手遞招之後，跟著右掌擊他左頰，左手食指點他右肩後「缺盆穴」。這兩招「花開並蒂」併成一招，連續四式，便如暴風驟雨般使出，勢道之猛，手法之快，當真非同小可。眾人見了這等聲勢，齊聲驚呼，不約而同地跨上一步。

只聽得啪啪兩下清脆的響聲，宋青書左手一掌打上了自己左頰，右手食指點中了自己左肩「缺盆穴」，跟著右手一掌打上了自己右頰，左手食指點中了自己右肩「缺盆穴」。他這招「花開並蒂」四式齊中，卻給張無忌以「乾坤大挪移」功夫挪移到了他自己身上。倘若他出招稍慢，那麼點中了自己左肩「缺盆穴」後，此後兩式便即無力使出，偏生他四式連環，迅捷無倫，左肩「缺盆穴」雖被點中，手臂尚未麻木，直到使全了「花開並蒂」的下半套之後，這才手足癱軟，砰的一聲，仰天摔倒，掙扎了幾下，再也站不起來了。

宋遠橋快步搶出，左手推拿幾下，已解開了兒子的穴道，但見他兩邊面頰高高腫起，每一邊留下五個烏青的指印，知他受傷雖輕，但兒子心高氣傲，今日當眾受此大辱，直比殺了他還要難受，當下一言不發，攜了他手回歸本派。（《倚天屠龍記》第二十二回）

愛情篇

　　光明頂一役是宋青書遭遇的重大挫折。面對已經被倚天劍貫胸而入、重傷不能移動的張無忌，他使出渾身解數依然慘敗收場，這個打擊對宋青書來說可謂巨大。根據書中之前對宋青書行為舉止的描寫，很明顯他屬於自戀型人格。在六大門派圍剿明教的作戰中，他誇大的、略帶表現癖的自戀部分和現實自我的結合是恰當的，說明當時其自體感還是比較連續和統整的。對於自戀型的人來說，影響其自體穩定感的死穴就是羞恥感、羞愧感。在與張無忌的這場公開比試中，在六大門派、明教上下幾千人面前的失利引發的內心羞恥感，對宋青書來說是巨大的、沉重的，甚至可能會摧毀他自體的統合感。宋青書對張無忌的恨，來自嫉妒。嫉妒緣由有二，一是和周芷若有關。周芷若對張無忌的關切之情被宋青書看在眼裡，妒火中燒，其內心的獨白是：「周姑娘，你難道沒有看到我嗎？沒有注意到我的優秀，我的與眾不同，我的出類拔萃嗎？」而周芷若更關注張無忌，這在宋青書的內心無意識解讀是：「我和張無忌比是不好的，甚至可能是一無是處的。」這個心底的自動化解讀會引發當事人的無價值感，甚至被拋棄感。

　　青書的嫉妒之二來自張無忌，經光明頂之役，張無忌重傷再也支撐不住，當他的真實身分被武當諸俠知曉後，張無忌迅速成為眾人關注的焦點，宋青書的受傷、失敗再也不重要了。父親宋遠橋、眾師叔的眼光再也離不開張無忌，關切之情溢於言表。而在此之前，宋青書才是父輩和師門的關注所在。這種失落，對自戀型人格特點的人來說，會引發內心最深的恐懼，亦即無價值感、被拋棄感。

宋青書：為愛痴狂

破碎

　　宋青書沉吟半晌，說道：「你要我在太師父和爹爹的飲食之中下毒，我是寧死不為，你快一劍將我殺了吧。」陳友諒道：「宋兄弟，常言道，識時務者為俊傑。我們又不是要你弒父滅祖，只不過下些蒙藥，令他們昏迷一陣。在彌勒廟中，你不是早已答應了嗎？」宋青書道：「不，不！我只答應下蒙藥，但掌缽龍頭捉的是劇毒的蝮蛇、蜈蚣，那是殺人的毒藥，絕非尋常蒙汗藥物。」

　　陳友諒悠悠閒閒地收起長劍，說道：「峨嵋派的周姑娘美若天人，世上再找不到第二個了，你竟甘心任她落入張無忌那小子的手中，當真奇怪。宋兄弟，那日深宵之中，你去偷窺峨嵋諸女的臥室，給你七師叔撞見，一路追了你下來，致有石岡比武、以姪弒叔之事。那為的是什麼？還不是為了這位溫柔美貌的周姑娘？事情已經做下來了，一不做，二不休，馬入夾道，還能回頭麼？我瞧你為山九仞，功虧一簣，可惜啊可惜！」

　　宋青書搖搖晃晃地站了起來，怒道：「陳友諒，你花言巧語，逼迫於我。那一晚我給莫七叔追上了，敵他不過，我敗壞武當派門風，死在他的手下，也就一了百了，誰要你出手相助？我是中了你的詭計，以致身敗名裂，難以自拔。」（《倚天屠龍記》第三十二回）

　　宋青書在光明頂眾目睽睽之下，自戀型人格遭受重大創傷，這引發了自體的碎裂感。對於自戀的人來說，自體不穩定會觸發「退行」的心理防禦機制。退行即希望回到生命的早年，透過體驗早期的、原始的融合感受來撫慰創傷。

　　這個時候，青書希望體驗到類似與女性（母親）的融合感、一體感，甚至共生感來擺脫因自體的不穩定帶來的無價值感和被拋棄的痛苦感受。青書不自覺地冒天下之大不韙去偷窺周芷若，是對融合需要的性慾化表現，

這亦是自戀人格在退行中最常見的表現形式之一。心理上退行後的青書已經沒有了六大門派圍剿明教時那樣的意氣風發，機智果敢。此時的他完全受制於陳友諒，除了陳本身就是一位手段毒辣的梟雄，青書的自我功能已經隨著心理退行而處在受損狀態，就像是一個受傷、驚恐、無助的孩子，被陳友諒控制也是自然而然的事了。

退行

群雄鼓譟聲中，周芷若在宋青書耳邊低聲說了幾句話。宋青書點了點頭，緩步走到廣場正中，朗聲說道：「今日群雄相聚，原不是詩酒風流之會，前來調琴鼓瑟，論文聯句。既然動到兵刃拳腳，那就保不定死傷。這位夏老英雄適才言道，司徒先生平生未有歹行，責備本派靜迦師太濫傷無辜。眾位英雄復又群相鼓譟，似有不滿本派之意。兄弟倒要請教：我們今日比武較量，是否先得查明各人的品行德性？大聖大賢，那才是千萬傷害不得，窮凶極惡之輩，就不妨任意屠殺？」群雄一時語塞，均覺他的話倒也並非無理。

……

周芷若拂塵微舉，說道：「俞二俠，本座也不必瞞你，此人是本座夫君，姓宋名青書，原本系出武當，此刻卻已轉入峨嵋門下。俞二俠有何說話，只管衝著本座言講便是。」

……

宋青書伸手在臉上一抹，拉去黏著的短鬚，一整衣冠，登時成為一個臉如冠玉的英俊少年。群雄一看之下，心中暗暗喝采：「好一對神仙美眷！」（《倚天屠龍記》第三十七回）

宋青書：為愛痴狂

濠州婚變之後，黑化的周芷若找來宋青書做自己的掛名夫君，兩人並沒有夫妻之實。周這個舉動有報復張無忌的意味，對青書來說也算是一定程度上得償所願。屠獅大會上，宋青書是周芷若的工具，是周的馬前卒，對周的吩咐言聽計從，忠心不貳。青書擅自叛出武當，投靠峨嵋，周芷若教他九陰白骨爪，指示他當場用此邪功擊殺丐幫掌缽長老、執法長老，他最後還與師伯俞蓮舟決鬥，最終比武失利，手腳齊斷，頭骨碎裂成為廢人。

細看周芷若和宋青書的關係，呈現得不太像情侶或夫妻關係，而更像母子關係。從這條線索拿起精神分析這個後設心理學的望遠鏡觀察宋青書成年後的所作所為以及人格特質，可以推測其早年生命環境。青書心心念念的是得到周芷若的關注，他嫉妒的也是這樣的關注沒有給自己而是給了別人（張無忌）。關注的缺失引發了青書自體的不平衡感和退行，這一定是觸發了他早年同樣的創傷——缺乏母親的關注。

《倚天屠龍記》中沒有交代宋青書的母親是誰。按照武當為殷梨亭選妻的標準推測青書之母、宋遠橋之妻，那一定也是名門正派一位不凡的人物。作為峨嵋派年輕一代裡最傑出的弟子、未來掌門的有力爭奪者，周芷若具備與青書母親相似的特質，所以才會被宋青書那般迷戀。宋青書年紀輕輕就擁有超越同齡人的武功智謀和處事能力，但他並不是天才，只是比一般人多些天資，但想在武林年輕一代中脫穎而出，其背後付出的汗水和努力一定是相當驚人的。據此推測，也許青書很小就被從母親身邊帶走習武，被迫與母親分離（當然，也有可能是母親早逝導致分離），刻苦練武，學習成為新一代武當掌門是其生命中唯一重要的任務。失去母親的關注對一個孩子來說充滿了失望，然後是憤怒，而這些通通被代表父性的超我壓制，被強行匯入到現實的自我中去。所以青書對父親、對代表父性的

愛情篇

權威、對於武當派在無意識裡是有恨意的。東方文化裡解決伊底帕斯情結中對父親的恨，通常用「認同並繼承」這種不徹底的方式去部分解決，而如果當繼承不能實現時，唯有弒父（現實中或精神上）這條路可走。因此，最終宋青書選擇叛出武當、投身峨嵋，從精神分析角度來看也就不奇怪了。

童年未被滿足的需求，被壓抑的憤怒，並不會隨著時間的流逝而自然地消失，這些情緒就如一頭潛伏在深淵裡的怪獸。當自體穩固時，怪獸在沉睡；當外界突發的創傷事件刺激到自體不再穩定、瀕臨碎裂時，也就是這頭怪獸甦醒之時。這時候伴隨著退行，那些原始的未被滿足的愛與恨從壓抑的無意識中升起，強大如潮水般洶湧而出，不可遏制。如果這些愛恨無法被馴服，其結果只能如烈火焚身般導致自我毀滅。宋青書之於周芷若的愛情就是如此，因為原始，所以濃烈；因為創傷，所以窒息。也許這是一種深情，深到無意識之中，但最終必然導致「情深不壽」。

趙敏：敢愛敢做

曾經有個女子對我說：「我要 A，沒有人可以讓我要 B，就算有，這樣的人也還沒生出來呢！」當時我腦子裡瞬間浮現出一個金庸武俠人物，那就是趙敏。會有這樣的聯想是因為那個女子和趙敏一樣，對於心裡已經決定的事，都是斬釘截鐵，毫不拖泥帶水，無人可以撼動其決定，霸氣不讓鬚眉。

郡主名場面

　　趙敏微微一笑，說道：「我有幾句話跟張教主說，說畢便去，容日再行叨擾。」楊逍道：「趙姑娘有什麼話，待行禮之後再說不遲。」趙敏道：「行禮之後，已經遲了。」楊逍和范遙對望一眼，知她今日是存心前來攪局，無論如何要立時阻止，免得將一場喜慶大事鬧得尷尬狼狽，滿堂不歡。楊逍踏上兩步，說道：「我們今日賓主盡禮，趙姑娘務請自重。」他已打定了主意，趙敏若要搗亂，只有迅速出手點她穴道，制住她再說。
　　趙敏向范遙道：「苦大師，人家要對我動手，你幫不幫我？」范遙眉頭一皺，說道：「郡主，世上不如意事十居八九，既已如此，也是勉強不來了。」
　　趙敏道：「我偏要勉強。」轉頭向張無忌道：「張無忌，你是明教教主，男子漢大丈夫，說過的話作不作數？」（《倚天屠龍記》第三十四回）

愛情篇

這一句「我偏要勉強」讓無數金庸武俠迷悠然神往。當人生中出現阻礙和困難時，只有極少數人能夠如此強硬地迎難而上，殺出一條血路，硬生生開創出一個扭轉命運的機會並牢牢地把握。我個人認為這個橋段在整部《倚天屠龍記》中是趙敏最亮眼的時刻，讓濠州婚變現場一眾英豪黯然失色。這段情節讓很多讀者心有所感，也是因為現實生活中大多數人並沒有活出趙敏式的「偏要勉強」，而是相反地活成了周芷若般的「問心有愧」。

回到濠州婚變的戲劇衝突現場，當趙敏隻身赴濠州大鬧張無忌與周芷若婚禮之時，相當於進入了完全敵對一方的中心地帶。現場絕大多數觀禮的武林嘉賓都受過被趙敏囚禁在萬安寺的折辱，明教眾人與朝廷更是勢同水火。除了范遙與趙敏曾有過一段主僕之誼，在其他人眼中，趙敏不是仇人便是妖女，就算張無忌要保她，也陷於兩難處境——兩人身分從一開始就是針鋒相對的：一個是元朝郡主，一個是明教教主；一個是搶占漢人江山的蒙古人，一個是反抗蒙古統治的漢人；一個是朝廷為了鞏固統治而挑起江湖各派紛爭的幕後指揮，一個是維護武林各派共同抗元的義軍領袖。

趙敏處在如此危險重重的環境下還敢公然現身阻撓張、週二人的婚禮，按照普遍的看法，這是她非常自信的表現；從精神分析的角度看，似乎也帶有一些誇大自戀的意味。

自戀的補償結構

一眼掠過，見那少年公子頭巾上兩粒龍眼般大的明珠瑩然生光，貪心登起，大笑道：「兔兒相公，跟了老爺去罷！有得你享福的！」說著雙腿一夾，催馬向那少年公子衝來。

趙敏：敢愛敢做

那公子本來和顏悅色，瞧著眾元兵的暴行似乎也不生氣，待聽得這軍官如此無禮，秀眉微微一蹙，說道：「別留一個活口。」

這「口」字剛說出，颼的一聲響，一支羽箭射出，在那軍官身上洞胸而過，乃是那公子身旁一個獵戶所發。此人發箭手法之快，勁力之強，幾乎已是武林中的一流好手，尋常獵戶豈能有此本事？只聽得颼颼颼連珠箭發，八名獵戶一齊放箭，當真是百步穿楊，箭無虛發，每一箭便射死一名元兵。眾元兵雖然變起倉促，大吃一驚，但個個弓馬嫻熟，大聲吶喊，便即還箭。餘下七名獵戶也即上馬衝去，一箭一個，一箭一個，頃刻之間，射死了三十餘名元兵。其餘元兵見勢頭不對，連聲呼哨，丟下眾婦女回馬便走。那八名獵戶胯下都是駿馬，風馳電掣般追將上去，八支箭射出，便有八名元兵倒下，追出不到一裡，蒙古官兵盡數就殲。

那少年公子牽過坐騎，縱馬而去，更不回頭再望一眼。他號令部屬在瞬息間屠滅五十餘名蒙古官兵，便似家常便飯一般，竟是絲毫不以為意。周顛叫道：「喂，喂！慢走，我有話問你！」那公子更不理會，在八名獵戶擁衛之下，遠遠地去了。（《倚天屠龍記》第二十三回）

趙敏在《倚天屠龍記》中第一次出場時，給人的感覺是態度冷冷的，並不好接近，身邊眾人環繞，更突顯了她卓爾不凡的氣質，言談舉止間表現出與人情感上的距離，這些都帶有明顯的自戀驅力投向自身的特點。當一名元軍下級軍官不識趙敏並對其出言侮辱時，她下令將對方全部殺掉。這指向了趙敏的自戀人格一旦受損時，所引發的暴怒便會視人命如草芥，在平淡言語和從容表情下掌控他人生死的自戀行為，也帶有明顯誇大性色彩。

趙敏顯而易見是帶有自戀型人格色彩的人。精神分析是後設心理學，按照科胡特的講法是在成年後用望遠鏡的視角回溯早年的生命環境。造成

愛情篇

自戀型人格的早年生命環境通常都有一個忽視的或者缺席的母親，這個母親無法給予孩子及時的同頻回應，於是孩子將原本可以發展出的對客體愛的驅力迴轉到自身，固著在這個創傷時刻並影響其健康人格的發展。書中沒有提到過趙敏的母親，這也許象徵了母親的缺席，從她對父親的理想化與認同上，可以窺見這樣的推測是可能的。

正在此時，忽聽得馬蹄聲響，一乘馬急奔進寺，直衝到高塔之前，眾武士一齊躬身行禮，叫道：「小王爺！」范遙從塔上望將下來，只見此人頭上束髮金冠閃閃生光，胯下一匹高大白馬，身穿錦袍，正是汝陽王的世子庫庫特穆爾、漢名王保保的便是。

王保保厲聲問道：「韓姬呢？父王大發雷霆，要我親來檢視。」哈總管上前稟告，便說是鹿杖客將韓姬盜了來，現被苦頭陀拿住。鶴筆翁急道：「小王爺，莫聽他胡說八道。這頭陀乃是奸細，他陷害我師哥……」王保保雙眉一軒，叫道：「一起下來說話！」

范遙在王府日久，知道王保保精明能幹，不在乃父之下，自己的詭計瞞得過旁人，須瞞不過他，一下高塔，倘若小王爺三言兩語之際便識穿破綻，下令眾武士圍攻，單是一個鶴筆翁便不好鬥，自己脫身或不為難，塔中諸俠就救不出來了，高聲說道：「小王爺，我拿住了鹿杖客，他師弟恨我入骨，我只要一下來，他立刻便會殺了我。」（《倚天屠龍記》第二十七回）

自戀型人格因早年創傷造成的人格缺損，會在成長中透過三個補償結構來平衡，其中之一便是理想化。趙敏在整部書的前半部中經常穿男子衣服出場，統領大批武林英雄為朝廷所用，這些平日裡一等一的武林好手都唯趙敏馬首是瞻。趙敏的所作所為已經不是傳統意義上的郡主，而更像一位殺伐果斷的將軍、領袖。她的種種特質都是內心對父親汝陽王認同的結果。

趙敏：敢愛敢做

　　趙敏對父親的過度認同是出於理想化移情的需要，而這個理想化自體客體的體驗，正是為了彌補早年因母親缺席導致的自體發展上的缺損。這個補償結構對趙敏自體統合感、凝聚感的幫助是巨大的，但同時也存在隱患。同樣理想化父親的還有趙敏的親哥哥王保保。王保保在書中出場不多，但他的精明強幹令人留下深刻印象，甚至要強於趙敏，連張無忌也差點落在他的手裡。在汝陽王的安排下，女兒趙敏負責情報工作常年混跡江湖，而長子王保保則跟在他身邊，運籌帷幄，上陣殺敵。這是父親汝陽王對孩子的一種回應，同時也是一種無須言語表達的選擇結果，即王保保才是我的接班人，是我未來的延續。與同胞競爭中的失敗對趙敏來說是理想化的受挫，即便如此，也總比沒有理想化對象好。而趙敏的變化始於她遇見張無忌。

　　張無忌這才放手，說道：「得罪了！」在她背上推拿數下，解開了她穴道。趙敏喘了一口長氣，罵道：「賊小子，給我著好鞋襪！」張無忌拿起羅襪，一手便握住她左足，剛才一心脫困，意無別念，這時一碰到她溫膩柔軟的足踝，心中不禁一蕩。趙敏將腳一縮，羞得滿面通紅，幸好黑暗中張無忌也沒瞧見，她一聲不響地自行穿好鞋襪，在這一霎時之間，心中起了異樣的感覺，似乎只想他再來摸一摸自己的腳。卻聽張無忌厲聲喝道：「快些，快些！快放我出去。」

　　趙敏一言不發，伸手摸到鋼壁上刻著的一個圓圈，倒轉短劍劍柄，在圓圈中忽快忽慢、忽長忽短地敲擊七八下，敲擊之聲甫停，豁喇一響，一道亮光從頭頂照射下來，那翻板登時開了。這鋼壁的圓圈之處有細管和外邊相連，她以約定的訊號敲擊，管機關的人便立即打開翻板。

　　張無忌沒料到說開便開，竟是如此直截了當，不由得一愕，說道：「我們走罷！」趙敏低下了頭，站在一邊，默不作聲。張無忌想起她是一個女

孩兒家，自己一再折磨於她，好生過意不去，躬身一揖，說道：「趙姑娘，適才在下實是迫於無奈，這裡跟你謝罪了。」趙敏索性將頭轉了過去，向著牆壁，肩頭微微聳動，似在哭泣。

她奸詐毒辣之時，張無忌跟她鬥智鬥力，殊無雜念，這時內愧於心，又見她背影婀娜苗條，後頸中肌膚瑩白勝玉，秀髮蓬鬆，不由得微起憐惜之意，說道：「趙姑娘，我走了，張某多多得罪。」趙敏的背脊微微扭了一下，仍是不肯回過頭來。（《倚天屠龍記》第二十三回）

自戀型人格的人內心是一片荒蕪，這類人時常感到孤獨，與人的關係有一種天生的距離感。雖然有不少英雄豪傑圍繞在趙敏身邊，但其內心是孤獨的，其行為也給人隔膜感、疏離感。書中有個情節，當趙敏去小酒館見張無忌時，只帶了苦頭陀（范遙），因為苦頭陀不能說話，不會吐露一些事。她的諸多言行都象徵著內心壓抑了一個不能被別人知道的「祕密」，自己也不能言說的事實，即我原本是個女嬌娃。因為理想化父親，要做與父親同樣的角色，與兄長競爭，她必須藏起自己女性的身分。當趙敏在綠柳莊設計抓捕張無忌反被其制住，在被張無忌逼迫下解開陷阱，兩人肌膚相觸的那一刻讓趙敏第一次體驗到作為女孩子的感受。

理想化張教主

轎門掀起，轎中走出一個少年公子，一身白袍，袍上繡著個血紅的火焰，輕搖摺扇，正是女扮男裝的趙敏。張無忌心道：「原來一切都是她在搞鬼，難怪少林派一敗塗地。」

只見她走進殿中，有十餘人跟進殿來。一個身材魁梧的漢子踏上一步，躬身說道：「啟稟教主，這個就是武當派的張三豐老道，那個殘廢人想必是他的第三弟子俞岱巖。」

趙敏：敢愛敢做

趙敏點點頭，上前幾步，收攏摺扇，向張三豐長揖到地，說道：「晚生執掌明教張無忌，今日得見武林中北斗之望，幸也何如！」

張無忌大怒，心中罵道：「你這賊丫頭冒充明教教主，那也罷了，居然還冒用我姓名，來欺騙我太師父。」

張三豐聽到「張無忌」三字，大感奇怪：「怎地魔教教主是如此年輕俊美的一個少女，名字偏又和我那無忌孩兒相同？」當下合十還禮，說道：「不知教主大駕光臨，未克遠迎，還請恕罪！」趙敏道：「好說，好說！」（《倚天屠龍記》第二十四回）

在與張無忌第一次交鋒中，趙敏設下巧計也沒能困住這位張教主，反被其制住，其自戀遭受了一定的挫折；同時，雖然張無忌用了點強，逼迫趙敏打開機關，但還算在一定程度上顧及了其女孩子的身分和顏面，並表達了歉意。這個事件讓趙敏一方面體驗到自己長久以來刻意壓抑和隔離的女人身分，另一方面也體驗到一個比自己更強大的客體，甚或比自己父親更強大的客體，並且是一個擁有摧毀能力但又有節制的好客體。於是從趙敏裝扮成張無忌的樣子襲擊少林武當就可以看到些許理想化張無忌的影子。

趙敏正色道：「張教主，你要黑玉斷續膏，我可給你。你要七蟲七花膏的解藥，我也可給你。只是你須得答應我做三件事。那我便心甘情願地奉上。倘若你用強威逼，那麼你殺我容易，要得解藥，卻是難上加難。你再對我濫施惡刑，我給你的也只是假藥、毒藥。」

張無忌大喜，正自淚眼盈盈，忍不住笑逐顏開，忙道：「哪三件事？快說，快說。」

趙敏微笑道：「又哭又笑，也不怕醜！我早跟你說過，我一時想不起來，什麼時候想到了，隨時會跟你說，只須你金口一諾，決不違約，那便

愛情篇

成了。我不會要你去捉天上的月亮,不會叫你去做違背俠義之道的惡事,更不會叫你去死。自然也不會叫你去做豬做狗。」

張無忌尋思:「只要不背俠義之道,那麼不論多大的難題,我也當竭力以赴。」當下慨然道:「趙姑娘,倘若你惠賜靈藥,治好了我俞三伯和殷六叔,但教你有所命,張無忌決不敢辭。赴湯蹈火,唯君所使。」趙敏伸出手掌,道:「好,我們擊掌為誓。我給解藥於你,治好了你三師伯和六師叔之傷,日後我求你做三件事,只須不違俠義之道,你務當竭力以赴,決不推辭。」張無忌道:「謹如尊言。」和她手掌輕輕相擊三下。

趙敏取下鬢邊珠花,道:「現下你肯要我的物事罷?」張無忌生怕她不給解藥,不敢拂逆其意,將珠花接了過來。趙敏道:「我可不許你再去送給那個俏丫鬟。」張無忌道:「是。」

趙敏笑著退開三步,說道:「解藥立時送到,張教主請了!」長袖一拂,轉身便去。玄冥二老牽過馬來,侍候她上馬先行。三乘馬蹄聲得得,下山去了。(《倚天屠龍記》第二十五回)

趙敏裝扮成張無忌的樣子,用著張無忌的名號在江湖上掀起血雨腥風,一方面有現實層面的原因,要嫁禍明教,另一方面也有在心理上將張無忌理想化的因素。理想化一個人首先會無意識地去認同這個人,認同一般來說是從外向內進行的,可能先從外在開始,比如穿衣打扮成理想化對象的樣子或者被理想化對象喜歡的樣子,或者模仿理想化對象的行為舉止、談吐習慣等;然後再到內,思其所思,想其所想;最後有可能慢慢認同理想化對象的個性、三觀等更內在的部分。而這個內化的過程類似迷戀,有時甚至帶有宗教性的痴迷,目的都是與理想化對象達成心理上的合一,體驗到融合感,從而增強自體的穩定性,體驗到自我存在的感受。

當理想化一個人開始發生後,為了達到與理想化客體合一的最終目

的，人們會無意識地採用一些手段去控制理想化客體，控制的目的是不讓這個重要客體離開自己。如果理想化客體離開，無論是心理上的還是距離上的，人們都會產生受挫感，嚴重時會影響一個人的自體感，會在內心產生一種空虛，不穩定，甚至要碎裂的感覺。因此，趙敏設下計謀讓張無忌答應了自己的三個要求，後來的故事裡張無忌答應這三個要求產生的結果，其重要性不言而喻。第一個要求是借屠龍刀一觀，這使得張無忌與趙敏一同去了靈蛇島，在共同對敵的過程中增進了彼此感情；第二個要求更是讓張無忌在濠州婚禮現場拋下將要與之拜堂的周芷若，隨趙敏而去；第三個要求已經是兩個人雙宿雙飛之後的閨房之樂了。這三個要求是趙敏對張無忌的控制，也是趙敏無意識裡希望透過控制的方式，讓理想化客體不要離開自己。

張無忌道：「我爹爹媽媽是給人逼死的。逼死我父母的，是少林派、華山派、崆峒派那些人。我後來年紀大了，事理明白得多了，卻越來越是不懂：到底是誰害死了我的爹爹媽媽？不該說是空智大師、鐵琴先生這些人；也不該說是我的外公、舅父；甚至於，也不該是你手下的那阿二、阿三、玄冥二老之類的人物。這中間陰錯陽差，有許許多多我想不明白的道理。就算那些人真是凶手，我將他們一一殺了，又有什麼用？我爹爹媽媽總是活不轉來了。趙姑娘，我這幾天心裡只是想，倘若大家不殺人，和和氣氣、親親愛愛地都做朋友，豈不是好？我不想報仇殺人，也盼別人也不要殺人害人。」

這一番話，他在心頭已想了很久，可是沒對楊逍說，沒對張三豐說，也沒對殷梨亭說，突然在這小酒家中對趙敏說了出來，這番言語一出口，自己也有些奇怪。

趙敏聽他說得誠懇，想了一想，道：「那是你心地仁厚，倘若是我，

愛情篇

那可辦不到。要是誰害死了我的爹爹哥哥,我不但殺他滿門,連他親戚朋友,凡是他所相識的人,我個個要殺得乾乾淨淨。」張無忌道:「那我定要阻攔你。」趙敏道:「為什麼?你幫助我的仇人麼?」張無忌道:「你殺一個人,自己便多一分罪孽。給你殺了的人,死後什麼都不知道了,倒也罷了,可是他的父母子女、兄弟妻子可有多傷心難受?你自己日後想起來,良心定會不安。我義父殺了不少人,我知道他嘴裡雖然不說,心中卻是非常懊悔。」

趙敏不語,心中默默想著他的話。

張無忌問道:「你殺過人沒有?」趙敏笑道:「現下還沒有,將來我年紀大了,要殺很多人。我的祖先是成吉思汗大帝,是拖雷、拔都、旭烈兀、忽必烈這些英雄。我只恨自己是女子,要是男人啊,嘿嘿,可真要轟轟烈烈地幹一番大事業呢。」她斟一杯酒,自己喝了,說道:「你還是沒回答我的話。」

張無忌道:「你要是殺了周姑娘,殺了我手下任何一個親近的兄弟,我便不再當你是朋友,我永遠不跟你見面,便見了面也永不說話。」趙敏笑道:「那你現下當我是朋友麼?」

張無忌道:「假如我心中恨你,也不跟你在一塊兒喝酒了。唉!我只覺得要恨一個人真難。我生平最恨的是那個混元霹靂掌成昆,可是他現下死了,我又有些可憐他,似乎倒盼望他別死似的。」

趙敏道:「要是我明天死了,你心裡怎樣想?你心中一定說:謝天謝地,我這個刁鑽凶惡的大對頭死了,從此可免了我不少麻煩。」

張無忌大聲道:「不,不!我不盼望你死,一點也不。韋蝠王這般嚇你,要在你臉上劃幾條刀痕,我後來想想,很是擔心。」

趙敏嫣然一笑,隨即臉上一紅,低下頭去。(《倚天屠龍記》第二十七回)

趙敏：敢愛敢做

　　趙敏與張無忌在小酒館互訴衷腸這段情節，可以說是兩人感情達到質變的代表性事件。兩人之前也許只是彼此心存好感，這個事件之後，兩人產生了更深的愛情。張無忌在心理上是個比較健康的人，在這一段情節中也表現得很充分。張無忌對待趙敏很真誠，沒有半句違心之言，句句是發自肺腑的心裡話。與趙敏分享的內容並沒有和其他人說過，包括師長張三豐、親友殷梨亭，甚至已經和他定了親的周芷若。這份信任讓趙敏感受到自己在張無忌心中的重要性，這對於趙敏來說也是一份自戀的滿足。

　　張無忌在表達深情的同時，也表現出一種不帶敵意的堅決，直接告訴趙敏什麼事可以做，什麼事不能做，邊界在哪裡。這樣的表述讓趙敏感受到張無忌就像一堵牆，牆很穩定，很堅固，但牆不會壓迫人，而是保護和依靠。

　　這個意象表現的是一種父親的功能，父親通常都是孩子理想化的重要客體。

　　這再一次證明了張無忌是個好客體，是個可以被投以理想化的好客體。

選擇愛的對象就是選擇一個好客體去體驗融合

　　張無忌身子雖不能動，眼中卻瞧得清清楚楚，這人正是趙敏，大喜之下，緊接著便是大駭，原來她所使這一招乃是崑崙派的殺招，叫做「玉碎崑岡」，竟是和敵人同歸於盡的拚命打法。張無忌雖不知此招的名稱，卻知她如此使劍出招，以倚天劍的鋒利，流雲使固當傷在她的劍下，她自己也難逃敵人毒手。

　　流雲使眼見劍勢凌厲之極，別說三使聯手，即是自保也已有所不能，危急中舉起聖火令用力一擋，跟著不顧死活地著地滾了開去。只聽得噹的

愛情篇

一聲響，聖火令已將倚天劍架開，但左頰上涼颼颼的，一時也不知自己是死是活，待得站起身來，伸手一摸，只覺著手處又溼又黏，疼痛異常，左頰上一片虯髯已被倚天劍連皮帶肉地削去，若非聖火令乃是奇物，擋得了倚天劍的一擊，半邊腦袋已然不在了。

張無忌前來和謝遜相會，趙敏總覺金花婆婆詭祕多詐，陳友諒形跡可疑，放心不下，便悄悄地跟隨前來。她知自己輕功未臻上乘，只要略一走近，立時便被發覺，是以只遠遠躡著，直至張無忌出手和波斯三使相鬥，她才走近。到得張無忌和三使比拚內力，她心中暗喜，心想這三個胡人武功雖怪，怎及得張無忌九陽神功內力的渾厚。突然間張無忌開口叫對手罷鬥，趙敏正待叫他小心，對方的「陰風刀」已然使出，張無忌受傷倒地。她情急之下，不顧一切地衝出，搶到倚天劍後，便將在萬安寺中向崑崙派學得的一記拚命招數使出來。（《倚天屠龍記》第二十九回）

趙敏在靈蛇島為了救受傷的張無忌，使出兩敗俱傷的殺招，甚至不惜與對手同歸於盡。從這一點來看，她對張無忌的感情濃烈程度遠勝於書中其他與張無忌有情感糾葛的女子。周芷若在光明頂刺傷了張無忌為自己解圍，之後又害殷離、謝遜，把張無忌騙得團團轉；小昭雖然對張無忌照顧有加，但從一開始就隱瞞了自己波斯明教聖女的身分，最終飄然遠走；殷離救過斷腿的張無忌，但始終活在過去的回憶中無法自拔。趙敏雖然和其他女子一般欺騙過張無忌，但唯有她願意豁出自己性命去搭救張無忌，並且不止一次。對於趙敏來說，張無忌的性命就是自己的性命，救張無忌就是救自己。此刻，趙敏已經在心理上與張無忌這個理想化客體融合了。至此，趙敏在家國與情郎的選擇問題上，已經不再猶豫。

汝陽王怒道：「敏敏，你可要想明白。你跟了這反賊去，從此不能再是我女兒了。」

趙敏：敢愛敢做

趙敏柔腸百轉，原也捨不得爹爹哥哥，想起平時父兄對自己的疼愛憐惜，心中有如刀割，但自己只要稍一遲疑，登時便送了張無忌性命，眼下只有先救情郎，日後再求父兄原諒，便道：「爹爹，哥哥，這都是敏敏不好，你⋯⋯你們饒了我罷。」

汝陽王見女兒意不可回，深悔平日溺愛太過，放縱她行走江湖，以致做出這等事來，素知她從小任性，倘加威逼，她定然刺胸自殺，不由得長嘆一聲，淚水潸潸而下，嗚咽道：「敏敏，你多加保重。爹爹去了⋯⋯你⋯⋯你一切小心。」

趙敏點了點頭，不敢再向父親多望一眼。

⋯⋯

趙敏嘆道：「那時我嫁魔隨魔，只好跟著你這小魔頭，自己也做個小魔婆了。」

張無忌板起了臉，喝道：「大膽妖女，跟著張無忌這淫賊造反作亂，該當何罪？」趙敏也板起了臉，正色道：「罰你二人在世上做對快活夫妻，白頭偕老，死後打入十八層地獄，萬劫不得超生。」（《倚天屠龍記》第三十四回）

趙敏最終與張無忌這個理想化客體達到心理上的合一後，自然要與原生家庭在心理上分離，這是成長必須經歷的過程。趙敏之所以在國家、家族與情郎之間毫不猶豫地選擇張無忌，是因為在心理上，除張無忌之外再無他人能夠讓她產生這種融為一體的強烈移情體驗。這個體驗對她來說何其重要，是她的自體所必需的，無可替代的。

最後再簡單談談張無忌為何會愛上趙敏。從某種角度看，趙敏是張無忌母親殷素素的加強版。二女個性上都比較自戀，與人有疏離感，並且頗有心機。對待喜歡的人，她們會使用一些手段去控制，當然，也願意為所

愛情篇

愛之人全力付出。巧合的是，殷素素與趙敏在武林正派人士口中都被稱為「妖女」，二人性格相似，卻都是敢作敢為的奇女子。所以我們看到一些版本的《倚天屠龍記》影視劇中，殷素素與趙敏的扮演者不是相同，就是十分相似，這可能也是導演選角時有意無意為之。

張無忌幼時失去雙親，這個創傷性事件是造成張無忌性格成長的關鍵因素。那個父母雙雙自殺的場景對小無忌來說是永遠抹不掉的記憶，有些部分甚至埋藏到無意識中，尤其是母親殷素素死前對張無忌說的最後一句話：「孩兒，你長大了之後，要提防女人騙你，越是好看的女人越會騙人……你瞧你媽……多會騙人！」面對母親突然離自己而去帶來的痛苦，孩子必然會在無意識裡去補償、去修復、去復原，企圖保留母親的一切，形象也好，最後的警告也好，要謹記母親的忠告。這是一種象徵，母親復生的象徵，自己可以搭救母親的象徵。這個無意識裡的欲望無法上升到意識層面，但會影響張無忌的選擇，所以我們看到書中少年張無忌第一個迷戀的女子朱九真，又漂亮又會騙人，騙得張無忌幾乎落入其父朱長齡設下的圈套，差一點洩露了義父謝遜的藏身之所。其後與張無忌有情感糾纏的四位女子，趙敏、周芷若、小昭、殷離（練千蛛萬毒手之前），哪個不是既美貌又欺騙過他的女子？

最終張無忌選擇了趙敏，趙敏是唯一一個既欺騙過他，又多次捨生忘死救他的人。就如在冰火島上，當張無忌還是一個蹣跚學步的孩子時，母親殷素素故意絆他一跤，然後又把他抱在懷裡百般疼愛。張無忌在趙敏身上體驗到熟悉的感覺，即母親的感覺，這種感覺是無與倫比的，帶著宿命的強烈吸引力。

段譽：花飛花，練非練

《天龍八部》是金庸武俠小說中相當重要和有深度的一部，在倪匡以及其他武俠小說評論家看來，這部作品在十五部金庸武俠小說中排名始終穩居前三名。《天龍八部》這個書名本就是佛教名詞，這部小說也融入了相當多的佛教色彩，闡述了作者對於佛教中的人生八苦以及貪嗔痴慢疑等世間相的種種看法。

小說中的出場人物之多猶如八部天龍一般熱鬧，各有各的性格特點，亦各有各的痛苦，無論是一幫之主，或是一國之君，還是絕頂高手，抑或是不問世事的隱士，甚至修為高深的和尚，無人能倖免，無人能離苦得樂。書中三個主角，段譽、蕭峰、虛竹各自有獨立的故事線，又有交叉的情節線，最終慢慢揭示出三人自上一代開始的恩怨糾纏的命運，並因此造就了各不相同的人生際遇。本文主要分析段譽，如果用一個字來概括他的話，便是「痴」字。

痴的表現

段譽的痴表現在對王語嫣鍥而不捨的追求上，無論是被輕視、被無視、被嘲諷、被侮辱，他始終不離王姑娘左右。段譽對王語嫣的痴迷緣於無量山中遇見無崖子為李秋水之胞妹親手雕琢的玉像。雖只是一尊真人大小的冰冷塑像，但段譽一見便為之神魂顛倒，稱之為「神仙姐姐」。後來在姑蘇曼陀山莊見到酷似玉像的王語嫣時，段譽亦脫口而出喚其神仙姐姐。

愛情篇

這裡不免讓人產生疑問，段譽愛的究竟是王語嫣本人，還是作為玉像替身的王語嫣？在新修版《天龍八部》中，金庸修改了段譽和王語嫣二人大團圓的結局，增補了一個情節：當段譽帶著王語嫣回大理途中，訪無量山，再見神仙姐姐玉像，王語嫣有意無意地失手打碎玉像，段譽大怒，一番爭吵之後，二人分道揚鑣。由此可見，段譽愛神仙姐姐的玉像勝過王語嫣這個大活人，戀物甚於戀人。

何為戀物

說到戀物，不免會聯想到一個專有心理學名詞「戀物癖」。在不少心理疾病診斷中，戀物癖被歸為性心理問題，多見於男性。在經典精神分析的視角中，戀物癖和伊底帕斯情結相關，即男孩子無意識裡戀母並害怕被父親閹割，經典精神分析的核心也在於此。當然，段譽肯定不能被劃入病理性的戀物癖範疇，但他在心理上的戀物特徵還是比較明顯的。

我們需要把病理性的戀物癖擴大一下範圍再來分析戀物。作為經典精神分析的核心，伊底帕斯情結──閹割焦慮有成為唯一因果論的傾向而被過度解讀使用，這是一百年前一批精神分析先驅與佛洛伊德分道揚鑣，以及佛洛伊德的繼承者們在其理論上不斷修改、擴充、重釋的原因之一。佛洛伊德的偉大之處不是在於他的正確性，而是他的先驅性、開拓性、前瞻性。

回到戀物的分析上，我們不必機械地接受伊底帕斯情結──閹割焦慮這個結論，但我們可以從佛洛伊德的經典精神分析理論中窺見他所指向的內涵，即孩子在心理上與母親的二人關係，以及其後心理上發展為孩子與母親、父親的三人關係。段譽是《天龍八部》中第一個出場的主角，故

段譽：花飛花，練非練

事是從他逃避父親教他練武而離家出走、闖蕩江湖開始的。在金庸武俠作品中，大理段氏代代相傳的六脈神劍以及一陽指可以算作超一流的武學絕技。段譽的逃跑說明其內心尚未建立對於父親和家族傳承的認同，也說明他的心理發展還未進入孩子——母親——父親的三人關係。

戀物的根源

心理上沒有進入三人關係的孩子，必定卡在之前的二人關係或更早的共生關係（一人關係）中。共生關係是病理性的，段譽肯定不是，段譽的心理其實是卡在了二人關係中，即與母親的關係。段譽的母親是大理國王爺段正淳的妻子，王妃刀白鳳。由於段正淳風流成性，在外不斷尋花問柳，刀白鳳傷心、憤怒、失望之極，出於報復，她委身於一個乞丐——後來的四大惡人之首，當時落難的原大理太子段延慶，遂生下段譽，這個祕密在其自殺臨終前才告知段譽與段延慶。書中刀白鳳出場時，已帶髮修行常駐玉虛觀成為道姑，喚為玉虛散人。書中描寫母子見面時，段譽對母親表現出的親密與依戀就像小孩子一般，這讓一旁的木婉清都覺得有些驚訝。段譽對母親的依戀程度還停留在兒童階段，原因很可能是他在小時候缺乏母親的陪伴。

刀白鳳做出背叛段正淳的行為之後，因為愧疚加上無法徹底原諒丈夫的行為，選擇離開王府獨居道觀，這也從側面證實了段譽與母親的分離過早，孩子的依戀需求沒有被充分滿足。或許當段譽還是一個小孩子的時候，母親刀白鳳在他心中就是一個既渴望依戀又無法時常滿足他的客體，是一個充滿了不確定性、非恆常、無法控制，經常性無回應的對象。這些充滿失望與期望的體驗交織在一起，對一個男孩子的心理發展影響極大。

因此，我們就不難理解段譽的戀物行為：「物」不會如大活人般難以控制，他不必擔心會時不時地與物分離，物的恆常性遠遠勝過人，勝過關係。段譽對無量山中玉像的迷戀，正體現了其兒童時期在母親那裡遭遇依戀的挫折與期望的再次喚起。神仙姐姐的玉像就像是一個帶有兒時體驗並強化的母親替身，玉像的絕美外形就如小段譽心中的母親形象。對於一個與母親經常分離的孩子來說，母親的形象會在孩子的想像中變得更加美好，甚至遠遠超越客觀現實。玉像無法說話，無法互動，但這不重要，對於經常與母親分離的小段譽來說，早就習慣沒有回應的體驗，因此段譽在無量山洞中獨自對玉像傾訴也能自得其樂，一點也不感覺無聊。玉像是一個更加理想的母親，因為「她」始終在那裡，不會離開，不會突然消失，不會帶來分離的痛苦。

戀物者不會因為得到替代物的滿足而獲得解脫，因為替代物只是原初創傷關係和願望的投射變形，物的暫時滿足一次又一次提醒創傷的存在，相當於飲鴆止渴。如果段譽去做精神分析取向心理治療，減少戀物情結對他的影響，獲得個人心理的成長，那麼治療過程最終需回到原初創傷的關係中，即從王語嫣到神仙姐姐的玉像，然後到母子關係，再從母子關係到三人關係和家族認同，這將是一段漫長的精神分析治療過程。

戀物的救贖

段譽戀物的救贖是在一系列突發事件的推動、極具心理衝擊卻沒有崩潰的情況下完成的。先是汙泥井下段譽終獲王語嫣的芳心（其實是王對表哥慕容復失望之極），於是因得到替代物的投射對象而獲得滿足。然後是遭王夫人與慕容復以及四大惡人聯手伏擊，母親刀白鳳與父親段正淳雙雙

段譽：花飛花，練非練

身亡。段正淳自殺緣於所愛的幾個女人被殺，痛不欲生，刀白鳳自殺是因為所愛的段正淳離去。這對於段譽來說有兩個層面的心理衝擊，一個是他不得不與重要客體分離，對於關係的無常性有了更深刻的體驗；另一個更深的層面是母親追隨父親離去而留下自己，三人的真實關係打破了段譽的伊底帕斯情結，心中男孩的無意識幻想終獲釋放。分離是痛苦的，與重要客體的分離就像是心理上被放逐到危險的現實世界，對於內心還是孩子的段譽來說，不得不抓住另一個可以依靠的客體，於是他選擇了向家族認同，繼承了大理段氏皇位。段譽心理上的這一段衝擊和變化之後，替代物也就不重要了，於是才有了金庸在新修版裡增補的那一段情節，玉像也碎了，王語嫣也走了。

　　戀物的情結，男女都有，在經典精神分析中，佛洛伊德更關注男孩的心理發展，其核心觀點伊底帕斯情結──閹割焦慮也是從男孩的無意識來分析的。對於女孩心理發展的闡述，佛洛伊德有點「敷衍」，只是簡單地依照「男孩──母親」關係做了「女孩──父親」關係的類比，而後來發展的現代精神分析也提出了「女孩──母親」關係的重要性，即厄勒克特拉情結（戀父情結）。女性戀物的根源也和母親相關，當然，具體案例還要具體分析。

愛情篇

程靈素：焚心以火

　　金庸的武俠世界中有兩位程姑娘頗讓人心疼，一位是《神鵰俠侶》中的程英，另一位就是這篇分析的《飛狐外傳》中的程靈素。程靈素是金庸武俠世界裡眾多女性主角中外貌最不出眾的，但其聰慧善良，執著深情，最後為救胡斐，中毒而亡。每當我再讀《飛狐外傳》到此處時總跳過，不忍卒讀。程靈素為何對情之一字如此執著？為何無法與胡斐執手偕老？

初見

　　程靈素在《飛狐外傳》中第一次出場，是在胡斐去洞庭湖畔藥王莊找毒手藥王去救中毒的苗人鳳時，當時胡斐尋藥王莊不得，見路邊有三間茅舍，一村女在舍前花圃整理花草，便上前問路。程靈素聞聲回頭，留給胡斐的第一印象是一雙眼睛明亮之極，精光四射。常說眼睛是心靈的窗戶，能折射出人的內心。好比我們看嬰兒的眼睛是如此純淨，孩子的眼睛是如此天真，隨著慢慢長大，人們體驗多種關係，再進入社會，眼睛裡多了憂鬱、憤怒、恐懼、惆悵、狡詐……程靈素明亮的眼睛中透露出其內心是保有很多天真與善良的。

　　同時，她又極為聰明、機智，初識胡斐，給他指了一條錯路讓其繞道至天黑才到目的地，躲過了白天的毒瘴；隨手送了兩朵花，幫助胡斐解毒；還讓與胡斐同行、心有戒備不吃不喝的鐘兆文莫名著了道。這些都是小手段的話，其後用連環計制服三個心狠手辣的師兄（姐），又不計前嫌，為

程靈素：焚心以火

破壞其花圃的二師兄三師姐的獨生子小鐵治傷解毒。程靈素心思縝密，經常看透胡斐心事，禦敵手段老辣，機智如黃蓉，手段勝趙敏，但又能心懷慈悲，這一點是金庸筆下女俠中獨有的。

程靈素是毒手藥王無嗔和尚收的關門弟子，有意思的是，無嗔最早叫大嗔，後來叫一嗔，隨後又叫微嗔，直到人生後期才叫無嗔。無嗔前三個弟子，慕容景嶽、姜鐵山、薛鵲，個個心狠手辣，相互殘害不斷（最後薛鵲私通慕容景嶽，害死了姜鐵山）。無嗔晚年收程靈素為徒，是怕百年之後三個徒弟更無法無天危害武林，希望她將來能夠清理門戶。用毒是一門隱蔽的技術，講究不知不覺間不戰而屈人之兵，制服對手。如果都是用毒高手，比拚的是誰心機更深，誰施毒的計畫考慮更全面。這一點上，程靈素遠超過三位師兄（姐），就連最後和師叔石萬嗔的對決，雖然她代胡斐中毒而死，但臨死前布了個局讓石萬嗔也中毒成了廢人。程靈素這樣的女子雖心機滿腹卻不讓人討厭，雖施毒但從不無故害人，更不取人性命，這一點她是內化了無嗔和尚晚年的內心慈悲。程從小就跟著無嗔學藝，無嗔是程成長過程中最重要的客體形象，同時也是理想化客體，令其敬仰的父親形象。在書中，程靈素多次和胡斐談起師父無嗔的事蹟，崇敬之心溢於言表。

鍾情

無嗔大師年輕時疾惡如仇，既有機智促狹的一面，又有心胸豁達的一面。比如為報苗人鳳誤會他下毒而削斷他手指之仇，無嗔大師送苗人鳳一只鐵盒，盒子裡有條毒蛇咬了苗人鳳的同時又附有一瓶解藥，讓苗人鳳解了毒，但也痛苦了幾日。看到這裡不覺莞爾，這不是胡斐的行事作風、脾氣性格嗎？胡斐亦是疾惡如仇之人，為素不相識的鐘阿四一家出頭，和佛

愛情篇

山一霸鳳天南槓上了；還是個少年時，在商家堡與成名的八卦掌高手王劍英過招，也是機智促狹層出不窮，關鍵時刻一泡尿幫助趙半山清理門戶；在商家堡救眾人於大火中，雖心中隱隱覺得苗人鳳是殺父母的仇人，仍敬仰其風骨為其奔波尋藥。無嗔的一生是從充滿激情衝突的大嗔，到整合控制的一嗔，再到放下豁達的微嗔，最後歸於慈悲寂靜的無嗔。胡斐的性格中既有年輕激情的活力，又不失豁達慈悲的胸懷，這對程靈素來說是既熟悉又有著深刻的吸引力。

榮格的分析心理學裡有個「原型」概念，原型是一種意象，是情結的一種具體的擬人化象徵。女子在現實世界鍾情的男子，就是阿尼姆斯（Animus）這個女性心中的男性成分的原型所投射的。阿尼姆斯這個原型是由女性一生中很多重要男性的特質構成，其中第一個且最重要的便是父親形象（心理學上指的父親更多指撫養關係中的父親角色，而非生物學上的概念，當然，這二者對大多數人來說是重合的）。因此，在一位女性鍾情的男子身上，能夠感覺到這個女子的父親的一些特質，有外形的，有脾氣性格的。而當這位女子和父親相處充滿動力（有愛亦有恨）時，她所鍾情的男子身上展現出的特質就有更多父親的影子。程靈素對胡斐可謂一見鍾情，從此目光再也無法從胡斐那裡移開，追隨其浪跡天涯，同生共死。追根溯源，程靈素心中阿尼姆斯的原型是很重要的推動因素。

程靈素相貌平平，十六七的年紀只有十四五的身形，拋開也許是營養不良的因素，這其實是蠻有心理意義的。二八年華正是女孩子體態性徵發育明顯的時期，性代表的是慾望，成熟女性的身體是男性慾望的對象。這個年紀的女孩子體形異於常態（滯後或早熟），一般來說都和性心理有關，對比書中差不多年紀的馬春花，程靈素發育滯後的體形是一種將內心性的慾望防禦掉的表現。那麼，她為何要防禦掉？

防禦

　　書中程靈素沒來由地問胡斐：「（袁姑娘）比我這醜丫頭好看得多，是不是？」試想同樣的場景，如果是黃蓉，她會問郭靖：「靖哥哥，我好看嗎？」如果是趙敏，她會問張無忌：「是我好看還是周姑娘好看？」再或者任盈盈問令狐沖，則是：「你的小師妹一定很好看吧？」至於小龍女嘛，她會瞧著過兒，摸著過兒的頭髮，一個字也不會問。

　　程靈素內心的自卑可見一斑，她還和胡斐說過小時候的一件事，她八歲時拿母親的鏡子玩，姐姐對她說：醜八怪再照也是醜八怪。結果第二天家裡的鏡子都不見了，被她扔到了井裡，同時井中也照出了她並不美麗的容顏。程的行為是一種心理防禦，其實，無論是低階的「分裂」（精神病），還是高級一些的「壓抑」（精神官能症），抑或是被普世價值推崇的「昇華」、「幽默」……所有的這些心理防禦機制都是為了否認。凡是人都需要一些心理防禦機制，這樣才能讓我們內心暫時離痛苦遠一點，好受一點。

　　我們看到了程靈素在「毒手藥王」的栽培下，業務能力突飛猛進，入門最晚，年紀最小，但是技術遠遠超過三位師兄（姐），功力甚至比肩師叔石萬嗔，還成功栽培出了師父、師叔都沒有種出的七心海棠，在術業能力上的精進和成就是為了補償內心自卑的部分。除了「補償」，程還採用了「壓抑」的防禦機制，將情愛的慾望壓抑到心底深處，因此才能專心藥道，有所成就。所以胡斐看到的程靈素，雖然十六、七的年紀卻只有十四、五歲性徵發育不明顯的身形。

　　程靈素初遇胡斐便已芳心暗許，胡斐自然是英雄豪傑，自古美女愛英雄，不是美女也愛英雄。那麼，胡斐初遇程靈素究竟做了什麼，竟讓程一往情深？先是胡斐誤會程是農家貧女種花賣錢養家，因此牽著馬繞著花圃

愛情篇

走，怕踐踏了程種的花草；然後他向程靈素問路，程直接讓他挑糞水施肥，他也照辦；隨後程靈素送了胡斐兩朵花，指點了一條方向相反的路，胡斐夜探鐵屋無果返回程住處，亦不以江湖險惡為意，坦然飽餐了程準備的飯菜；半夜程靈素師兄之子姜小鐵引狼群破壞花圃之時，胡斐出手助其驅走狼群，重創敵人；然後兩人又合作制服程的三位師兄（姐），破鐵屋中幫師姪小鐵療傷。程靈素長得不美，自幼被周遭之人嘲諷，從小離開家拜無嗔為師學習煉毒施毒，相信父母對她重視程度也是很有限的，她在成長過程中基本上只是和師父無嗔相依為命。她將對愛的渴望、對關係的渴望深埋起來，壓抑到心底。當胡斐這樣一個灑脫豪邁的少年出現時，對方不但對自己一些看似無理的要求言聽計從，還尊重和幫助自己，這讓程靈素幽閉的內心射進了一絲絲光明，照亮了心底的自尊，並引發出她一直壓抑的情愛慾望。

最初胡斐對待程靈素更多的是對農家貧女的憐憫，幫助她做農活，群狼來襲時保護她。當程靈素展現出不凡的計謀和實力之後，胡斐對她又敬又怕，敬的是程姑娘手段高明又不傷人性命的慈悲胸懷，怕的是程姑娘的心思捉摸不透，用毒功力深厚，書中胡斐不止一次擔心和害怕程靈素用毒。

傷逝

程靈素離開藥王莊後一直陪伴胡斐浪跡天涯，無論是治療苗人鳳的眼疾，還是後來助力胡斐救馬春花抵擋京城高手，破壞福大帥的掌門人大會，程一直是胡斐的重要助手，沒有程的機智和接應，胡斐不知道要著對手多少道，死多少次。對胡斐來說，程靈素更像是一個母親的角色，無私地給予他幫助、關照，還非常強大，但一定不會成為愛人。因為胡斐是個內心充滿英雄情結的人，他的所作所為都是為了要成為一個蓋世英雄。榮格曾

經提出過英雄的原型和「英雄之旅」的理論，其中有「屠龍」的意象。所謂屠龍，就是要殺死內心和母親共生的依戀欲望，這樣男孩才能成長為男人，也就是拉岡講的，男孩要擺脫母親欲望對象的身分，進入父性的規則世界才能長大。我們在現實生活中看到，太多男孩一直在滿足母親欲望下活著，做著「巨嬰」。從這個角度講，胡斐是不能愛上程靈素的，程靈素越靠近胡斐、幫助胡斐，胡斐越是無法走向他的英雄之旅。而袁紫衣是能夠把他拉出母子共生關係的第三者的象徵，就算沒有袁紫衣，還會有張紫衣、陳紫衣出現，這是胡斐無意識中的追求。

程靈素愛上胡斐，胡斐何嘗不知道，連王鐵匠這樣的粗人也看得明白，在鐵屋故意唱給胡斐聽：「小妹子待情郎——恩情深，你莫負了妹子——一段情，你見了她面時——要待她好，你不見她面時——天天要十七八遍掛在心！」這個曲子不時在胡斐耳邊響起，於是胡斐要和程靈素結拜兄妹。每次讀到這裡都要心疼程靈素好幾回，程靈素何嘗不明白，又哭又笑，微帶狂態，撮土為香與胡斐結拜了兄妹。以程靈素內心如此通透聰明的女子，到了此時還不明白胡斐並不愛自己嗎？她只是不願意承認，不願意相信。多少年洞庭湖畔隱居，自小受盡忽視和嘲諷，眼前的這個男子對自己是如此重視，也許這是此生能夠一直陪伴自己的唯一人選和希望。自小沒有得到過足夠愛和關注的女孩子會被內心的自卑持續影響，成年後很容易被異性的關心打動，因異性對自己的一點點關注就感激不已。女孩很容易把那個異性當作拯救者，並且會付出自己的一切來維持這段關係。胡斐不過挑了兩擔糞，誇讚了程親手做的一餐飯，作為幫手助程清理了門戶，之後就是程一直在不停地付出，付出……直到最後付出了自己的生命。

程靈素之死源於胡斐同時中了沒有解藥可救的三大劇毒，唯有他人用

愛情篇

嘴把毒血吸出,方有解毒的一線可能,但吸毒之人則會中毒身亡。程靈素明知後果卻沒有絲毫遲疑,毅然決然地為胡斐吸出毒血,交代了幾件事情後,躺在胡斐懷中靜靜地死去。程為胡斐獻出自己生命的情節是書中十分催淚的一段,我每次重讀到此都選擇跳過,程靈素實在太讓人心疼,哪怕到了彌留之際,都沒有一絲一毫地想到自己,先是布了一個死亡之局等石萬嗔來上鉤,然後替胡斐分析他的殺父仇人九成是石萬嗔。程一直在為胡斐付出直到生命的最後,她內心的獨白是:我不夠好看,我只能用我的能力我的努力,不停地照顧你幫助你,為了你,我甘心付出一切,也許你會回過頭來看我一眼吧,也許終有一天你會愛上我吧。

可是這樣的愛太沉重,令人無法承擔,胡斐自己內心也明白程付出了多少,程想要什麼,但是他做不到,給不了,內疚感又會讓他不自覺地想逃,想和程有一個安全的距離。程靈素臨死前將袁紫衣送自己的玉鳳取出,與袁紫衣送胡斐的另一半玉鳳一起放入胡斐懷中,程已放下了對於愛的所有期望。

金庸的武俠世界裡只程靈素一人能種出七心海棠,因為她自己便是那株七心海棠,其貌不揚,淡淡的,無色無味,製成蠟燭,為人照亮前路,同時消耗著自己的生命,不知不覺間毒質入心無藥可醫。七心海棠只能以烈酒澆灌才可養成,柔弱身軀下的程靈素,其內心對愛情的追求,對關係的渴望,何嘗不是如烈酒,如火焰般炙熱。

這世上的女子有的是情感充沛外放型,有的則是情感內斂的理智型。後者的感情開始時給人的感覺往往是節制的,壓抑的,平淡的,但其實她們內心的情感如海浪般澎湃激盪,這個部分一旦被激發出來,便如著了魔般無法遏制。待一切灰飛煙滅,最終傷得最重的只是自己 —— 唯願她們能夠遇到良人,抑或修通自己。

林朝英：愛要怎麼說出口

在金庸武俠小說系列中，有幾個充滿個性的人物只存在於江湖傳說，卻始終沒有出場。比如《碧血劍》中的夏雪宜，《神鵰俠侶》中的獨孤求敗。

《神鵰俠侶》中還有兩個這樣的人物，一個是王重陽（《射鵰英雄傳》中也有提到），另一個就是本篇要寫的林朝英。

林朝英是古墓派的開山祖師，李莫愁和小龍女的祖師婆婆，楊過的太祖師婆婆。當年她與全真派祖師王重陽比武打賭贏了之後，重陽真人讓出活死人墓給林朝英居住，自己在附近蓋了一座道觀，便是終南山重陽宮的前身。

其人

林朝英到底是個怎樣的人？先看看楊過的感受。

楊過跟著她走向後堂，只見堂上也是空蕩蕩的沒什麼陳設，東西兩壁都掛著一幅畫。西壁畫中是兩個姑娘。一個二十五六歲，正在對鏡梳妝，另一個是十四五歲的丫鬟，手捧面盆，在旁侍候。畫中鏡裡映出那年長女郎容貌極美，秀眉入鬢，眼角之間卻隱隱帶著一層殺氣。楊過望了幾眼，心下不自禁地大生敬畏之念。（《神鵰俠侶》第五回）

一幅畫像便讓當年天不怕地不怕、頂撞師父趙志敬、反出重陽宮的小楊過心生敬畏，可以想像林朝英肯定是個厲害人物。在華山論劍的排名中，王重陽位列五絕之首，力壓東邪黃藥師、西毒歐陽鋒、南帝一燈大

愛情篇

師、北丐洪七公，是當世武林第一高手。林朝英的武功僅次於王重陽，那也是相當了不起。

丘處機道：「事隔多年，先師的故人好友、同袍舊部接連來訪，勸他出墓再幹一番事業。先師心灰意懶，又覺無面目以對江湖舊侶，始終不肯出墓。直到八年之後，先師一個生平勁敵在墓門外百般辱罵，連激他七日七夜，先師實在忍耐不住，出洞與之相鬥。豈知那人哈哈一笑，說道：『你既出來了，就不用回去啦！』先師恍然而悟，才知敵人倒是出於好心，乃是可惜他一副大好身手埋沒在墳墓之中，是以用計激他出墓。二人經此一場變故，化敵為友，攜手同闖江湖。」

郭靖想到前輩的俠骨風範，不禁悠然神往，問道：「那一位前輩是誰？不是東邪、西毒、南帝、北丐四大宗師之一罷？」

丘處機道：「不是。論到武功，此人只有在四大宗師之上，只因她是女流，素不在外拋頭露面，是以外人知道的不多，聲名也是默默無聞。」郭靖道：「啊，原來是女的。」丘處機嘆道：「這位前輩其實對先師甚有情意，欲待委身相事，與先師結為夫婦。當年二人不斷地爭鬧相鬥，也是那人故意要和先師親近，只不過她心高氣傲，始終不願先行吐露情意。後來先師自然也明白了，但他於邦國之仇總是難以忘懷，常說：匈奴未滅，何以家為？對那位前輩的深情厚意，裝痴喬呆，只作不知。那前輩只道先師瞧她不起，怨憤無已。兩人本已化敵為友，後來卻又因愛成仇，約好在這終南山上比武決勝。」（《神鵰俠侶》第四回）

看得出林朝英對王重陽青睞有加，也頗有情義，但為何兩人最終無法琴瑟和鳴？作為王重陽的弟子，丘處機的解讀是林朝英心高氣傲不願意先吐露真情。這就很有意思了，為何林朝英愛一個人如此之深卻不願表達呢？

一個人的自戀

　　林朝英是個典型的具有自戀型人格特點的人，在男性主導的江湖中，一名女性在武藝上做到了一人之下萬人之上，能力出眾又美貌非凡，達到這種程度的動力因素只能是自戀。「自戀」這個詞在心理學領域，尤其在精神分析取向的自體心理學框架裡是非常受推崇的。健康的自戀會讓一個人產生雄心和理想，正是這兩樣寶貴的內在原動力在促使一個人不斷前進。

　　「次日黃昏，二人又在此處相會。那人道：『我們比武之前，先得立下個規矩。』先師道：『又定什麼規矩了？』那人道：『你若得勝，我當場自刎，以後自然不見你面。我若勝了，你要把這活死人墓讓給我住，終生聽我吩咐，任何事不得相違；否則的話，就須得出家，任你做和尚也好，做道士也好。不論做和尚還是道士，須在這山上建立寺觀，陪我十年。』先師心中明白：『終生聽你吩咐，自是要我娶你為妻。否則便須做和尚道士，那是不得另行他娶。我又怎能忍心勝你，逼你自殺？只是在山上陪你十年，卻又難了。』當下好生躊躇。其實這位女流前輩才貌武功都是上上之選，她一片情深，先師也不是不動心，但不知如何，說到要結為夫婦，卻總是沒這個緣分。先師沉吟良久，打定了主意，知道此人說得出做得到，一輸之後必定自刎，於是決意捨己從人，不論比什麼都輸給她便是，說道：『好，就是這樣。』

　　……

　　「先師心下欽服，無話可說，當晚搬出活死人墓，讓她居住，第二日出家做了道士，在那活死人墓附近，蓋了一座小小道觀，那就是重陽宮的前身了。」（《神鵰俠侶》第四回）

愛情篇

　　丘真人在談及林朝英時說她是王重陽的平生勁敵，楊過與小龍女談論王、林之事時，也基本上都和彼此爭鬥、較量有關。對於戰勝別人的需要是自戀型人格的一個特點，這一方面可以促進一個人不斷向傑出的方向努力，另一方面，如果一個人過度地固著在這個需要上，也許提示了他有不健康的自戀部分，或者叫自戀型人格障礙。

　　自戀型人格障礙的特徵之一就是誇大自我的重要性，表現為傲慢自大，喜歡透過與人爭鬥或貶低他人來展現自己比別人更強，以達到誇大性自戀滿足。這樣的人往往很難示弱，因為一旦這麼做，自我否定的感受便會如潮水般地淹沒自己——早期被迫害的焦慮，希望得到愛卻又不可得的失望與由此帶來的恐懼、悲傷通通被激發出來，混雜在一起襲上心頭。要控制住這些感受，戰勝這種痛苦，投射到現實中就變成了要戰勝一個又一個客體對象。

　　自戀型人格特徵的人在選擇與之戰鬥的客體上是很有要求的，要選擇比自己強的，弱的看不上，但還不能太強，太強的會讓他們產生挫敗感。對於林朝英來說，王重陽正是不二之選。古墓外連激重陽真人七天七夜也好，終南山比武得勝也罷，糾纏那麼多年，大大滿足了內心誇大自戀的部分。當然，我們並不能說林朝英有自戀型人格障礙，但顯然，她的自戀是非健康的。

兩個自戀者的愛情

　　只見畫中道人手挺長劍，風姿颯爽，不過三十來歲年紀，肖像之旁題著「活死人」三字。畫像不過寥寥幾筆，但畫中人英氣勃勃，飄逸絕倫。楊過幼時在重陽宮中學藝，這畫像看之已熟，早知是祖師爺的肖像，這時

林朝英：愛要怎麼說出口

猛地想起，古墓中也有一幅王重陽的畫像，雖然此是正面而墓中之畫是背影，筆法卻一般無異，說道：「這畫也是祖師婆婆的手筆。」小龍女點點頭，向他甜甜一笑，低聲道：「咱倆在重陽祖師畫像之前成親，而這畫正是祖師婆婆所繪，真是再好不過。」（《神鵰俠侶》第二十八回）

林朝英在武藝上一直與王重陽較勁、競爭，其實內心對重陽真人有很多由欣賞到愛慕再到理想化的部分。自戀型人格的特質之一是具有誇大性自戀部分，同時還會有理想化的部分。當這種人格特質的人遇到足夠好的客體就會始終在這兩個部分之間來回擺動，即科胡特所說的兩極自體。林朝英一生的對手也是一生愛慕的人，誇大性力比多（Libido，又譯「欲力」）和理想化力比多都投注到一個人身上，被投注的客體需要承受很大的壓力，重陽真人內心一定也是愛恨交織的。

王重陽與林朝英均是武學奇才，原是一對天造地設的佳偶。二人之間，既無或男或女的第三者引起情海波瀾，亦無親友師弟間的仇怨糾葛。王重陽先前尚因專心起義抗金大事，無暇顧及兒女私情，但義師毀敗、枯居古墓，林朝英前來相慰，柔情高義，感人實深，其時已無好事不諧之理，卻仍是落得情天長恨，一個出家做了黃冠，一個在石墓中鬱鬱以終。此中原由，丘處機等弟子固然不知，甚而王林兩人自己亦是難以解說，唯有歸之於「無緣」二字而已。卻不知無緣係「果」而非「因」，二人武功既高，自負益甚，每當情苗漸茁，談論武學時的爭競便隨伴而生，始終互不相下，兩人一直至死，爭競之心始終不消。林朝英創出了克制全真武功的玉女心經，而王重陽不甘服輸，又將九陰真經刻在墓中。只是他自思玉女心經為林朝英自創，自己卻依傍前人的遺書，相較之下，實遜一籌，此後深自謙抑，常常告誡弟子以容讓自克、虛懷養晦之道。（《神鵰俠侶》第七回）

愛情篇

重陽真人，五絕之首，武功、智慧都是超絕之人，林朝英對他的情義，他心裡怎會不知，試問天下除了林朝英，還有誰武功智謀、文采美貌能配得上他？可為何兩人最後沒有修成正果？原因在於王重陽其實也是偏自戀型人格的人。如果按照粗略的人格劃分方式，每個人的人格都包含邊緣部分和自戀部分。如果自戀部分占比多，外在便呈現自戀特質；反之，邊緣部分占比多，就呈現邊緣特質。在親密關係裡，兩個自戀部分占比較重的情侶高機率會發展出轟轟烈烈、可歌可泣的愛情，但是很難有結果，就算結合了，如果各自的自戀部分依然在關係中呈現過多，那麼最終還是會分開。

楊過雖在古墓中住了幾年，但林朝英的居室平時不敢擅入，她的遺物更是從來不敢碰觸，這時聽小龍女如此說，笑道：「對丈夫說話，也不用這般客氣。」過去將床頭幾口箱子中最底下的一口提了來。那箱子並不甚重，也未加鎖，箱外紅漆描金，花紋雅致。

小龍女道：「我聽孫婆婆說，這箱中是祖師婆婆的嫁妝。後來她沒嫁成，這些物事自然沒用的了。」楊過「嗯」了一聲，瞧著這口花飾豔麗的箱子，但覺喜意之中，總是帶著無限淒涼。他將箱子放在寒玉床上，揭開箱蓋，果見裡面放著珠鑲鳳冠，金繡霞帔，大紅緞子的衣裙，件件都是最上等的料子，雖然相隔數十年，看來仍是燦爛如新。小龍女道：「你取出來，讓我瞧瞧。」

楊過把一件件衣衫從箱中取出，衣衫之下是一只珠鈿鑲嵌的梳妝盒子，一只翡翠雕的首飾盒子，梳妝盒中的胭脂水粉早乾了，香油還剩著半瓶。首飾盒一打開，二人眼前都是一亮，但見珠釵、玉、寶石耳環，燦爛華美，閃閃生光。楊、龍二人少見珠寶，也不知這些飾物到底如何貴重，但見鑲嵌精雅，式樣文秀，顯是每一件都花過一番極大心血。（《神鵰俠侶》第二十八回）

自戀型的人貌似很強勢，很獨立，與人有距離感，其實內心同樣渴望被愛，被照顧。只是這個需要是無法言說的，他們柔軟和脆弱的一面需要被堅硬的鎧甲包裹起來，或許鎧甲上還有讓人不舒服的刺。林朝英永遠在想像中等待那個既能夠經受住被刺的痛苦，還能夠勇敢穿透鎧甲走進她內心的人，可惜王重陽這個客體還不夠勇敢，不夠穩定，不夠堅持。同時，林朝英也從來沒有想過自己主動拔去尖刺，卸下鎧甲，因為那樣對於林朝英來說太可怕、太危險，她卸下和失去的是林朝英之所以是林朝英的那個熟悉的自我 —— 那是自戀型人格唯一可以暫時得到依靠和慰藉的東西。

愛情篇

岳靈珊：是緣是債一場夢

在《笑傲江湖》中，令狐沖曾與三位女子有過情感糾葛，岳靈珊便是其中一位，她也是令狐沖心頭那顆意難平的硃砂痣。如果讀者代入式地讀這部小說，對岳靈珊會有些怨言，同情令狐沖因小師妹移情別戀而遭受的痛苦。但是如果從理性角度或從岳靈珊的角度看，她在愛情上最終選擇林平之而沒有選擇令狐沖也是情有可原，甚至自然而然的。至於這個選擇所帶來的悲慘結局，岳靈珊並不具備讀者的上帝視角，選擇的背後是她無意識需求和欲望的推動。

小師妹的選擇

林平之冷笑道：「他這麼好，你為什麼又不跟他去？」岳靈珊道：「平弟，你到此刻，還是不明白我的心。大師哥和我從小一塊兒長大，在我心中，他便是我的親哥哥一般。我對他敬重親愛，只當他是兄長，從來沒當他是情郎。自從你來到華山之後，我跟你說不出的投緣，只覺一刻不見，心中也是拋不開，放不下，我對你的心意，永永遠遠也不會變。」林平之道：「你和你爹爹原有些不同，你……你更像你媽媽。」語氣轉為柔和，顯然對岳靈珊的一片真情，心中也頗為感動。（《笑傲江湖》第三十五回）

網路上經常討論岳靈珊到底愛的是令狐沖還是林平之，抑或岳靈珊愛不愛令狐沖。如果給愛下定義，從個體角度來說，愛是一種複雜的混合體驗，無法用有或者沒有，是非黑白的標準去判斷。男性和女性對於愛的體

驗是有差異的。從女性角度分析，愛的體驗中至少包含依戀、仰慕、欽佩、生理喚起、移情等感受。這些部分中既有意識層面的，也有無意識層面的，還有橫跨意識和無意識兩個層面的。從女性愛的體驗視角再來分析岳靈珊愛大師兄令狐沖還是小師弟林平之，就比較清楚了。

與大師兄的依戀之愛

令狐沖道：「前年夏天，我曾捉了幾千隻螢火蟲兒，裝在十幾隻紗囊之中，掛在房裡，當真有趣。」儀琳心想，憑他的性子，決不會去縫製十幾隻紗囊，問道：「你小師妹叫你捉的，是不是？」令狐沖笑道：「你真聰明，猜得好準，怎麼知道是小師妹叫我捉的？」儀琳微笑道：「你性子這麼急，又不是小孩子了，怎會這般好耐心，去捉幾千隻螢火蟲來玩。」又問：「後來怎樣？」令狐沖笑道：「師妹拿來掛在她帳子裡，說道滿床晶光閃爍，她像是睡在天上雲端裡，一睜眼，前後左右都是星星。」儀琳道：「你小師妹真會玩，偏你這個師哥也真肯湊趣，她就是要你去捉天上的星星，只怕你也肯。」（《笑傲江湖》第七回）

令狐沖見她哭得更厲害了，心下大感不解，說道：「好，好，是我說錯了話，我跟你賠不是啦。小師妹，你別生氣。」

儀琳聽他言語溫柔，心下稍慰，但轉念又想：「他說這幾句話，這般的低聲下氣，顯然是平時向他小師妹賠不是慣了的，這時候卻順口說了出來。」（《笑傲江湖》第五回）

令狐沖與儀琳的這兩段對話，基本上概括了令狐沖與小師妹之間的相處模式。令狐沖對岳靈珊幾乎有求必應，愛護有加。這是令狐沖愛小師妹的一種方式，這種卑微的無私付出也是讀者心疼他的原因之一。這段關係實際上是一種非平等性的照顧關係。站在岳靈珊的體驗角度，作為小師妹

被大師兄無微不至地照顧，生出的是一種依戀之情。就如她對林平之所說，與大師兄從小一起長大，對他是敬重、親愛的兄妹之情。岳靈珊對令狐沖的愛之體驗大部分是依戀，當然還有仰慕和欽佩。

與小林子的愛之體驗

令狐沖道：「武功是可以練的，俠義之氣卻是與生俱來，人品高下，由此而分。」岳靈珊微笑道：「我聽爹爹和媽媽談到小林子時，也這麼說。大師哥，除了俠氣，還有一樣氣，你和小林子也不相上下。」令狐沖道：「什麼還有一樣氣？脾氣麼？」岳靈珊笑道：「是傲氣，你兩個都驕傲得緊。」（《笑傲江湖》第八回）

相較於大師兄，岳靈珊在小師弟林平之那裡獲得的愛之體驗就豐富很多了。

「小林子？」岳靈珊笑了笑，道：「啊，是林師弟，最近我一直叫他小林子。前天他來跟我說，東邊山坡的松樹下有草菇，陪我一起去採了半天，卻只採了小半籃兒。雖然不多，滋味卻好，是不是？」令狐沖道：「當真鮮得緊，我險些連舌頭也吞了下去。小師妹，你不再罵林師弟了嗎？」

岳靈珊道：「為什麼不罵？他不聽話便罵。只是近來他乖了些，我便少罵他幾句。他練劍用功，有進步時，我也誇獎他幾句：『喏，喏，小林子，這一招使得還不錯，比昨天好得多了，就是還不夠快，再練，再練。』嘻嘻！」

……

岳靈珊道：「你別擔心，我才不會亂教他呢。小林子要強好勝得很，日也練，夜也練，要跟他閒談一會，他總是說不了三句，便問到劍法上

來。旁人要練三個月的劍法,他只半個月便學會了。我拉他陪我玩兒,他總是不肯爽爽快快地陪我。」(《笑傲江湖》第八回)

在令狐沖被罰於華山思過崖面壁的一年中,岳不群刻意安排作為師姐的岳靈珊教林平之華山派的基礎劍法,也是創造機會讓兩人有更多時間相處。

這一年的相處讓兩人的關係走得很近,小師弟林平之很好地替代了令狐沖的陪伴角色,他身上的傲氣也讓岳靈珊心生欽佩。在岳靈珊與令狐沖的關係中,她更多是被照顧者的角色,雖然會有喜悅和滿足,但這種關係本質上不是平等關係,或者說是不對等關係。這樣的不對等在無意識層面會阻礙被照顧者的心理發展,因為弱者才需要被照顧。不對等關係裡的照顧者貌似處於低位,但也有一種隱祕的滿足感,即表面上照顧對方,呵護對方,甚至委屈自己,但在心理層面有一種我比你強大,你是弱小的,所以需要我照顧的滿足感。只是長期處於被照顧位置的個體在心理上會有種莫名的不適感,這種不適感交織著意識層面的喜悅和無意識層面的恨意。

在督促小師弟林平之練劍的過程中,岳靈珊沒有這種不對等關係帶來的無意識困擾,他們此時的關係是相對平衡的。岳靈珊在教授練劍的時候是個帶領者,這滿足了她內心的勝任感。對於自體,這是一種良好感受,乃至於做夢、說夢話的時候,她都在督促小師弟練劍。當岳靈珊要求小師弟陪她玩的時候,林平之也不是有求必應,他有他的堅持,但也不會太固執,他會在刻苦練劍的同時,陪伴岳靈珊採蘑菇,教她唱福建的採茶山歌。這種關係是互有付出和保有個體邊界的平等關係,這個體驗要比岳靈珊與令狐沖之間貌似令人感動實則不對等的關係要豐富和健康得多。

愛情篇

移情中的愛之體驗

在愛的體驗中，占據主導作用的是移情體驗。岳靈珊的原生家庭中父母關係還是相當不錯的，岳不羣在練習辟邪劍法前和妻子寧中則也是恩愛的一對佳偶，他經常稱呼妻子寧女俠，後者也相當受用。令狐沖與林平之都有俠氣和傲氣，這是他們相似的部分，但兩人也有很多不同之處。令狐沖比較隨性灑脫，這一點和岳靈珊的母親寧中則相似。令狐沖的這位師母自始至終都信任他，林平之對岳靈珊吐露真相時，也說寧中則一直信任令狐沖，從來沒有懷疑過他私藏辟邪劍譜，這也讓岳靈珊因曾經對大師兄起疑而感到慚愧。寧中則那麼信任令狐沖，一方面，令狐沖是她從小帶大的孩子，另一方面，她是小說所有人物裡最了解和理解令狐沖的人之一（另一個是任盈盈）。只有內在心理特質一致的人，才會有那麼深的理解和信任，可見令狐沖的脾氣秉性更接近寧中則。林平之經過滅門慘劇後，性情上變得沉穩和內斂，這一點上越來越與岳不羣相似，他對於習武復仇的執著，與岳掌門幾十年來把華山派從元氣大傷到慢慢恢復的努力是相似的。

根據精神分析的觀點，孩子對於父母的愛會在長大後透過移情投射在戀愛對象上。岳靈珊在令狐沖身上投射的是對母親的愛，在林平之那裡投射更多的是對父親的愛。林平之對岳靈珊說過，她更像母親寧中則，也就是說，在心理無意識層面，岳靈珊更容易將移情投射到與父親相似的林平之那裡。另外，女性的愛情（性心理發展）是受到伊底帕斯情結影響的，女性度過伊底帕斯情結的過程和男性不一樣，相較於男性的兩個階段，女性是更加複雜的三個階段。因此，相較於男性，女性的情感也更加細膩和豐富。簡單來說，女性伊底帕斯情結的第一階段是對母親的愛，第二階段轉向對父親的愛，第三階段是將對父親的愛投射到另一個男子身上。岳靈

珊對令狐沖的愛更多是第一階段對母親的愛的一種移情，而她最終將愛轉移到林平之身上，也是心理上從伊底帕斯情結的第二階段發展到第三階段的過程。

愛的體驗是種複雜的感受

令狐沖道：「我一定答允的，你要我辦什麼事，我一定給你辦到。」岳靈珊道：「大師哥，我的丈夫……平弟……他……他……瞎了眼睛……很是可憐……你知道麼？」令狐沖道：「是，我知道。」岳靈珊道：「他在這世上，孤苦伶仃，大家都欺侮……欺侮他。大師哥……我死了之後，請你盡力照顧他，別……別讓人欺侮了他……」

……

忽然之間，岳靈珊輕輕唱起歌來。令狐沖胸口如受重擊，聽她唱的正是福建山歌，聽到她口中吐出了「姊妹，上山採茶去」的曲調，那是林平之教她的福建山歌。當日在思過崖上心痛如絞，便是為了聽到她口唱這山歌。她這時又唱了起來，自是想著當日與林平之在華山兩情相悅的甜蜜時光。

她歌聲越來越低，漸漸鬆開了抓著令狐沖的手，終於手掌一張，慢慢閉上了眼睛。歌聲止歇，也停住了呼吸。（《笑傲江湖》第三十六回）

岳靈珊對小師弟林平之除了有依戀、欽佩，以及強烈的移情，愛的體驗中還有其他一些部分，其中比較明顯的是愧疚感。讀完《笑傲江湖》全書會發現，岳靈珊其實也是岳不羣實現自己野心的一顆棋子。小說一開始，她和二師兄勞德諾被父親派往福州城郊，以經營酒肆為名來監視福威鏢局，伺機打探辟邪劍譜的消息。在酒肆中，易容後的岳靈珊被青城派余滄海之子調戲，被路過的林平之撞見。當時岳靈珊的武功比林平之高了不

愛情篇

只一個等級，但為了掩人耳目沒有示於人前，林平之替她出頭，失手殺死了對方。該事件最終導致林家被滅門，福威鏢局被徹底剷平，林平之人生遭遇大變，從此流落江湖，無依無靠，吃盡苦頭。岳靈珊內心對此是有強烈愧疚感的，消除愧疚感最普遍的方式就是補償與甘願受懲罰。所以她在與林平之成婚後，尤其在丈夫練辟邪劍法後對她言語施暴，生活上對她不聞不問、漠不關心時，她依然不離不棄，心甘情願地幫助他、成全他。哪怕最後死在林平之手裡，岳靈珊不但沒有恨他，還在擔心他的安危，從岳靈珊及旁觀者的視角來看，這應該算是所謂的真愛了吧。每個人的愛都是很難被他人完全理解的，因為愛本身就是種複雜的個人體驗。正因如此，愛對每個人才如此重要。

任盈盈：愛人同志

金庸的武俠小說描寫過很多對愛情男女，比較為人熟知的有郭靖黃蓉，楊過小龍女，張無忌趙敏，蕭峰阿朱等。在這些愛情男女中，雙方的性格差異大多比較突出，如郭靖忠厚老實，黃蓉則機智伶俐；楊過性情熱烈，而小龍女冷若冰霜；張無忌對待感情優柔寡斷，趙敏則堅定果敢。也許這一對對男女在性格上的互補造就了彼此的吸引。不過在《笑傲江湖》中，任盈盈與令狐沖的愛情則不太一樣，他們兩人的個性與追求比較接近，其愛情呈現出另一種特點。

令狐沖是天生的「隱士」，對權力沒有興趣。盈盈也是「隱士」，她對江湖豪士有生殺大權，卻寧可在洛陽隱居陋巷，琴簫自娛。她生命中只重視個人的自由，個性的舒展。唯一重要的只是愛情。這個姑娘非常怕羞靦腆，但在愛情中，她是主動者。（《笑傲江湖》後記）

任盈盈是如何愛上令狐沖的，這件事蠻值得分析。令狐沖在小說中的形象應該並不帥氣，肯定比TVB版《笑傲江湖》中的飾演者呂頌賢差很多。小說中沒有一處描寫令狐沖的相貌與英俊沾邊，反而在黑木崖任我行重奪教主一戰中，借東方不敗之口提到了令狐沖相貌平平，他對任盈盈深愛此人感到不解。所以任盈盈肯定不是因為外貌愛上令狐沖的，而岳靈珊因此移情別戀更帥氣儒雅的林平之倒是大有可能。

愛情篇

初遇

　　任盈盈初識令狐冲的過程充滿了戲劇性。在洛陽陋巷中，年紀甚老的綠竹翁因為師承輩分的關係稱呼盈盈為姑姑，而盈盈自始至終都在竹簾後都沒有露面，因此令狐冲以為盈盈是位年紀甚大的老婆婆，便以婆婆相稱。洛陽旅居期間，令狐冲每日到綠竹巷向盈盈學〈笑傲江湖〉的曲譜，兩人終日接觸交流，盈盈對令狐冲的情愫便是在此間種下。

　　令狐冲生性本來開朗，這番心事在胸中鬱積已久，那婆婆這二十多天來又對他極好，忍不住便吐露自己苦戀岳靈珊的心情。他只說了個開頭，便再難抑止，竟原原本本地將種種情由盡行說了，便將那婆婆當作自己的祖母、母親，或是親姊姊、妹妹一般，待得說完，這才大感慚愧，說道：「婆婆，弟子的無聊心事，嘮嘮叨叨地說了這半天，真是……真是……」

　　那婆婆輕聲道：「『緣』之一事，不能強求。古人道得好，『各有因緣莫羨人』。令狐少君，你今日雖然失意，他日未始不能另有佳偶。」

　　……

　　那婆婆道：「令狐少君，臨別之際，我有一言相勸。」令狐冲道：「是，前輩教誨，令狐冲不敢或忘。」

　　但那婆婆始終不說話，過了良久良久，才輕聲說道：「江湖風波險惡，多多保重。」

　　令狐冲道：「是。」心中一酸，躬身向綠竹翁告別。只聽得左首小舍中琴聲響起，奏的正是那〈有所思〉古曲。（《笑傲江湖》第十三回）

　　對令狐冲來說，隨盈盈學琴的這段經歷是他人生至暗時刻的一道光。他內傷嚴重，發作時如萬蟻噬體，盈盈一曲〈清心普善咒〉才使他稍能緩解。其心中的痛苦更是難挨：師弟陸大有之死令他歸咎於己，他更因失了

任盈盈：愛人同志

華山派祕笈《紫霞神功》而內疚不已；從風清揚處學了獨孤九劍卻被師父岳不羣懷疑偷學了《辟邪劍法》，但為了遵守承諾不能自辯清白而委屈；更令他苦悶的是青梅竹馬的小師妹岳靈珊移情別戀林平之……所有的悲傷與委屈，與身體上的痛苦交織在一起，使得令狐沖迫切地需要傾訴，而被當作婆婆的任盈盈成了令狐沖此刻唯一的，也是最合適的聆聽者。

從任盈盈的角度去感受學琴期間的令狐沖——他是一個對自己吐露了內心最深處情感的人，自己是唯一與他分享這份祕密的人——這本身就是一種極為親密的人際關係體驗。這個體驗對盈盈來說是稀缺和珍貴的，是內心深處所渴望的。她作為日月神教的聖姑，地位僅次於教主東方不敗，一言便可決定江湖豪俠的生死，但另一方面，她又是被東方不敗篡位的前任教主任我行的女兒。為了避免教中爾虞我詐，新舊派系的權力鬥爭，任盈盈隱居洛陽陋巷，由一個沉默寡言的綠竹翁照顧日常生活。對盈盈來說，她此前所在的成長環境中，充滿了權力爭鬥的殘酷、狡詐和背叛。值得信任的人只有綠竹翁、向問天等寥寥幾人，他們年紀都已不小，也有主僕身分差異，不會有貼心的交流和細膩的情感。而誤打誤撞闖入盈盈生命中的令狐少俠填補了這份情感需要，並且還是自然而然，真情流露，毫無心機的。這份真誠直擊盈盈的內心深處，盈盈被這二十多天陪伴帶來的美好體驗深深打動，以至於臨別之際，心中有萬般不捨，沉默良久，一句囑託道盡心中萬千掛念。

相處

從地道中出來，竟是置身於一個極精緻的小花園中，紅梅綠竹，青松翠柏，布置得極具匠心，池塘中數對鴛鴦悠遊其間，池旁有四隻白鶴。眾

愛情篇

人萬料不到會見到這等美景，無不暗暗稱奇。繞過一堆假山，一個大花圃中盡是深紅和粉紅的玫瑰，爭芳競豔，嬌麗無儔。

盈盈側頭向令狐冲瞧去，見他臉蘊笑容，甚是喜悅，低聲問：「你說這裡好不好？」令狐冲微笑道：「我們把東方不敗趕跑後，我和你在這裡住上幾個月，你教我彈琴，那才叫快活呢。」盈盈道：「你這話可不是騙我？」

令狐冲道：「就怕我學不會，婆婆可別見怪。」盈盈嗤的一聲，笑了出來。（《笑傲江湖》第三十一回）

一段愛情若能真正存續，需要持續性的、穩定的情感體驗支撐。就好比中式煮湯，大火燒開，然後小火慢燉，燉的時間越長，味道會更濃郁，回味更久。至於如何慢燉愛情之火，這更多由愛情中兩人各自的心理結構與特質決定，或是互補，或是一致，大多數情況是兩者兼有。

在小說中令狐冲是孤兒，被年輕的岳不羣、寧中則夫婦收養，成為華山派首徒。任盈盈是日月神教教主任我行的獨生女，她幼年時副教主東方不敗篡位，將任我行暗中幽禁在杭州梅莊西湖底，自此盈盈也成了「孤兒」。兩人的身世造就了人格層面一些相似的底色，親情的過早喪失促使他們比較重視依戀情感體驗；對於現實世界的失望促使二人在心理上轉向對各自內在體驗的追求，以此讓內心平靜下來。《笑傲江湖》是部闡述道家思想與生活態度的小說，任盈盈與令狐冲在性情上都是道家中人，他們兩人在人格、心理層面上是高度相似的。

從精神分析的視角看，所有愛情本質上都是移情作用使然。在自體心理學派的理論中，移情分為鏡映移情、理想化移情以及孿生移情。通常情況下，這三種移情在愛情關係中可能都會被或多或少地體驗到，其中的一種移情會占據主要位置。在任盈盈與令狐冲的愛情中，應該是孿生移情占

據主要位置。因此在小說中,兩人可謂彼此默契,心意相通。當令狐沖被關在西湖底醒來時,第一個想到的就是盈盈,臉上不自覺地帶著笑,想到盈盈知道自己遇險一定會來救自己,這是一種信任,也是一種篤定,就像了解自己一樣了解另一個人。同樣,任盈盈為了讓令狐沖的內傷得到治癒,自願在少林寺被關押十年換取《易筋經》。一方面這是盈盈的孿生移情投射,救令狐沖就是救自己,另一方面也是一種篤定,她知道令狐沖必不會負自己。事實證明,令狐沖得知這個消息後,便聚起江湖豪傑搖旗吶喊去少林寺救聖姑。

自然

一段愛情的開始通常取決於情感層面有衝擊力的感受體驗,但是這種高峰經驗會隨著時間流逝、感受閾值提高以及邊際效應遞減等因素而慢慢降低。

任我行轉過頭來,向盈盈低聲道:「你到對面去。」盈盈明白父親的意思,他是怕令狐沖顧念昔日師門之恩,這一場比試要故意相讓,他叫自己到對面去,是要令狐沖見到自己之後,想到自己待他的情意,便會出力取勝。她輕輕「嗯」了一聲,卻不移動腳步。

過了片刻,任我行見令狐沖不住後退,更是焦急,又向盈盈道:「到前面去。」盈盈仍是不動,連「嗯」的那一聲也不答應。她心中在想:「我待你如何,你早已知道。你如以我為重,決意救我下山,你自會取勝。你如以師父為重,我便是拉住你衣袖哀哀求告,也是無用。我何必站到你的面前來提醒你?」深覺兩情相悅,貴乎自然,倘要自己有所示意之後,令狐沖再為自己打算,那可無味之極了。(《笑傲江湖》第二十七回)

愛情篇

　　在《三戰》這一回中有一段任盈盈的名場面，對比《倚天屠龍記》趙敏前往濠州現身張無忌與周芷若的婚禮現場，對著觀禮眾人斬釘截鐵地說出那句「我偏要勉強」，盈盈的愛情觀中很重要的一點是「貴乎自然」。如果說盈盈為了情郎甘願犧牲十年青春是愛情中的極致感性，那麼這「貴乎自然」則代表了愛情中的理性，其中還有她人格層面的自尊，是健康自戀的特質。這對感性占主導地位的女性來說是難能可貴的。在愛情中忘我投入與理性思考是矛盾的兩極，人們多數情況下會在靠近這兩個極端的某個位置徘徊許久。而盈盈可以在不同的情境下自如地切換兩個位置，內心的體驗又如此和諧，說明她人格層面的整合度是不錯的，她的人格是健康、和諧、有韌性的。雖然她幼時曾遭遇失去親人的創傷體驗，但這種負面影響應該得到了相當大程度的修復，這在她最終人格層面的呈現狀態上得到了佐證。相信盈盈在幼年以及少年、青年時代得到的關愛是充足的。東方不敗曾經問過盈盈，這些年自己待她如何？盈盈親口承認他待她極好。東方不敗死後，盈盈對令狐沖回憶起小時候東方叔叔經常抱她去山上採果子，也是充滿唏噓。她對東方不敗沒有什麼恨意，只是再見之時對他神鬼莫測的武功以及大變的性情有一些驚詫和害怕而已。盈盈對東方不敗的態度，更多是在真實體驗與理性分辨基礎上的健康心理呈現，而沒有因為任我行的原因而投射上過多仇恨。這也是盈盈對待她與令狐沖愛情的態度。

共情

　　過了好一會，盈盈道：「你在掛念小師妹？」令狐沖道：「是。許多情由，令人好生難以明白。」盈盈道：「你擔心她受丈夫欺侮？」令狐沖嘆了口氣，道：「他夫妻倆的事，旁人又怎管得了？」盈盈道：「你怕青城弟子趕去向他們生事？」令狐沖道：「青城弟子痛於師仇，又見到他夫妻已然

受傷,趕去意圖加害,那也是情理之常。」盈盈道:「你怎地不設法前去相救?」令狐沖又嘆了口氣,道:「聽林師弟的語氣,對我頗有疑忌之心。我雖好意援手,只怕更傷了他夫妻間的和氣。」

盈盈道:「這是其一。你心中另有顧慮,生怕令我不快,是不是?」令狐沖點了點頭,伸出手去握住她左手,只覺她手掌甚涼,柔聲道:「盈盈,在這世上,我只有你一人,倘若你我之間也生了什麼嫌隙,那做人還有什麼意味?」

盈盈緩緩將頭倚了過去,靠在他肩頭上,說道:「你心中既這樣想,你我之間,又怎會生什麼嫌隙?事不宜遲,我們就追趕前去,別要為了避什麼嫌疑,致貽終生之恨。」(《笑傲江湖》第三十五回)

這一段盈盈與令狐沖的對答,讓專業臨床心理諮商師都心生讚嘆。讚嘆的是盈盈對令狐沖的共情過程,絕對屬於心理諮商師入門培訓中示範級的水準。盈盈能夠體會到令狐沖內心不同層次的情感,並耐心地引導他徐徐表達。令狐沖表達的過程,也是讓這些情感能夠進入意識層面進行理解和消化的過程,這讓令狐沖獲得了被關注、被理解、溫暖和安全的感受。這種級別的共情能力,一部分基於任盈盈對令狐沖心理上的高度理解,另一部分則來自她成熟健康的人格結構。這使她能夠消化掉因令狐沖對岳靈珊留存的感情而帶來的不適,並能夠透過理性方式幫助他處理困擾。在共情的這一刻,任盈盈就是令狐沖的自體客體,兩個人產生了心心相印的美妙感覺。這個感覺也讓盈盈打消了心中因令狐沖對小師妹還有餘情的不悅。

兩人並肩坐在車中,望著湖水。令狐沖伸過右手,按在盈盈左手的手背上。盈盈的手微微一顫,卻不縮回。令狐沖心想:「若得永遠如此,不再見到武林中的腥風血雨,便是叫我做神仙,也沒這般快活。」

愛情篇

　　盈盈道:「你在想什麼?」令狐沖將適才心中所想說了出來。盈盈反轉左手,握住了他右手,說道:「沖哥,我真是快活。」令狐沖道:「我也是一樣。」盈盈道:「你率領群豪攻打少林寺,我雖然感激,可也沒此刻歡喜。」(《笑傲江湖》第三十五回)

　　任盈盈與令狐沖的愛情中雖然發生了很多轟轟烈烈的事件,但在內心的體驗上是平靜與和諧的,就如小說中令狐沖不止一次地在任盈盈彈奏〈清心普善咒〉時平靜安穩地入睡。相較於楊過與小龍女、張無忌與趙敏,任盈盈與令狐沖的愛情是和諧之愛,自然之愛,融合了感性與理性的成熟之愛。最終,小說在他們琴簫合奏的〈笑傲江湖〉中結束,象徵著他們獲得了幸福美滿的生活。

成長篇

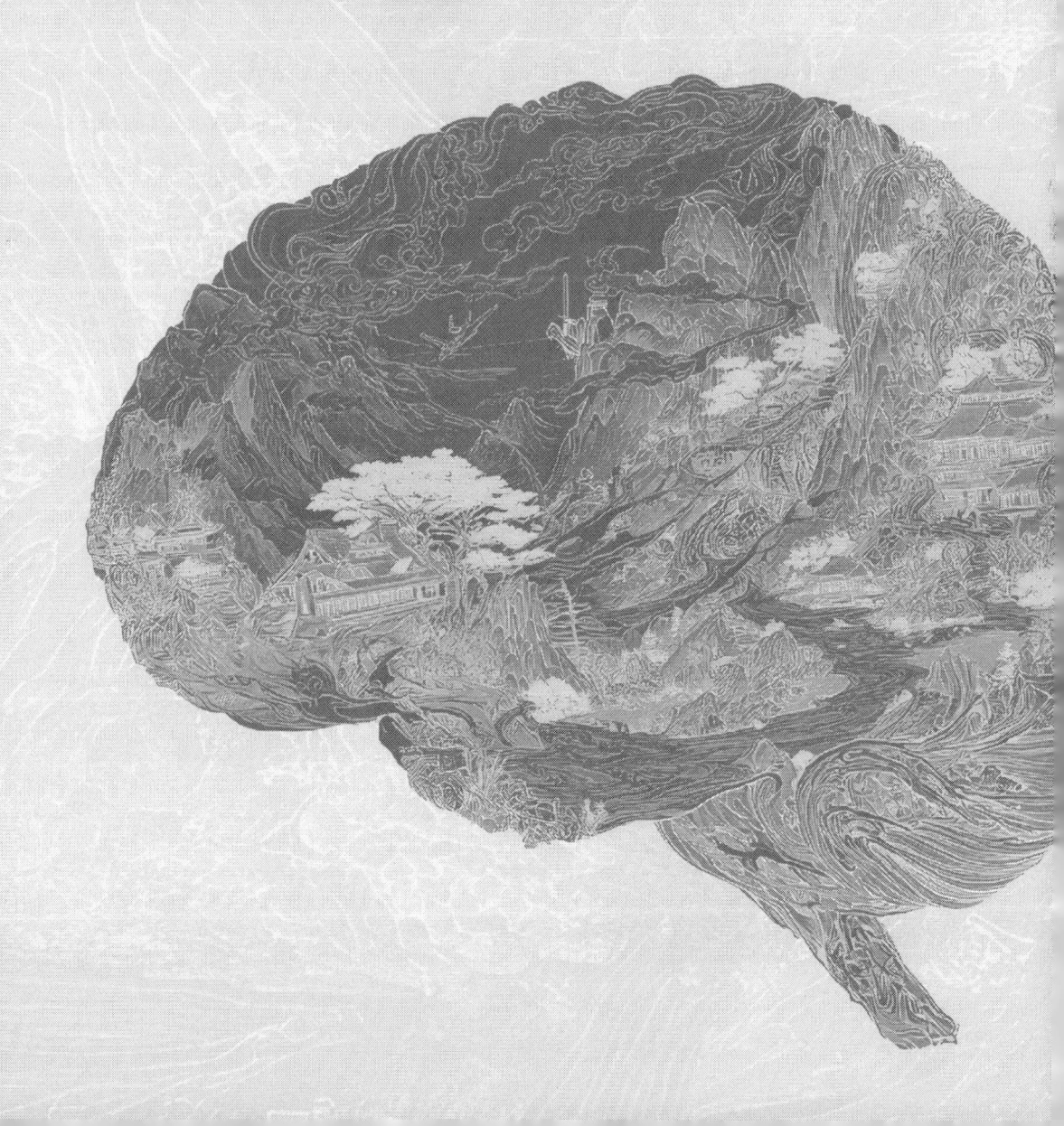

成長篇

胡斐：你走你的路

　　胡斐是金庸武俠裡唯一一位在兩本書中都作為主角出現的人物，《雪山飛狐》在前，《飛狐外傳》在後。《雪山飛狐》前半部寫的是胡一刀的故事，也就是胡斐的父親，後半部寫胡斐。最後寫到胡斐與苗人鳳比武關鍵之處，胡斐的那一刀砍還是不砍，是胡斐的糾結也是金庸的糾結，於是故事就此打住，留下一個開放性的結局。也許金庸寫得意猶未盡吧，又寫了一本《飛狐外傳》專門刻劃胡斐這個人物的成長過程，在後記中也提到想透過這本書談談什麼是中國文化裡的「俠」。

　　中國文化裡的「俠」來自墨家思想：「兼愛非攻」，即「大不攻小也，強不侮弱也，眾不賊寡也，詐不欺愚也，貴不傲賤也，富不驕貧也，壯不奪老也。是以天下之庶國，莫以水火、毒藥、兵刃以相害也」。這是早期的俠義精神，以《史記·游俠列傳》為代表，歷代英雄人物的傳記裡都能讀到這些品質，乃至現代吳宇森、杜琪峰等導演的香港電影裡也能品味出其中一二。而具有俠義精神的俠客具體表現就是孟子所說的「富貴不能淫，貧賤不能移，威武不能屈」。孟子一身俠氣，那句「雖千萬人吾往矣」是何等豪氣干雲！

胡斐的俠氣

　　《飛狐外傳》中胡斐在商家堡第一次出場時，還是個十來歲的黃毛小子，身材瘦弱，武功也平平，但卻擁有一顆超乎常人的俠義之心。商家堡

胡斐：你走你的路

風雨夜，苗人鳳懷抱著年幼的女兒千里尋妻，眼見妻子南蘭決心拋下女兒隨田歸農私奔後悵然而去。見此情景的小胡斐衝出人群指責南蘭負心，差一點被田歸農所殺；再後來胡斐敢作敢當，承認自己在人形木牌上寫上仇家姓名，被商老太捉住，挨了幾百鞭子仍不屈服；長大後的胡斐路見不平，為素不相識的鍾阿四一家出頭，怒懟佛山一霸五虎門的掌門鳳天南，鳳天南使出渾身解數，調動各種人脈資源，或威脅，或討好，或透過雙方的朋友講和，送錢送豪宅，胡斐依然不為所動，就算得知了心中所愛袁紫衣是鳳天南的私生女，依然決心為鍾阿四一家復仇。胡斐一身俠肝義膽，用行動淋漓盡致地詮釋了墨子和孟子所宣揚的俠義精神。

胡斐的俠氣從何而來？胡斐身世可憐，出生只有幾日，父親胡一刀便中毒身亡，母親殉情隨丈夫而去。燒火小工平阿四感念胡一刀夫婦生前的搭救之恩，冒死將襁褓中的胡斐救出，被趕來追殺的田歸農砍斷了一條臂膀。平阿四雖然只是一名卑微小工，卻頗具俠義精神，捨生忘死搭救小胡斐並將其養大。平阿四為何這麼做？起初他被人欺負，家中父親重病無錢醫治，是胡一刀出面擺平，除了給銀子幫忙，還和平阿四平輩論交，將他當作弟弟一般關心愛護。平阿四之於胡斐是報恩，報胡一刀的搭救之恩，知遇之恩。在平阿四的心中，胡一刀是英雄，是一位真正的大俠。

平阿四對於胡一刀夫婦的理想化是影響胡斐成長的重要因素。平阿四與胡斐之間除了養育者和被養育者的關係，還存在著主僕關係，這滿足了小胡斐誇大性自體的部分，同時，在平阿四心裡和言語中理想化的胡斐父母形象，又滿足了小胡斐理想化自體的部分。

在自體心理學中，誇大性自體和理想化自體是個人成長漸漸發展出自我理想化的基礎。因此，我們在胡斐身上看到「俠」這個自我理想化形象，並看到胡斐的所作所為都在實踐這個形象。

成長篇

大俠父親與豪傑母親

在《雪山飛狐》中，跌打醫生閻基與平阿四描繪出一個豐滿的胡一刀形象。胡一刀外形粗豪，內心卻細膩，最打動人心的一幕是，當胡一刀得知苗人鳳前來找他比武復仇時，往日天不怕地不怕的漢子懷抱剛出生兒子的手不覺一抖——鐵漢亦有柔情。在迎戰苗人鳳之前，胡夫人親自做了一桌酒菜陪丈夫飲酒等待敵手到來。席間胡一刀用筷子蘸著酒水餵初生的胡斐一口，自己則滿飲一碗，縱使金面佛大隊人馬到來，依然弄兒為樂不為所動，何等英雄氣概！

胡夫人亦是女中豪傑，丈夫與苗人鳳連日比武，晚上田歸農使人打擾胡一刀休息，胡夫人一出手便料理了敵人，然後繼續餵奶。雖然胡斐不過是個襁褓中的嬰兒，但父母人格中的特質會透過內攝機制進入孩子的內心成為自體客體的一部分，並慢慢內化成孩子逐漸發展的自體的一部分。同樣，父母對孩子的期望也會透過語言、行為，被無意識內攝到孩子的自體中去，從而影響到孩子的一生。

夫人道：「我瞧著孩子，就如瞧著你一般。等他長大了，我叫他學你的樣，什麼貪官汙吏、土豪惡霸，見了就是一刀。」胡一刀道：「我生平的所作所為，你覺得都沒有錯？要孩子全學我的樣？」夫人道：「都沒有錯！要孩子全學你的樣！」胡一刀道：「好，不論我是死是活，這一生過得無愧天地。」（《雪山飛狐》第四回）

胡斐自幼失去雙親，但透過平阿四、商老太、閻基、苗人鳳、田歸農等眾人之口，他在心中描繪出一個大俠父親的形象。失去父母的孩子會在感情上更加熱切地希望在無意識裡和父母融合，最好的方式就是成為和父母一樣的人，行一樣的事，這是深入自體的最深切融合，即我活出了

父母的樣子，他們便再也不會離開我，因為他們已經成為我自體的一部分——以此來緬懷父母，安撫自己從小失去父母的創傷體驗。

胡斐也不斷地將父母的形象投射到他人身上，比如苗人鳳。苗人鳳和胡一刀雖然開始時是仇人比武，但後來慢慢發展成知己，推心置腹，抵足而眠。

苗和胡其實是一類人，內心一樣的細膩悲憫，胡斐對苗人鳳是崇敬的，一如對父親的感覺。他為救治苗人鳳被毒瞎的眼睛，歷經波折去藥王莊求藥，那是胡斐無意識裡希望回到過去，以解救中毒父親的一種象徵性投射。

失敗的愛情

在《飛狐外傳》中，胡斐遇到了兩個女子，袁紫衣和程靈素，並分別發展出一段感情經歷。和袁紫衣的相逢是從被捉弄開始的。胡斐在追殺鳳天南千鈞一髮之際被袁姑娘阻止，但同時又被她豪爽的性格、愛捉弄人的個性和美麗的容顏所吸引。最後天下掌門人大會時，袁紫衣風格突變，以尼姑形象示人，決絕地拒絕了胡斐的愛意。而二妹程靈素雖然年紀尚小，但心機手段高明，常於危難之際幫助胡斐，又不計回報，但毒手藥王弟子的身分讓胡斐對二妹始終心存忌憚。

兩個不同的女子帶給胡斐的體驗是一樣的，矛盾的感受，即客體關係中講的孩子對好媽媽和壞媽媽的交替感受，這個部分胡斐是沒有整合的。所以，從這個角度分析，胡斐與程、袁二人的感情注定是要失敗的。

胡斐負了二妹程靈素自是被一眾「金迷」恨得牙癢癢，對袁紫衣也一樣，書中最後，袁紫衣悠悠地告訴胡斐，如果風雪古廟那一晚兩人比

成長篇

武時，胡斐抱住自己而沒有放手，也許自己就拋下出家的誓言隨他而去了……胡斐只是呆在當場，若是換作《鹿鼎記》中的韋小寶，肯定不由分說腆著臉就抱上去了。

胡斐在親密關係的心理狀態上，還停留在伊底帕斯期之前，從精神分析的角度來說，孩子只有進入伊底帕斯三元關係並且修通之後，才有能力談場真實的愛情，沒修通之前通通都是對母親／父親依戀共生的願望變形後投射到某個女子／男子身上而已。袁紫衣也好，程靈素也罷，都是胡斐將內心對母親渴望的感情投射在外的客體而已。母親離開了自己，她們也會這樣的，這是胡斐無意識裡的獨白。所有被動失去母親的孩子要修通和母親情感的這個部分，首先要表達恨意，被拋棄的恨意。

突然間一個黃瘦男孩從人叢中鑽了出來，指著苗夫人叫道：「你女兒要你抱，幹嘛你不睬她？你做媽媽的，怎麼一點良心也沒有？」這幾句話人人心中都想到了，可是卻由一個乞兒模樣的黃瘦小兒說出口來，眾人心中都是一怔。只聽轟轟隆隆雷聲過去，那男孩大聲道：「你良心不好，雷公劈死你！」戟指怒斥，一個衣衫襤褸的孩童，霎時間竟是大有威勢。（《飛狐外傳》第三回）

這是胡斐內心無意識的表達，胡斐唯一一次表達對母親的恨意是透過對南蘭的投射完成的。有意思的是，書中最後胡斐遭遇田歸農及一眾高手圍攻險些喪命時，救他的還是這個被投射成壞媽媽的南蘭。

此後，胡斐遠遁雪山，而雪山正是母親出生、成長、遇見父親胡一刀並相愛結成夫婦的地方，這是一種哀悼，這一哀悼就是十年。十年之後胡斐再次遇到苗人鳳（父親形象的投射），那場刀劍決鬥才真正象徵著胡斐進入了伊底帕斯期。而胡斐也愛上了另一位美麗的女子苗若蘭，雖然她身

上還保留著一些母親的影子。

　　胡斐是金庸早期筆下刻劃的人物，雖然兩本書都和他有關，人物的個性也鮮明，但是總感覺比起中後期無論楊過、令狐沖，抑或蕭峰、張無忌，人物形象略顯單薄了一些。原因是胡斐成長中缺失了某些部分，雖然這些部分也透過哀悼的方式修通了，但缺乏具體的情節描寫，終歸有些飄渺。就如「大俠」二字一般，更多來自「希望被看見」的想像。

成長篇

楊過：浪子心聲

楊過這個人物是金庸武俠裡的一個異類，個性上更像古龍筆下的游俠。金庸筆下的大俠們，大多具備的鮮明特點是濃濃的家國情懷。無論是早期的陳家洛、袁承志、胡斐，還是後來的郭靖、張無忌、蕭峰，都或多或少地參與到大時代的洪流中去實現自我價值，去詮釋「俠之大者，為國為民」。楊過則是少有的一個更多為自己之事而活的人。

《神鵰俠侶》寫的是楊過前半生，洋洋灑灑一百多萬字只圍繞兩件事：一是弄清楚父親楊康到底怎麼死的；二是不顧一切地要和小龍女在一起。其他的民間疾苦、朝代更迭之事他都並未放在心上。在小說的尾聲，楊過在鐵槍廟裡找到了父親之死的答案，在絕情谷底尋到了小龍女之後，襄陽城外飛石取蒙古大汗性命不過是恰逢其會。旁人擊節稱賞之時，他拉著姑姑飄然而去，後半生隱居活死人墓。

沒有父親的孩子

楊過是楊康之子，遺腹子。他還沒出生時，其父楊康就因在鐵槍廟暗算黃蓉，沾上她軟蝟甲上歐陽鋒所煉蛇毒，中毒而亡。母親穆念慈一個人含辛茹苦把楊過養到十歲後也積勞成疾病死。從心理學角度看，楊過的童年期沒有父親或父親功能的人參與，這一點對孩子的人格形成影響巨大。

同樣是遺腹子，郭靖在嬰兒期同樣沒有父親，但從郭靖的幼兒期開始，身邊出現了很多優質的「父親」，從神箭手哲別開始，然後是江南七

楊過：浪子心聲

怪、全真七子之一馬鈺、北丐洪七公和成吉思汗。所以，我們可以在郭靖身上看到哲別的忠誠，江南七怪的堅持，馬鈺的穩重，洪七公的大義，成吉思汗的氣度。雖然郭靖人不聰明，學什麼都慢人一拍，但最後能成為一代大俠，這緣於他從幼兒期開始便將諸多優秀的父親品質內攝於人格中並不斷整合，這是促使他不斷前進的內在動力。

而楊過的境遇就大不如郭靖了，他十二歲前的生活是沒有父親參與的，其後陰差陽錯認了只見過短短兩面、已然瘋癲的歐陽鋒為父，此後郭靖這個「父親」的形象才進入楊過的生活。筆者對《射鵰英雄傳》中木訥的青年郭靖沒有太多好感，而是更欣賞古靈精怪的黃蓉。但是故事發展到《神鵰俠侶》，中年的郭靖反而讓筆者肅然起敬，由衷讚嘆。

他獨立山崖，望著茫茫大海，孤寂之心更甚，忽聽海上一聲長嘯隱隱傳來，叫著：「過兒，過兒。」他不由自主地奔下峰去，叫道，「我在這裡，我在這裡。」他奔上沙灘，郭靖遠遠望見，大喜之下，急忙划艇近岸，躍上灘來。星光下兩人互相奔近。郭靖一把將楊過摟在懷裡，只道：「快回去吃飯。」他心情激動，語音竟有些哽咽。（《神鵰俠侶》第三回）

在對待少年楊過的態度上，郭靖真算得上表現不錯的「父親」。小楊過中李莫愁冰魄銀針的毒，一對手掌又黑又腫，郭靖焦急擔心的神情以及關心的態度打動了楊過；當小楊過在桃花島上闖禍，打暈小武之後一個人躲起來，郭靖找到他後並沒有責罰，郭靖穩定的人格和堅定的態度就像一堵牆一樣守護著邊界，也讓楊過反思自己行為的失當；其後去重陽宮拜師的路上，小楊過見證了郭靖對於善惡的明辨和對家國的情懷。雖然楊過和郭靖相處的時間不長，但在楊過成年後可以明顯地看到郭靖對他的影響，青年期的楊過性格偏激，甚至有些邪（很對黃藥師的脾氣，二人結為忘年交），但是絕對不惡，對關鍵事件的掌握依然秉承著大義和善良的原則。

比如他在絕情谷救裘千尺，襄陽大戰中以大義為重拚死救出當時自以為的殺父仇人郭靖。可以想像如果楊過能夠一直待在郭靖身邊長大，或許他在性格上能更多地內攝郭靖的特質而彌補很多不足，人生的軌跡也會有翻天覆地的變化，也許會娶了郭芙，成為新任丐幫幫主，最後成為另一個版本的郭靖。當然，這樣的楊過也會少了幾分靈動的神采吧。

困擾楊過一生的自卑

楊過從小只知道父親死了，葬於嘉興鐵槍廟，至於父親是如何死的，父親是怎樣的一個人，母親到死也沒有吐露半個字。

穆念慈這麼做，一方面是不想回憶當年和楊康在一起的種種，另一方面則是不想告訴兒子，他真實的父親是一個背叛國家、背叛師門、背叛兄弟情義、自私卑鄙的人，也許穆念慈希望把壞父親對孩子的影響降到最低，可是這麼做也並不算好。

母親在世時對父親的種種避而不談，其實在心理層面已經無意識地傳達了這樣的訊息：「你的父親生前不是一個光輝的形象，所以羞於告訴你，怕你因為有這樣的父親而自卑。」而這個訊息，楊過其實早就在無意識中接收到了。可是，每一個孩子在人格的發展中必須有一個理想化的客體去認同，才能發展出健康的自戀，而最早的這個理想化客體一般都是由父母來擔任的。這個部分的缺失導致楊過性格裡的自卑伴隨他一生揮之不去，成為難以克服的魔障，他在關鍵時刻的選擇和由此發展出的遭遇，都與他的自卑關係密切。因為自戀的缺陷，楊過的內心極為敏感和脆弱，別人一個眼神，一句無心之話就會讓他產生不舒服的感受，為了抵擋或者消除這種不好的感受，他通常選擇逃避或離去。

楊過：浪子心聲

　　楊過與郭芙多年不見，偶爾想到她時，總記得她是個驕縱蠻橫的女孩，哪知此時已長成一個顏若春花的美貌少女。她一陣急馳之後，額頭微微見汗，雙頰被紅衣一映，更增嬌豔。她向雙鵰看了片刻，又向耶律齊等人瞥了一眼，眼光掃到楊過臉上時，見他身穿蒙古裝束，戴了面具後又是容貌怪異，不由得雙蛾微蹙，神色間頗有鄙夷之意。楊過自幼與她不睦，此番重逢，見她仍是憎惡自己，自卑自傷之心更加強了，心道：「你瞧我不起，難道我就非要你瞧得起不可？……」他站在一旁暗暗傷心，但覺天地之間無人看重自己，活在世上了無意味。只有師父小龍女對自己一片真心，可是此時又不知去了何方？（《神鵰俠侶》第十回）

　　書中不止一次描寫楊過見到神采飛揚的郭芙時自慚形穢，不告而別；當詢問黃藥師他父親之死的疑點時看到程、陸二人眼中的閃躲後，留書出走；十六年後再回襄陽，非要做三件驚天動地讓人讚嘆的大事才現身，幾句話後又飄然遠去。楊過曾經在少年時有機會透過和郭靖的長期相處來部分修復自戀創傷，無奈黃蓉從中作梗，這也是筆者不喜《神鵰俠侶》裡中年黃蓉的原因 —— 可以理解黃蓉這樣做的苦衷，但對於楊過就非常遺憾了。

　　理想化父親的缺失另一方面的影響就是反而會加強楊過對這個客體的渴望，但是這個形象是空白的，是無人提及的，是不存在的，怎麼辦？只能創造！如何創造？就是透過創造自己來創造理想化父親的形象。楊過一生好強，不過是要一遍又一遍地向心中的父親證明自己是優秀的，是出色的；如果自己是好的，那父親也一定是好的，就算父親不夠好，那自己的出色表現也能夠彌補父親的缺點。

成長篇

活死人墓中的小龍女是楊過的解藥

楊過的自戀缺陷唯有一個地方可以安放，就是活死人墓；唯有一個人可以無條件地接納，就是活死人墓裡長大的小龍女。小龍女是金庸筆下僅有的三個學會「左右互搏」的人之一，第一個是老頑童周伯通，第二個是郭靖。要想學會「左右互搏」，越聰明，心思越多越學不會，黃蓉學不會，楊過也一定學不會，只有心無雜念的人才能學會。就如郭靖之於黃蓉，小龍女就是楊過的一個好容器，始終淡淡的，穩定的，就像母親的子宮一樣，呵護包容著楊過的所有情感波瀾。父親楊康死了，人死了魂魄「遊蕩」於墳墓中，黑暗幽深的活死人墓反而能夠讓楊過在心理上連結到父親，這是一種親切的感受，希望與失去的父親再次融合的渴望。

金庸小說評論家陳墨先生曾經在一次香港書展當面向金庸表達過，他覺得楊過愛的其實是郭芙不是小龍女，據說當時金庸是持肯定答覆的。筆者認為楊過對小龍女的愛戀是一種象徵，有母親的象徵，也有父親的影子。楊過一生中面對過很多女性，大多對他表達了愛慕之心，陸無雙、程英、公孫綠萼，以及後來的郭襄。楊過對她們或開玩笑，或輕鬆自然，唯有遇到郭芙，要麼羞愧避見，要麼針鋒相對，從精神動力學角度來說，楊過對郭芙的情感是充滿動力的，行為模式是反向形成的。

楊過轉過頭來，只見一個少女穿著淡綠衫子，從廟裡快步而出，但見她雙眉彎彎，小小的鼻子微微上翹，臉如白玉，顏若朝華，正是郭芙。她服飾打扮也不如何華貴，只項頸中掛了一串明珠，發出淡淡光暈，映得她更是粉裝玉琢一般。楊過只向她瞧了一眼，不由得自慚形穢，便轉過了頭不看。(《神鵰俠侶》第十一回)

楊過：浪子心聲

想看而不敢看，想接近而故意逃避，皆源自其內心的自卑。哪怕楊過已到中年，襄陽城外大戰，郭芙懇求他救自己的丈夫耶律齊，楊過卻不自覺地露出輕佻的一面，無意識的言行其實更能反映內心真實的情感與動機。

楊過叫道：「郭大姑娘，你向我磕三個響頭，我便去救你丈夫出來。」依著郭芙平素驕縱的性兒，別說磕頭，寧可死了，也不肯在嘴上向楊過服輸，但這時見丈夫命在須臾，更不遲疑，縱馬上了小丘，翻身下馬，雙膝跪倒，便磕下頭去。楊過吃了一驚，急忙扶起，深悔自己出言輕薄。（《神鵰俠侶》第三十九回）

這種反向的行為常在青春期情竇初開的男孩子身上看到。當他們愛慕一個女生的時候，通常會用惡作劇捉弄對方，或者如仇人一般惡語相向，以此來掩蓋無意識裡真實的慾望，而深層的原因多是自體不夠完善引發的不自信。

楊過對小龍女的愛戀除了受內在的無意識驅動，還有一些青春期男孩的叛逆心態：你們大人越是反對的東西，我越要得到，以此證明我已經不是孩子了。楊過真的懂小龍女嗎？還是與小龍女在一起能夠滿足自己無意識裡最重要的需求與慾望？

小龍女淡淡一笑，道：「大師說得很是。」眼望身周大雪，淡淡地道：「這些雪花落下來，多麼白，多麼好看。過幾天太陽出來，每一片雪花都變得無影無蹤。到得明年冬天，又有許許多多雪花，只不過已不是今年這些雪花罷了。」

一燈點了點頭，轉頭望著慈恩，道：「你懂麼？」慈恩點了點頭，心想日出雪消，冬天下雪，這些粗淺的道理有什麼不懂？

123

成長篇

> 楊過和小龍女本來心心相印，對方即是最隱晦的心意相互也均洞悉，但此刻她和一燈對答，自己卻是隔了一層。似乎她和一燈相互知心，自己反而成為外人，這情境自與小龍女相愛以來從所未有，不由得大感迷惘。（《神鵰俠侶》第三十回）

楊過年輕時心心念念要離開古墓去往外面光明的世界，那是一種無意識對死本能的抵抗，同時在活死人墓可以於無意識中建立起一種與父親的連結，這是一種深刻的連結，一種純粹的嚮往認同。從這個角度看《神鵰俠侶》小說中貫穿全篇楊過做的兩件事，無論是尋找父親的死因，還是之後尋找小龍女，其實在無意識裡是一件事，都是尋找心中那個理想化客體。

楊過最後在鐵槍廟從柯鎮惡與四位惡人的對話中得知了父親身亡的真相，了解到父親究竟是什麼人之後，楊過內心對父親偏執的想像終於落地。這個時候楊過也已年近不惑，最終他選擇與小龍女再回到活死人墓隱居，在幽暗的古墓裡，缺乏生機的環境下，一種接近死亡的感受，是他內心對父親楊康的哀悼與紀念。

楊過天資聰慧，悟性極高，但在「世俗的成功」上並沒有多大作為。他也志不在此，因為他的無意識是被父親楊康占據的。不但和郭靖比起來，其「大俠」稱號成色不足，哪怕和猶豫不決的張無忌，或是一心想退隱江湖的令狐冲相比，楊過主動去完成和經歷的事件格局都不大，始終在滿足自己的願望和愛慾上兜兜轉轉，缺少家國天下的情懷和建功立業的抱負。

楊過：浪子心聲

　　郭靖見那孩兒面目英俊，想起與楊康結義之情，深為嘆息。穆念慈垂淚道：「郭大哥，請你給這孩兒取個名字。」郭靖想了一會，道：「我與他父親義結金蘭，只可惜沒好下場，我未盡朋友之義，實為生平恨事。但盼這孩子長大後有過必改，力行仁義。我給他取個名字叫做楊過，字改之，你說好不好？」穆念慈謝道：「但願如郭大哥所說。」（《射鵰英雄傳》第四十回）

　　從拉岡精神分析的觀點看，孩子出生被命名的那一刻，他已經出現在象徵界並被固定了。楊過，姓楊名過，字改之。取名的是郭靖，要改過的是楊康，這已決定了楊過一生的命運。

成長篇

小龍女：別問我是誰

　　小龍女是金庸武俠所有女主角中最沒有可比性的一位，其身世、遭遇、個性都非常獨特，就如不存在於世間的天仙般人物。她一貫難以接近，偶爾又露出孩童般的天真爛漫；久居活死人墓不近世俗人情，又與老頑童惺惺相惜，與一燈坐而論道；對楊過痴心一片生死難離，又在絕情谷底獨守十六年。《神鵰俠侶》這部小說最重要的主線即小龍女與楊過二十多年的愛情故事，及其成長的心路歷程。

女孩位置的小龍女

　　忽聽帷幕外一個嬌柔的聲音說道：「孫婆婆，這孩子哭個不停，幹什麼啊？」楊過抬起頭來，只見一只白玉般的纖手掀開帷幕，走進一個少女來。那少女披著一襲輕紗般的白衣，猶似身在煙中霧裡，看來約莫十六七歲年紀，除了一頭黑髮之外，全身雪白，面容秀美絕俗，只是肌膚間少了一層血色，顯得蒼白異常。楊過臉上一紅，立時收聲止哭，低垂了頭甚感羞愧，但隨即用眼角偷看那少女，見她也正望著自己，忙又低下頭來。

　　……

　　楊過抬起頭來，與她目光相對，只覺這少女清麗秀雅，莫可逼視，神色間卻是冰冷淡漠，當真是潔若冰雪，也是冷若冰雪，實不知她是喜是怒，是愁是樂，竟不自禁地感到恐怖：「這姑娘是水晶做的，還是個雪人兒？到底是人是鬼，還是神道仙女？」雖聽她語音嬌柔婉轉，但語氣之中

似乎也沒絲毫暖意，一時呆住了竟不敢回答。

……

這個秀美的白衣少女便是活死人墓的主人小龍女。其時她已過十八歲生辰，只是長居墓中，不見日光，所修習內功又是克制心意的一路，是以比之尋常同年少女似是小了幾歲。（《神鵰俠侶》第五回）

小龍女初登場時已是十八歲，初為成人的年紀，但無論外表、氣質儼然還是一副少女的模樣。每個人生理上會隨著年紀的增長慢慢發生變化，但心理是否能順利成長，就很難說了，這需要一些條件和機遇。

心理上的成長最需要足夠的鏡映，鏡映是一種關係的存在，人是無法脫離關係獨活的，最起碼也需要想像中的關係。優質的、多樣的關係對於一個人心理的成長發揮關鍵性作用。小龍女在遇到楊過之前的十八年生命中，只有寥寥幾段簡單的人際關係，與師父的關係，與照料自己的孫婆婆的關係，在這樣的關係裡，小龍女都是處於女兒的位置，一個孩子的身分。

她最後兩句話聲音嚴峻，楊過不敢再問，於是合上雙眼想睡，但身下一陣陣寒氣透了上來，想著孫婆婆又心中難過，哪能睡著？過了良久，輕聲叫道：「姑姑，我抵不住啦。」但聽小龍女呼吸徐緩，已然睡著。他又輕輕叫了兩聲，仍然不聞應聲，心想：「我下床來睡，她不會知道的。」當下悄悄溜下床來，站在當地，大氣也不敢喘一口。

哪知剛站定腳步，瑟的一聲輕響，小龍女已從繩上躍了過來，抓住他左手扭在他背後，將他按在地下。楊過驚叫一聲。小龍女拿起掃帚，在他屁股上用力擊了下去。楊過知道求饒也是枉然，於是咬緊牙關強忍。起初五下甚是疼痛，但到第六下時小龍女落手已輕了些，到最後兩下時只怕他挨受不起，打得更輕。十下打過，提起他往床上一擲，喝道：「你再下來，我還要再打。」（《神鵰俠侶》第五回）

成長篇

　　孫婆婆意外去世後，活死人墓中只有小龍女與楊過兩人彼此為伴，二人的關係既是師徒，又近似母子，此外還是同伴關係。前兩種關係是小龍女從師父和孫婆婆那裡習得的，所以駕輕就熟，運用得很自然。而楊過的出現，兩個相近年齡的少年一起生活，小龍女透過楊過的同伴鏡映，得到很多之前關係裡沒有的體驗，一個不同性別的鏡映讓她看到自己是有女性特質的女孩。

　　李莫愁左手斜出，將楊過腰中長劍搶在手裡，指住他的咽喉，厲聲道：「我只要殺一個人。你再說一遍，你死還是她死？」楊過不答，只是朝著小龍女一笑。此時二人早已把生死置之度外，不論李莫愁施何殺手，也都不放在心上。

　　李莫愁長嘆一聲，說道：「師妹，你的誓言破了，你可下山去啦。」古墓派祖師林朝英當年苦戀王重陽，終於好事難諧。她傷心之餘，立下門規，凡是得她衣缽真傳之人，必須發誓一世居於古墓，終身不下終南山，但若有一個男子心甘情願地為她而死，這誓言就算破了。不過此事決不能事先讓那男子得知。只因林朝英認定天下男子無不寡恩薄情，王重陽英雄俠義，尚自如此，何況旁人？絕無一個能心甘情願為心愛的女子而死，若是真有此人，那麼她後代弟子跟他下山也自不枉了。李莫愁比小龍女早入師門，原該承受衣缽，但她不肯立那終身不下山之誓，是以後來反由小龍女得了真傳。（《神鵰俠侶》第七回）

　　一個女孩心理上要想長大，除了需要體驗與父母的關係，還需要更多其他的關係。這些關係存在於原生家庭之外，對於一個女孩來說，心理上與原生家庭的分離是其成長的第一步。其中，擺脫母親／母性的控制是最難的。難就難在離開「母親」後，需要開始獨自面對許多未知的危險，獨自踏上自我成長的心理旅程，其中的恐懼、擔憂，甚至內疚等難受的情緒

體驗會迎面襲來，讓人難以承受。

對於小龍女來說，活死人墓就是一個充滿安全和依戀的母體，同時古墓派的禁忌又是母親控制的象徵，古墓派修練的武功是克制慾望的，古墓中不允許男女之情的存在，這是古墓派師祖林朝英定下的禁忌。禁止慾望的古墓就像是伊甸園一樣，很安全，是孩子的樂園，所以就算在李莫愁的無意幫助下，小龍女打破了古墓派的禁忌，並且可以自由地離開活死人墓，但她依舊不假思索地甘願留在如母親子宮般的古墓中，這裡雖然限制了心靈的成長，但是足夠安全。所以小龍女在發展還是停滯的抉擇上，做出了無意識的習慣性選擇。

如果小龍女和楊過就這樣繼續生活在古墓中，也許就會像兩個孩子扮家家酒一樣相伴走完一生。可是，一個關鍵性的轉折事件打破了這種狀態。

女孩到女人的心理過程

不料小龍女穴道被點之時，固然全身軟癱，但楊過替她通解了，她仍是軟綿綿地倚在楊過身上，似乎周身骨骼盡皆熔化了一般。楊過伸臂扶住她肩膀，柔聲道：「姑姑，我義父做事顛三倒四，你莫跟他一般見識。」小龍女臉藏在他的懷裡，含含糊糊地道：「你自己才顛三倒四呢，不怕醜，還說人家！」楊過見她舉止與平昔大異，心中稍覺慌亂，道：「姑姑，我……我……」小龍女抬起頭來，嗔道：「你還叫我姑姑？」楊過更加慌了，順口道：「我不叫你姑姑叫什麼？要我叫師父麼？」小龍女淺淺一笑，道：「你這般對我，我還能做你師父麼？」楊過奇道：「我……我怎麼啦？」

小龍女捲起衣袖，露出一條雪藕也似的臂膀，但見潔白似玉，竟無半分瑕疵，本來一點殷紅的守宮砂已不知去向，羞道：「你瞧。」楊過摸不著頭緒，搔搔耳朵，道：「姑姑，我不懂啊。」小龍女嗔道：「我跟你說過，

成長篇

不許再叫我姑姑。」她見楊過滿臉惶恐，心中頓生說不盡的柔情，低聲道：「我們古墓派的門人，世世代代都是處女傳處女。我師父給我點了這點守宮砂，昨晚……昨晚你這麼對我，我手臂上怎麼還有守宮砂呢？」楊過道：「我昨晚怎麼對你啊？」小龍女臉一紅，道：「別說啦。」隔了一會，輕輕地道：「以前，我怕下山去，現下可不同啦，不論你到哪裡，我總是心甘情願地跟著你。」

楊過大喜，叫道：「姑姑，那極好了。」小龍女正色道：「你怎麼仍是叫我姑姑？難道你沒真心待我麼？」她見楊過不答，心中焦急起來，顫聲道：「你到底當我是什麼人？」楊過誠誠懇懇地道：「你是我師父，你憐我教我，我發過誓，要一生一世敬你重你，聽你的話。」小龍女大聲道：「難道你不當我是你妻子？」楊過從未想到過這件事，突然被她問到，不由得張皇失措，不知如何回答才好，喃喃地道：「不，不！你不能是我妻子，我怎麼配？你是我師父，是我姑姑。」小龍女氣得全身發抖，突然「哇」的一聲，噴出一口鮮血。

楊過慌了手腳，只是叫道：「姑姑，姑姑！」小龍女聽他仍是這麼叫，狠狠凝視著他，舉起左掌，便要向他天靈蓋拍落，但這一掌始終落不下去，她目光漸漸地自惱恨轉為怨責，又自怨責轉為憐惜，嘆了一口長氣，輕輕地道：「既是這樣，以後你別再見我。」長袖一拂，轉身疾奔下山。

（《神鵰俠侶》第七回）

小龍女失貞與楊過斷臂是很多讀者對兩人遭遇深感遺憾的地方，但這兩件事對人物心理發展和故事推動來說，是極為重要的神來之筆。

尤其是小龍女被甄志丙玷汙這件事，打破了小龍女之前終老古墓的選擇。這個創傷性事件的發生導致她離開古墓，她被迫與「母親」分離，進入外面的世界，開始面對一些其他的人，處理一些不曾遇到的問題，再也不能做無憂無慮的孩子了。

促使這個轉變的是「性」。性的行為，在女性心理上是成為被慾望對象的儀式化行為。女孩要成為女人，需要先進入成人世界，無論是自願的還是非自願的。

成人的世界是象徵界（拉岡精神分析觀點），是以各種欲望表徵符號（比如金錢）組成的世界。女孩成為女人第一步就是要成為被慾望的對象，在異性慾望的目光中開始有了一個女人的身分位置（鏡映），並由此進入象徵界。當然，這是從父系社會的視角分析的，在如今多元化發展的社會，還有另一種途徑，即女孩子自己認同父性並成為「男性」——在過去，這是比較難的。因此甄志丙這個人物至關重要，他讓小龍女成了被慾望的對象，性行為的發生使小龍女不得不從女孩的位置進入女人的身分位置。就如小龍女對著懵懂的楊過舉起手臂展示消失的守宮砂，她要宣示自己新的身分，希望獲得確認。這個心理上的確認必須是能夠帶領女孩進入象徵界、心理足夠成熟的男人才能給予的。但楊過顯然不是，他這時候還是個孩子，所以楊過與小龍女的第一次分離是注定的。

孩子進入成人世界的心理糾結

黃蓉道：「好，你既要我直言，我也不跟你繞彎兒。龍姑娘既是你師父，那便是你尊長，便不能有男女私情。」

這個規矩，楊過並不像小龍女那般一無所知，但他就是不服氣，為什麼只因為姑姑教過他武功，便不能做他妻子？為什麼他與姑姑絕無苟且，卻連郭伯伯也不肯信？想到此處，胸頭怒氣湧將上來。他本是個天不怕地不怕、偏激剛烈之人，此時受了冤枉，更是甩出來什麼也不理會了，大聲說道：「我做了什麼事礙著你們了？我又害了誰啦？姑姑教過我武功，可是我偏要她做我妻子。你們斬我一千刀、一萬刀，我還是要她做妻子。」

成長篇

　　這番話當真是語驚四座，駭人聽聞。當時宋人拘泥禮法，哪裡聽見過這般肆無忌憚的叛逆之論？郭靖一生最是敬重師父，只聽得氣向上衝，搶上一步，伸手便往他胸口抓去。（《神鵰俠侶》第十四回）

　　小龍女因為意外事件不得不進入成人象徵界，而象徵界是一個規則世界，一個需要話語權的世界，掌握話語權的是「父性」，是在象徵界有位置的成人。

　　要成為成人，需要服從象徵界的規則即「被閹割」，從而進入象徵界，繼而在規則之下成為有話語權、有位置的人。當時的楊過在象徵界還沒有位置，雖然在武林大會上露了一手，但在眾人的眼中，他只是個不知道哪裡來的奇怪少年，就如光明頂上力戰六大門派的張無忌一般，直到被明教教眾擁立為教主時，他才在象徵界有了位置，真正地進入了成人世界。

　　正因如此，郭靖才迫不及待地希望把女兒郭芙嫁給楊過，一方面是為了修復郭、楊兩家世代的關係，另一方面也是想透過這樣的方式讓楊過快速擁有一個身分，即大俠郭靖與丐幫幫主黃蓉的女婿。當然，代價就是要遵守象徵界的規則，即小說中的世俗禮教。這是閹割也好，獻祭也罷，是進入成人世界必須付出的代價。

　　楊過毫不猶豫地拒絕了郭靖的提親，這是一種孩子般誇大自戀的表現，也是一種赤子般炙熱的情感，這樣純粹的感情只存在於類似初戀般的感受中，當時的少男少女正在象徵界的入口徘徊，猶豫著是否要向前一步。

　　這一番話楊過與小龍女隔窗都聽得明白。楊過自幼與武氏兄弟不和，當下一笑而已，並不在意。小龍女心中卻在細細思索：「幹嘛過兒和我好，他就成了畜生、狗男女？」左思右想難以明白，半夜裡叫醒楊過，問道：「過兒，有一件事你須得真心答我。你和我住在古墓之中，多過得幾年，

小龍女：別問我是誰

可會想到外邊的花花世界？」楊過一怔，半晌不答。小龍女又問：「你若是不能出來，可會煩惱？你雖愛我之心始終不變，在古墓中時日久了，可會氣悶？」

這幾句話楊過均覺好生難答，此刻想來，得與小龍女終身廝守，當真是快活勝過神仙，但在冷冰冰、黑沉沉的古墓之中，縱然住了十年、二十年仍不厭倦，住到三十年呢？四十年呢？順口說一句「決不氣悶」，原自容易，但他對小龍女一片至誠，從來沒半點虛假，沉吟片刻，道：「姑姑，要是我們氣悶了、厭煩了，那便一同出來便是。」

小龍女哼了一聲，不再言語，心想：「郭夫人的話倒非騙我。將來他終究會氣悶，要出墓來，那時人人都瞧他不起，他做人有何樂趣？我和他好，不知何以旁人要輕賤於他？想來我是個不祥之人了。我喜歡他、疼愛他，要了我的性命也行。可是這般反而害得他不快活，那他還是不娶我的好。那日晚上在終南山巔，他不肯答應要我做妻子，自必為此了。」反覆思量良久，只聽得楊過鼻息調勻，沉睡正酣，於是輕輕下地，走到炕邊，凝視著他俊美的臉龐，中心慄六，柔腸百轉，不禁掉下淚來。（《神鵰俠侶》第十四回）

楊、龍二人第二次分離的原因，表面上是小龍女心心念念要回到古墓，回到伊甸園一般的世界，回到過去孩子一般美好的時光，而楊過則嚮往外面的世界。這其實是一個象徵，兩個人在是否成長，是否要進入象徵界發生了矛盾，在這一點上，楊過是主動的，小龍女則是被動的。所以我們看到楊過一直有欲望的部分，男孩要成長為男人是需要欲望驅使的，無論是對性的慾望，復仇的欲望，還是成功的欲望，都是成長的動力。

小龍女回到古墓，回到代表壓抑欲望的地方，修練壓制情慾的武功，那是一種防禦自己成為被慾望對象的方式。這一方面是小龍女的心性使

成長篇

然，另一方面，當時與小龍女有情感關係的三個人，都不是那個可以帶其進入象徵界的成熟男人。當時年輕的楊過自不必說；甄志丙也不是，他只是一個類似「儲君」的角色，在處理問題的手段上甚至不如趙志敬，在被小龍女追蹤的一路上慌張失措，患得患失，最終扛不住內心罪惡感的襲擾，心甘情願死在小龍女劍下。而差點與小龍女成婚的絕情谷主公孫止也是個卑鄙、可憐又可恨的角色，其家族自唐末為避戰亂躲進山谷，雖有家傳武藝，但高深的功夫都來自妻子裘千尺的真傳，常年被其打罵欺壓，不敢正面反抗，只能用手段謀害妻子，最終與之同歸於盡。

永恆少女的選擇

但見室右有榻，是他幼時練功的寒玉床；室中凌空拉著一條長繩，是他練輕功時睡臥所用；窗前小小一几，是他讀書寫字之處。室左立著一個粗糙木櫥，拉開櫥門，只見櫥中放著幾件樹皮結成的兒童衣衫，正是從前在古墓時小龍女為自己所縫製的模樣。他自進室中，撫摸床几，早已淚珠盈眶，這時再也忍耐不住，眼淚撲簌簌地滾下衣衫。

忽覺得一只柔軟的手輕輕撫著他的頭髮，柔聲問道：「過兒，什麼事不痛快了？」這聲調語氣，撫他頭髮的模樣，便和從前小龍女安慰他一般。楊過霍地回過身來，只見身前盈盈站著一個白衫女子，雪膚依然，花貌如昨，正是十六年來他日思夜想、魂牽夢縈的小龍女。

兩人呆立半晌，「啊」的一聲輕呼，摟抱在一起。燕燕輕盈，鶯鶯嬌軟，是耶非耶？是真是幻？

過了良久，楊過才道：「龍兒，你容貌一點也沒變，我卻老了。」小龍女端目凝視，說道：「不是老了，是我的過兒長大了。」（《神鵰俠侶》第三十九回）

小龍女：別問我是誰

　　江湖飄泊十六年後，楊過已年屆三十有六，他再次站在小龍女面前的時候，已經是名滿江湖的神鵰大俠，那條斷掉的右臂是其修通自戀的開始，十六年的自我放逐是其修通自戀的過程。楊過在襄陽一戰立下不世奇功，第二次華山論劍被譽為「西狂」，攜小龍女雙宿雙飛，歸隱江湖，眾人只有祝福與喝采，再無十六年前一片斥責反對之聲。因為此時的楊過已經在象徵界占據一個重要的成人位置。

　　小龍女給讀者的感覺是很飄渺的，就如《倚天屠龍記》開篇引用長春真人丘處機為紀念小龍女所作的〈無俗念〉詞中寫的：

　　渾似姑射真人，天姿靈秀，意氣殊高潔。萬蕊參差誰信道，不與群芳同列。浩氣清英，仙才卓犖，下土難分別。瑤臺歸去，洞天方看清絕。

　　小龍女給人的感覺是有距離的，是比較疏離和遙遠的，那是因為她並不在用欲望構成象徵符號的成人世界裡，她清麗絕俗，心無雜念。小龍女從一開始就不願進入成人世界，就如她從來就沒有具體的姓名，只有一個「小龍女」的綽號。她始終游離在象徵界邊緣，只有活死人墓中和絕情谷底才是她自得其樂的世外桃源。

程英：碧海情天

《神鵰俠侶》是部寫情的書，有父子之情，師徒之情，更多的是男女之情。可謂寫盡因情因愛產生的各種苦，愛別離，求不得，怨憎會。書中以楊過與小龍女的愛情為主線，也穿插了楊過與其他女子的情感糾纏。在這些女子中，陸無雙刁鑽活潑，郭芙驕傲任性，完顏萍楚楚可憐，公孫綠萼自憐自傷，郭襄獨立執著，小龍女初時冷若冰霜，遺世獨立，到後來卻愛得堅定不移，生死相許，乃是趨於極端的性子。而程英與她們都不同，她溫文爾雅，寧靜平和，如空谷幽蘭。

程英的個性

一個人的性格特點決定了他大致的人生走向。小龍女兩極化的性格驅動著她先走出古墓，後又三次拋下楊過，最後跳下絕情谷殉情，讓楊過半生都在尋找她的路上痛苦著。公孫綠萼為楊過捨身而亡，幻想以此來爭取到楊過內心一個屬於自己的位置，這樣的做法雖感人至深，背後的驅動卻是可憐可悲的自我定位。郭襄自十六歲那年對楊過一見鍾情，她的執著獨立驅使著她飄泊江湖尋覓楊過的下落，直到四十歲出家，青燈相伴，開創峨嵋一派。

佛洛伊德曾表達過這樣的思想：「人其實是無法決定自己的（無明狀態下）。」從性格形成的角度分析，確實是這樣的，在人格塑造的早年生活中，人常常身不由己。當意識到問題的時候，人格已經基本形成，只能透

程英：碧海情天

過往後餘生歷經磨難，在人格結構核心的外層做些調整。

程英也深愛著楊過，初次相遇便覺察出楊過心中已有誰也無法替代的小龍女。但她既沒有像公孫綠萼一般用極端的方式去求愛，也沒有如郭襄一般執著地去追尋。她用她的方式去愛，每次楊過有難，她必出手相救，哪怕過了十六年後，她依然是第一個下到絕情谷底去救援楊過的人。她愛得節制，一遍遍地寫下「既見君子，云胡不喜」；吹奏〈淇奧〉，含蓄地表達愛意，始終守禮不越雷池。她亦長情，與表妹陸無雙、師姐傻姑隱居太湖之畔，卻掛念著絕情谷十六年之約時楊過的安危。程英尊重自己的愛，也尊重楊過的愛，更尊重愛情本身。程英如此的愛是她的個性使然，並決定了她最終與公孫綠萼、郭襄不同的人生歷程。

黃蓉曾評價程英小師妹的性格是「外和內剛」。分析一個人個性（人格）的形成，就不得不回溯其早年的成長經歷，以及其原生家庭。程英與陸無雙是表姐妹，在《神鵰俠侶》中最早出場，當時都是九歲。程英身世悲慘，自小父母雙亡，被寄養在陸無雙家。這是她受到的第一個重大心理創傷，與父母的生死離別對一個孩子來說幾乎是致命性的打擊。之後赤練仙子李莫愁尋仇陸展元，滅門陸家。小程英差點死於李莫愁之手，被路過的黃藥師救下帶走，在看著表妹陸無雙被李莫愁擄走的同時，目睹姨父姨母雙雙慘死，可謂第二次重大心理創傷。從心理學的視角看，這兩次重大心理創傷對於一個孩子成長的影響，是極具破壞性的，並且極大可能會在其成年後造成性格上的缺陷。

長大之後的程英身上有一些離群索居的特質，但是這並不影響她在社會功能、自我功能以及人際關係上良好的發揮，這也說明她的自體凝聚感與平衡感維持得相當健康。是什麼因素讓程英將重大創傷對其人格的負面

成長篇

影響降到了最低，並且逐步建構出「外和內剛」的人格特質？這是一個值得思考的問題。

程英的兩種心理能力

在《神鵰俠侶》第一回中，小程英與陸無雙在荷塘玩耍時，遇見前來嘉興尋找養女、已有些癲狂的武三通。當二人雙雙被露出凶狠之色的武三通抓住帶走時，陸無雙咬了對方一口表示抗爭，而程英則是默不作聲並且在心裡安慰自己不要怕，不要哭。對於自小經歷過生死離別的小程英來說，她已然明白悲傷害怕以及無謂的抗爭沒有用，唯有冷靜下來靜觀其變。她甚至學會了用精神調和能力去協調各種痛苦的感受。這一點，很多運用壓抑、解離、分裂等防禦機制的人也可以做到，甚至可以達到「無感」的程度。但接下來，當武三通開始把程英錯認成他的養女何沅君表達思念之情時，程英也跟著武三通悲從中來，淚流不止。這背後固然有程英被投射性認同的因素，也有自己無法實現的對父母之愛的渴求原因，但更重要的是，這個年紀的程英已經有了體驗與共鳴別人內心情感的能力，我們稱其為「共情」能力。

程英成年後，她具備的這兩種能力在書中經常有所呈現。她能共情到別人內心的感受並安慰對方。當小龍女於絕情谷不告而別時，眼看楊過處在狂怒爆發的邊緣，眾人都不敢上前勸阻，連一向足智多謀的黃蓉也無計可施，只有程英一人能夠上前安撫楊過的情緒並給出中肯的建議。這樣的場景在書中出現了多次，連楊過自己也說，除了相依為命的小龍女，程英是他最信任的人。程英調和情緒的能力在書中也是首屈一指，面對郭芙的刁蠻任性以及言語相激，程英不卑不亢，分寸拿捏有度，連黃蓉也感受到

了她內在的力量，喝斥任性的女兒，以免得罪程英。絕情谷程英初見小龍女，與楊過結拜兄妹，以及楊過不告而別，從這些情節中，讀者能夠感受到程英內心愛而不得的痛苦，但她的表現是克制的，沒有像陸無雙那般慟哭，而是先默默流淚處理自己的哀傷，然後再安慰表妹。這是她出色的精神調和能力的表現。

　　精神調和能力首先表現在忍受心理痛苦方面。心理學界有種說法，理想情況下，適合接受精神分析／動力取向心理治療與諮商的來訪者最好能夠具備三個條件，其中之一就是具備忍受心理痛苦的能力。這種能力對於心理的治療和人格層面的修復至關重要。因為當主體具備忍受痛苦情緒的能力時，就可以冷靜下來而非立刻採取行動去抵抗、消解、置換內心的不舒服。於是主體就有了時間去涵容內心的不適感。在涵容的過程中，主體內心的空間就有機會納入感受之外的「意」的部分，進而擺脫感受的控制，生發出「識」、「見」、「知」等理性洞察。於是空間和時間都打開了，心理的這個容器就有機會得到修復，而這個修復過程的重要因素就是使用精神調和能力，這個能力是可以透過心理治療或諮商獲得的。

　　共情能力也是人成長過程中非常重要的能力，它代表了一種人生的擴展性，它有「受」的屬性，也暗含「知」的屬性。共情能力與精神調和能力是密不可分，互相協調的。程英的這兩種能力較為突出，這也許是她在遭受重大創傷後，人格方面依然能保持一定完整性的重要原因。至於程英是如何具備這兩種能力的，也許緣於她早年和父母的良好關係，和收養她的姨父姨母的良好關係，以及與陸無雙的孿生鏡映關係，與黃藥師的師徒關係……程英在這些好的關係中不斷完成投射與內化，或許還有其他我們也不知道的因素，讓她最終長成如空谷幽蘭般的存在。

成長篇

周芷若：不需要愛情

　　周芷若是《倚天屠龍記》的女主角之一（另一位是趙敏），唯一和男主角張無忌有一紙婚約並被天下群雄認可的教主夫人（張無忌和趙敏是私奔）。對於周芷若這個人，有讀者愛，有讀者恨，有讀者憐，有讀者嘆，之所以有爭議，是因其人其事有很多值得分析探討之處。

早年生活對周芷若性格的影響

　　周芷若第一次出場是在張三豐帶求醫無果的張無忌回武當過漢水時，恰巧救下被元軍追殺的明教教徒常遇春，常遇春的船伕——周芷若的父親被元軍射死，周芷若成了孤兒。當時她十歲，雖是船家貧女但容貌秀麗，楚楚可憐，是個美人胚子，先天的硬體不錯。張無忌深受寒毒所擾寢食難安，周芷若主動照顧餵飯，又剔魚刺又用菜汁拌飯，還善於勸說，小無忌一口一口吃得香甜，張三豐看著也歡喜。周芷若小小年紀就有些心機，頗懂得照顧人，對於剛失去母親的張無忌而言，這次溫柔的邂逅一直珍藏在他心中，就如周芷若塞在他衣襟裡的那塊手帕始終帶在身上，那年張無忌十二歲。

　　隨後，常遇春為報張三豐救命之恩，帶張無忌去蝴蝶谷找明教神醫胡青牛治病，周芷若便隨張三豐上了武當。她畢竟是個女孩子，留在山上多有不便，於是張三豐寫了封信，把周芷若推薦給滅絕師太做了峨嵋弟子。周芷若原本就是個聰慧的孩子，在峨嵋的學習生活應該是很努力的，進步

周芷若：不需要愛情

也快。因此，她作為一個入門很晚的年輕小師妹，在光明頂一役中的表現，無論是武藝還是才智都遠超同門，深得滅絕師太的喜愛。

書中有個情節：周芷若奉命不得已與殷離交手受了一掌，表情痛苦，張無忌擔心之情溢於言表。後來殷離告訴張無忌，是周芷若故意露了個破綻，並且用內功彈開了自己的手掌，自己的手掌都震得生疼。這裡寫出了周芷若的心思縝密，行事謹慎，不隨便得罪沒有必要得罪的人。並且把自己的真實實力藏得很深，表現得柔柔弱弱，在大師姐丁敏君的面前故意表現自己武功低微，讓善妒的大師姐放下戒心。由此可以想見，周芷若在峨嵋的生活是壓抑的，不快樂的，師姐妹之間充滿隔閡和不信任，小心謹慎是存活之道。如此謹慎是為了在團體中生存下去，光明頂上周芷若刺張無忌的那一劍也是為此。

周芷若望向師父，只見她神色漠然，既非許可，亦非不準，一剎那間心中轉過了無數念頭：「今日局面已然尷尬無比，張公子如此待我，師父必當我和他私有情弊，從此我便成了峨嵋派的棄徒，成為武林中所不齒的叛逆。大地茫茫，教我到何處去覓歸宿之地？……」忽聽得滅絕師太厲聲喝道：「芷若，一劍將他殺了！」

……

迷迷糊糊之中手腕微側，長劍略偏，嗤的一聲輕響，倚天劍已從張無忌右胸透入。（《倚天屠龍記》第二十二回）

對周芷若來說，峨嵋派弟子是個不能拋棄的身分，因為除此之外她一無所有。當然，也是這一劍奠定了周芷若在滅絕師太心中的分量，至此，峨嵋派掌門繼承人的位子基本上確定了。周芷若是船家女兒，自小都生活在船上，她的生活環境從精神分析的角度來看，是很有象徵意義的。相對於陸地，船充滿飄泊感、不確定感、不安全感，缺少一種堅實感。父親死

141

後，周芷若輾轉武當，直到入了峨嵋才穩定下來，所以後來我們看到，周芷若一直在追尋可以讓自己有確定感、安全感的東西，比如依靠、身分、名分。

周芷若對張無忌的愛帶著更多現實性

再看周芷若和張無忌的感情，她之所以會愛上張無忌，一方面是無忌處處維護她，讓她感受到被關心、被掛念、被照顧，這是自父親死後很多年都未曾體驗過的。滅絕師太是個嚴苛的人，不假辭色；同門師姐妹亦沒有互相關懷，只有互相爭鬥。另一方面，周芷若在張無忌最顛峰的時刻再次與他相遇，張無忌力敵六大門派，挽狂瀾於既倒，一舉成為明教教主。與之相愛，進而嫁給他成為教主夫人，甚至可能擁有更高的身分，這個身分的光環是個巨大誘惑。

韓林兒拍手道：「那時候啊，教主做了皇帝，周姑娘做了皇后娘娘，楊左使和彭大師便是左右丞相，那才教好呢！」周芷若雙頰暈紅，含羞低頭，但眉梢眼角間顯得不勝歡喜。

張無忌連連搖手，道：「韓兄弟，這話不可再說。本教只圖拯救天下百姓於水火之中，功成身退，不貪富貴，那才是光明磊落的大丈夫。」彭瑩玉道：「教主胸襟固非常人所及，只不過到了那時候，黃袍加身，你想推也推不掉的。當年陳橋兵變之時，趙匡胤何嘗想做皇帝呢？」張無忌只道：「不可，不可！我若有非分之想，教我天誅地滅，不得好死。」

周芷若聽他說得決絕，臉色微變，眼望窗外，不再言語了。（《倚天屠龍記》第三十四回）

周芷若：不需要愛情

可以看出，周芷若對張無忌的這段感情中，包含很多理性、權衡的部分，兩人的親密舉動也很克制，甚至有種了無生趣之感。再看張無忌和趙敏的相遇，幾乎每一次都充滿費洛蒙的味道。在綠柳莊的機關密室中，趙敏的雙腳被張無忌「摸」了一遍又一遍；密探萬安寺時，張無忌還未看到郡主的臉，只見到錦緞矮几上穿著繡鞋的一雙腳，便心中一動，忍不住面紅耳赤，心跳加劇；丐幫大會與趙敏藏在鼓中，看到她柔情的眼神，不禁胸口一熱，抱著她的雙臂緊了一緊，便想往她櫻唇上吻去；夜宿山洞，鼻中聞到她身上陣陣幽香，只見她雙頰暈紅，便想湊過嘴去一吻。身體不會欺騙人，張無忌到底喜歡周芷若還是趙敏更多些，自然不用多說了。所以當趙敏出現在濠州城婚禮現場時，張無忌最終還是跟著她跑了，與其說是因為張無忌答應趙敏的三個許諾，抑或為了救出義父金毛獅王謝遜，不如說張無忌無意識裡一直在等一個逃婚的機會。

在和情敵爭奪張無忌的過程中，周芷若敗給趙敏一點也不冤，趙敏對張無忌一見傾心之後，便不顧一切為他付出。送黑玉斷續膏給張無忌，醫好他師伯俞岱巖與師叔殷梨亭的重傷；張無忌在靈蛇島上遇險，趙敏使出同歸於盡的三招，拚命護住情郎；當二人在山洞中發現莫聲谷的屍體，趙敏拚命抵擋武當三俠，哪怕被誤會成凶手也要爭取時間幫無忌擺脫嫌疑；在張無忌力敵十二番僧又中了玄冥二老兩掌，性命危在旦夕之時，趙敏撲倒在張無忌身上，以性命相求父親放他一馬；最後趙敏義無反顧地放棄了郡主的身分，拋棄了榮華富貴，離開了手下群雄，一無所有地跟隨張無忌。這正如王菲在〈我願意〉中所唱的：「願意為你，我願意為你，我願意為你放棄我姓名（身分）。」

但是這些都是周芷若無法放棄的。趙敏能放棄一切是因為她從出生起

成長篇

就擁有這些，從小到大什麼都不缺，只缺一個情郎而已。而對於自小成為孤兒，寄人籬下，靠自己的聰慧、勤奮、忍辱負重，一步步走到峨嵋派掌門位置，眼看就要成為教主夫人的周芷若來說，辛苦得到的一切是萬萬放不下的。她不像郡主那般有雄厚的背景可以依靠，她的內心就如漢水上的那葉扁舟般搖曳不定。而性格優柔寡斷，又與多位女子有感情糾纏的張無忌，無法給予本就處處小心謹慎的周芷若足夠的安全感。因此，周芷若又怎敢將自己的全部託付給他？

不需要愛情的周芷若

濠州婚變是周芷若人生的一個轉捩點，按照網路流行語的說法，之後，周芷若就徹底「黑化」了。在周芷若與張無忌拜堂的當下，趙敏一襲青衣獨自前來奪愛。當和趙敏有交情的光明右使范遙勸道：「郡主，世上不如意事十居八九，既已如此，也是勉強不來了。」趙敏霸氣地回應了那句：「我偏要勉強。」不知道有多少人因為這一句成了趙敏的粉絲——極富自信和確定感，充滿力量的表達！張無忌不曾如此豪氣，周芷若更難望其項背。趙敏的這份自信勾起了周芷若內心深處的自卑，周芷若一生都在透過自身不懈的努力來抵抗這種自卑感，雖然用九陰白骨爪重創了情敵，但最後張無忌還是拋下她跟郡主「私奔」了。婚變的打擊是巨大的，徹底斷了周芷若內心希望找個讓自己安心依戀之人的想法。

既然找不到可以依戀的人，那就讓自己變得更強大，我自己依靠自己，讓別人來依戀我，這樣就不會害怕再被拋棄了。於是，周芷若與一直迷戀她的宋青書結成掛名夫妻，感情的主導權便牢牢掌控在自己手中。她之後變得行事狠毒，處處制敵於死路，暗算趙敏、殺杜百當、易三娘、屠

獅大會重傷張無忌，加害謝遜……種種做法不免讓人聯想到滅絕師太。早年滅絕師太暗戀的師兄孤鴻子被明教光明左使楊逍氣死，象徵愛的客體消失，只剩下了恨——對明教的恨（殘殺明教教徒），對愛情的恨（親手殺了愛上楊逍的弟子紀曉芙，逼周芷若發誓不得愛上張無忌）。滅絕師太為了復興峨嵋派，不惜逼周芷若發毒誓，甚至用自殺的方式讓周芷若內心產生愧疚感。芷若從小拜滅絕師太為師，一步步受到師父的器重，一定也慢慢認同了滅絕師太的部分性格並內化到自體中。周芷若本身就是個有心計的人，再加上遭遇情感背叛，自然更是向師父認同，所以婚變之後周芷若的表現與滅絕師太如出一轍。

但周芷若畢竟還不是滅絕師太，當楊過的後人黃衫女子出現並輕鬆擊敗她的九陰白骨爪後，她頹然喪氣；當殷離再出現時，她又驚又懼，儼然退行到一個孩子的狀態。周芷若從小就是一個可憐的孩子。可憐的孩子長大後需要更多的安全感和抱持涵容的態度，在親密關係中，如果運氣好遇到對的人，創傷也許會被慢慢修復，但是大多數情況下，其無意識中的創傷會驅使他們選擇讓自己再次受傷的人，此為無明。心理諮商可以幫助個體減少無明的束縛，看待問題更通透一些，生活也就會更自由一些。

成長篇

虛竹：天才白痴夢

　　虛竹是《天龍八部》中三位男主角之一，繼段譽、蕭峰之後最後一個出場。對於虛竹這個人物的印象，不少讀者可能會聯想到網路爽文「開掛」男主，從書中虛竹的經歷來看，其運氣之好的確異乎尋常。但如果僅從這個角度看待虛竹，未免流於表面，容易忽略金庸先生塑造這個人物的目的，以及虛竹內心的衝突與掙扎。

　　《天龍八部》這部小說，如其名，其故事背後所要表達的思想是關於佛教、佛學的。佛教認為，世間一切皆如夢幻泡影，人生本苦，唯有自度。書中出現的人物之多令人眼花撩亂，但無論是主要人物還是次要人物，無一不是內心充滿苦痛，無一人活得自在，離幸福生活更是相去甚遠。哪怕是虛竹繼承的逍遙派，從無崖子到天山童姥、李秋水、丁春秋等一眾人，雖然其武學已達一流宗師境界，但活得既不逍遙，也不灑脫，終日生活在擔驚受怕、嫉妒憤恨中。

　　佛教對於人世間的悲苦給出的藥方是斷「貪、嗔、痴」三毒。《天龍八部》這部小說也是圍繞此主旨展開的故事。小說眾多人物個性也對應了「貪、嗔、痴」。比如蕭峰父子的「嗔恨」之心，鳩摩智、慕容父子「貪戀」武學或權力，以及段譽和虛竹身上明顯的「痴」。下面筆者僅從心理學和精神分析的視角來談談虛竹的內在心理世界，試圖去理解他的痴愚。

虛竹：天才白痴夢

虛竹「痴」的體現

在小說中，虛竹的痴愚在他第一次出場時就表現得淋漓盡致。

這僧人二十五六歲年紀，濃眉大眼，一個大大的鼻子扁平下塌，容貌頗為醜陋，僧袍上打了許多補釘，卻甚是乾淨。他等那三人喝罷，這才走近清水缸，用瓦碗舀了一碗水，雙手捧住，雙目低垂，恭恭敬敬地說偈道：「佛觀一缽水，八萬四千蟲，若不持此咒，如食眾生肉。」唸咒道：「唵縛悉波羅摩尼莎訶。」念罷，端起碗來，就口喝水。

那黑衣人看得奇怪，問道：「小師父，你嘰哩咕嚕念什麼咒？」那僧人道：「小僧唸的是飲水咒。佛說每一碗水中，有八萬四千條小蟲，出家人戒殺，因此要念了飲水咒，這才喝得。」黑衣人哈哈大笑，說道：「這水乾淨得很，一條蟲子也沒有，小師父真會說笑。」那僧人道：「施主有所不知。我輩凡夫看來，水中自然無蟲，但我佛以天眼看水，卻看到水中小蟲成千上萬。」黑衣人笑問：「你念了飲水咒之後，將八萬四千條小蟲喝入肚中，那些小蟲便不死了？」那僧人躊躇道：「這……這個……師父倒沒教過。多半小蟲便不死了。」那黃衣人插口道：「非也，非也！小蟲還是要死的，只不過小師父唸咒之後，八萬四千條小蟲通統往生西天極樂世界，小師父喝一碗水，超度了八萬四千名眾生。功德無量，功德無量！」那僧人不知他所說是真是假，雙手捧著那碗水呆呆出神，喃喃地道：「一舉超度八萬四千條性命？小僧萬萬沒這麼大的法力。」（《天龍八部》第二十九回）

虛竹在小說中的第一次出場，也是他第一次出少林寺，是因寺中人手不夠，才派他行走江湖去分發英雄大會的帖子。虛竹一開始留給讀者的印象一是醜，二是呆傻，如果不是繼續讀下去，很難猜到這個人物會是書中的三大主角之一。

成長篇

　　虛竹的痴愚幾乎貫穿了整部小說，先是被阿紫騙，吃葷腥破了戒；後又被天山童姥騙，破了色戒；甚至其一身上乘的內功與武學都是被強行施加於身或被瞞騙設計而練成的。虛竹的一生更多是被命運和造化帶著走，被身邊的人催促著、半推半就地向前進，雖也曾掙扎抗拒過，但最終還是妥協了。

　　當一個人在現實中總是不能按照自己的意願或者欲望行事，那麼我們可以認為，他在心理層面上的自我功能是不足的。在佛洛伊德看來，「自我」是心理結構中為解決衝突與矛盾的現實部分。而在拉岡的精神分析理論中，自我被進一步指出是一種功能，是在現實世界（象徵界）的規則體系中使主體存在的能力。

　　虛竹躊躇道：「少林派是我出身之地，蕭峰是我義兄，一者於我有恩，一者於我有義。我……我……我只好兩不相助。只不過……只不過……師叔祖，我勸你放我蕭大哥去罷，我勸他不來攻打大宋便是。」

　　玄寂心道：「你枉自武功高強，又為一派之主，說出話來卻似三歲小兒一般。」說道：「『師叔祖』三字，虛竹先生此後再也休提。」虛竹道：「是，是，這我可忘了。」（《天龍八部》第四十三回）

　　一個人的痴愚，最主要的表現是其言談舉止與現實世界格格不入，且不自知。竹子是中空的，「虛竹」這個名字也暗示了他內在自體的虛弱以及自我功能的不足，對現實世界的規則懵懂無知，因此他在小說中不僅鬧出了不少笑話，還被騙來騙去。

虛竹：天才白痴夢

「無我」的位置

虛竹命運的轉折始於他解開無崖子擺下的珍瓏棋局。

> 虛竹慈悲之心大動，心知要解段延慶的魔障，須從棋局入手，只是棋藝低淺，要說解開這局複雜無比的棋中難題，當真是想也不敢想，眼見段延慶雙目呆呆地凝視棋局，危機生於頃刻，突然間靈機一動：「我解不開棋局，但搗亂一番，卻是容易，只須他心神一分，便有救了。既無棋局，何來勝敗？」便道：「我來解這棋局。」快步走上前去，從棋盒中取過一枚白子，閉了眼睛，隨手放在棋局之上。
>
> 他雙眼還沒睜開，只聽得蘇星河怒聲斥道：「胡鬧，胡鬧，你自填一氣，自己殺死一塊白棋，哪有這等下棋的法子？」虛竹睜眼一看，不禁滿臉通紅。
>
> 原來自己閉著眼睛瞎放一子，竟放在一塊已被黑棋圍得密不通風的白棋之中。這大塊白棋本來尚有一氣，雖然黑棋隨時可將之吃淨，但只要對方一時無暇去吃，總還有一線生機，苦苦掙扎，全憑於此。現下他自己將自己的白棋吃了，棋道之中，從無這等自殺的行徑。這白棋一死，白方眼看是全軍覆沒了。（《天龍八部》第三十一回）

虛竹的一念慈悲促使他出手救了段延慶一命，而正是這巧合的「神之一手」竟意外地破了珍瓏棋局，虛竹最終成了逍遙派傳人，得了無崖子近百年的功力。當然可以從善惡有報的角度去看待虛竹的行為，但也不影響從心理角度來分析一下。

蘇星河為了替師父無崖子尋傳人清理叛徒丁春秋而擺下珍瓏棋局。該棋局的巧妙之處在於會引發入局之人內心深處的欲望和恐懼，並且會放大這些情緒甚至使入局之人產生幻覺，由此引發更為劇烈的情感波動並影響

其精神結構。繼段譽、慕容覆在珍瓏棋局中敗下陣後，段延慶也陷入棋局引發的有關早年喪失經歷帶來的痛苦情緒中，並在一旁丁春秋催眠助攻下決意自戕。周圍一眾人，除了虛竹無一願出言或出手相助。究其原因，有人畏懼丁春秋的手段；也有人希望世間少一位與自己匹敵的高手；還有人幸災樂禍；更有不少名門正派認為四大惡人之首的段延慶死不足惜。除了虛竹，其他人的決定都出於自身考慮，出於關係考慮，出於現實考慮。只有虛竹的決定和這些都沒有關係，他與段延慶在此之前沒有任何交集，甚至沒聽過段延慶的名字。這一刻，虛竹不是處於「我」的位置去行動，而是在「無我」的位置救下這個與己無關的人。

虛竹「無我」的位置，來自兒時映像階段的自我認同。

虛竹大吃一驚，他雙股之上確是各有九點香疤。他自幼便是如此，從來不知來歷，也羞於向同儕啟齒，有時沐浴之際見到，還道自己與佛門有緣，天然生就，因而更堅了嚮慕佛法之心。（《天龍八部》第四十二回）

當虛竹還是嬰兒之時，他就被心懷復仇之心的蕭遠山從其母親葉二娘懷中奪走，扔在少林寺門口，被寺中僧人收養長大。因此，虛竹的幼兒階段是在寺廟裡度過的，周圍的客體（包括想像的）基本全部是信奉佛法的僧人或與之相關的事物。

映像階段是幼兒成長過程中非常重要的一個階段，映像是一個比喻，幼兒透過客體的回饋來認知自己、體驗自己，這種回饋包括客體的語言、表情、態度、行為等，這個長久反覆的認知和體驗過程就像在鏡子中看到自己。在映像階段，幼兒慢慢建立了對自己的認知和體驗，完成了最早期也是最根深蒂固的自我認知，即哲學上說的「我是誰」，並由此產生了理想自我，這個過程被稱為主體的第一次異化。虛竹在「無我」位置上解救

虛竹：天才白痴夢

段延慶的「神之一手」，就是映像階段產生的理想自我的行為。這個理想自我在後來也同樣促使虛竹不顧一切地救了天山童姥這個在無數人心中既可怕又可恨的魔頭。

「有我」帶來的痛苦

不少讀者非常羨慕虛竹的奇遇，其人生如被幸運女神眷顧一般。從一個武功低微、長相醜陋的少林寺小和尚，機緣巧合之下破解了珍瓏棋局成為逍遙派掌門傳人。他被無崖子強行灌注了百年功力，又被天山童姥威逼練逍遙派武功，歷經各種奇遇之後，最終集天山六陽掌、天山折梅手、生死符、無相神功等於一身，成為逍遙派掌門，飄渺峰靈鷲宮主人，統領三十六洞和七十二島；還得了蕭峰臨終傳的降龍十八掌和打狗棒法，作為丐幫兩大神功的傳人，是復興丐幫的恩人，武學上亦可稱書中第一。不僅如此，虛竹還娶了西夏公主，可謂愛情事業雙豐收。

人生如此，可謂羨煞旁人。可是在小說中，虛竹並不快樂，更與所謂的幸福相去甚遠。白白得了無崖子畢生功力成為逍遙派掌門並不快樂；成為武林中誰也不能忽視的宗師級高手也不快樂；成為飄渺峰靈鷲宮的主人統領群雄依舊不快樂。

虛竹的不快樂，源於上述這些與其理想自我的衝突。雖然理想自我在人的一生中會不斷修正，但最早期建立的部分是很難被修改或替換的。所以我們會在小說中看到，哪怕虛竹得了舉世無雙的內功，成了一派掌門，依舊心心念念要回少林寺，依舊自稱「小僧」改不了口。當上了靈鷲宮主人後，整日被梅蘭竹菊四姝精心服侍，還是穿上已經破了的僧袍下山跑回少林寺，並甘願領罰，在菜園中抬糞種菜，被惡僧責打也甘之如飴。

成長篇

　　海德格提出，每個人都是未經協商而被拋入這個世界的。這是人不得不面對的悲劇，一個人心理的成長就是在不斷地觸及和適應這個被拋入的世界。人的心理發展在經過映像階段的想像界之後需要繼續發展，進入充滿符號規則的象徵界，象徵界即通常說的現實世界。寺廟並不是真正的象徵界，因為它有封閉的環境和想像的特質。但它也不是一個純粹的想像界，它也有戒律，也有規則。所以寺廟更像是一個想像界與象徵界交會的地方。

　　正因為寺廟的這種特質，不少人會在受挫後選擇遁入空門，這是一種主體在象徵界不適應後的撤退行為。當然也會看到一些高僧在寺中修行多年之後，進入紅塵雲遊四方進行弘法的事業，這是勇敢地從想像界投入到象徵界，以此來完善內心。

　　虛竹在小說中第一次出場，也是第一次出寺踏入象徵界，這對他是一種挑戰，他的痴愚表現說明他的心理發展程度更多還在想像界。他與這個現實世界格格不入，也就無法自如地在現實世界生活，更談不上享受快樂，他的快樂需要在想像界才能獲得。這也是為什麼他最終與西夏公主李清露結為夫婦，李清露的出身與成長環境決定了她與虛竹在心理層面上相似，同樣更多處於想像界（比虛竹更靠近象徵界一點，因此後來她在與虛竹的關係中更占主導性）。她的名字清露和虛竹之名也很般配，他們兩個在黑暗的冰窖中相遇與結合，互相稱呼彼此夢郎、夢姑，最後在現實中也是憑藉這個如夢似幻的暗號才得以相認。這故事本身也有想像界的味道。

　　映像階段是人一生心理發展過程中非常重要的一個階段，它促成一個人理想自我的建立，但也讓人被想像（或幻想）羈絆。如果人的心理不能繼續大部分進入現實世界（象徵階段）去發展，而是固著在想像界的映像階段，就會對現實規則無知，無法在象徵界即現實世界中自如生活，表現得便如虛竹一般痴愚、不快樂。

蕭峰：不必在乎我是誰

如果要論金庸武俠世界中誰是第一英雄，可能各有看法，但要論最具悲劇色彩的英雄，那一定首推《天龍八部》中的蕭峰。蕭峰是真正的理想英雄，千軍萬馬中取上將首級如探囊取物；作為丐幫幫主，將天下第一大幫治理得井井有條；杏子林事變中，有勇有謀，臨危不亂，憑一己之力連敲帶打，平定叛亂，賞罰分明又寬宏大量。可以說三十五歲前的蕭峰是個萬人敬仰的大英雄，具備仁義禮智信的完美品格，是幾乎沒有缺點的武林領袖。

喪失身分的悲劇

蕭峰的悲劇始於杏子林事件，全冠清、馬夫人等人密謀誣陷作亂。雖然很快被平息，但這個事件牽出一個驚天祕密，一個關於蕭峰身世的祕密，即喬幫主姓蕭不姓喬，不是漢人的大英雄，而是契丹後裔——當時的時代背景下，雙方是勢不兩立的。

喬峰自幼父母對他慈愛撫育，及後得少林僧玄苦大師授藝，再拜丐幫汪幫主為師，行走江湖，雖然多歷艱險，但師父朋友，無不對他赤心相待。這兩天中，卻是天地間鬥起風波，一向威名赫赫、至誠仁義的幫主，竟給人認作是賣國害民、無恥無信的小人。他任由坐騎信步而行，心中混亂已極。（《天龍八部》第十八回）

成長篇

蕭峰首先面對的痛苦是自己乃契丹人這個真相。這個真相之所以難以面對，是因為它激發了蕭峰內心的羞恥感。羞恥感是隱藏在很多情緒之下更深的感受，因為它會強烈影響自體的穩定性，破壞自體的凝聚性，造成自體的震盪，因此它會隱藏在很多情緒之下，讓人免於觸及以防陷入自體崩解的巨大痛苦中。面對羞恥感帶來的巨大的情緒破壞力，自體為了維持正常運轉，一定會啟動防禦模式來保護自己，最常見的方法是否認和逃避。因此，杏子林事件最後蕭峰面對丐幫幫眾，面對天下群雄，面對兄弟好友，當眾宣布自己不再擔任丐幫幫主，交出打狗棒，孤身而去。

喪失身分之後的心理防禦

杏子林事件的後果就是蕭峰失去了一系列身分——丐幫幫主的身分，漢人的身分，大英雄的身分等等，以及與這些身分相關聯的各種關係。喪失常常會引發一系列躁狂性的修補行為，會讓人持續停留在偏執——分裂位態。這也導致了蕭峰之後做出的一系列行為——想方設法地追查帶頭大哥身分，試圖找出這個想像中加害自己的客體以證清白，幻想著恢復自己失去的身分。

喬峰自知重傷之餘，再也無法殺出重圍，當即端立不動。一霎時間，心中轉過了無數念頭：「我到底是契丹還是漢人？害死我父母和師父的那人是誰？我一生多行仁義，今天卻如何無緣無故地傷害這許多英俠？我一意孤行地要救阿朱，卻枉自送了性命，豈非愚不可及，為天下英雄所笑？」（《天龍八部》第十九回）

蕭峰為救阿朱前往聚賢莊求神醫薛慕華為其療傷，是將躁狂性修補行為推向了高潮。蕭峰是因為愛阿朱而隻身犯險嗎？當然不是。阿朱易容假

扮蕭峰闖少林，盜《易筋經》被識破，並陷蕭峰於弒師的嫌疑中。蕭峰誤傷阿朱而為之負責，沒有在江湖追殺下棄她而去，一方面是出於憐憫之心，另一方面和他自己希望抓住機會進行修補行為以重獲身分的無意識有關。他不顧個人安危搭救他人的做法，在漢人文化中是仁德、俠義的行為，在漢族價值觀裡是被推崇和歌頌的。蕭峰的無意識希望這些被看到，被認可，最終重獲群體接納。然而在聚賢莊，昔日的兄弟、好友，乃至不相識不相干的人都視他為禽獸，都要置他於死地。他體驗到的不是被理解、被同情，而是被排斥、被羞辱，在一個殘忍無情、毫無共鳴的環境下，引發的必然是自戀性暴怒，於是蕭峰違背了之前發過的「此生不殺漢人」誓言，血洗聚賢莊就不足為奇了。

再獲新身分

　　阿朱道：「喬大爺，你好！」她向喬峰凝視片刻，突然之間，縱身撲入他的懷中，哭道：「喬大爺，我……我在這裡已等了你五日五夜，我只怕你不能來。你……你果然來了，謝謝老天爺保佑，你終於安好無恙。」

　　她這幾句話說得斷斷續續，但話中充滿了喜悅安慰之情，喬峰一聽便知她對自己不勝關懷，心中一動，問道：「你怎在這裡等了我五日五夜？你……你怎知我會到這裡來？」

　　阿朱慢慢抬起頭來，忽然想到自己是伏在一個男子的懷中，臉上一紅，退開兩步，再想起適才自己的情不自禁，更是滿臉飛紅，突然間反身疾奔，轉到了樹後。

　　……

　　阿朱和所有漢人一般，本來也是痛恨契丹人入骨，但喬峰在她心中，乃是天神一般的人物，別說他只是契丹人，便是魔鬼猛獸，她也不願離之

成長篇

而去，心想：「他這時心中難受，須得對他好好勸解寬慰。」柔聲道：「漢人中有好人壞人，契丹人中，自然也有好人壞人。喬大爺，你別把這種事放在心上。阿朱的性命是你救的，你是漢人也好，是契丹人也好，對我全無分別。」（《天龍八部》第二十回）

雁門關外，亂石灘上，蕭遠山跳崖處，蕭峰再遇阿朱。對蕭峰來說，當他被全世界拋棄，纍纍如喪家之犬時，還有一個人發自真心地惦記著他，關心著他，這種體驗是極為震撼的，是極大的自戀滿足。即：當我一無所有，一無是處之時，有一個人還愛著我，把我當作人來看待，這個時刻自體被深刻地共情、鏡映，這是極大的心理滿足。與其說蕭峰深愛著阿朱，不如說從此刻起，阿朱之於蕭峰便是生命中最重要的客體，無法被替代的客體。因為阿朱這個客體的存在，蕭峰才能夠在創傷之後重新體驗到自己是個人，是值得被愛的，是真實存在的。所以，當阿朱死在蕭峰懷中時，可以想像，這個如此重要客體的喪失，對蕭峰來說是如何地痛徹心腑。阿朱是一道光，在這黑暗的世界裡唯一能夠共情蕭峰、讓其體驗為人的光。阿朱的離去讓蕭峰重歸於黑暗世界，再一次體驗被全世界拋棄的痛苦感受。

一霎時之間，喬峰終於千真萬確地知道，自己確是契丹人。這胸口的狼頭定是他們部族的記號，想是從小便人人刺上。他自來痛心疾首地憎恨契丹人，知道他們暴虐卑鄙，不守信義，知道他們慣殺漢人，無惡不作，這時候卻要他不得不自認是禽獸一般的契丹人，心中實是苦惱之極。（《天龍八部》第二十回）

除了羞恥感，蕭峰更深的痛苦是「存在」的痛苦。存在，這個哲學範疇的問題，是最深刻的內心恐懼的來源。因此，這個問題在幾千年的哲學發展中不斷被討論，被解釋，以找尋解決途徑。關於存在，人是無法絕對地存在的，只能相對地存在，即必須在關係中（哪怕是想像的關係中）存

在，絕對地存在即不存在。相對地存在基於與他者的不同，由此產生的各種情緒、認知才讓人感覺到自己存在。這裡就產生了一個矛盾，一個人在群體中才能體驗到自我的存在，過於融入群體雖然會讓人感受到安全與接納，但也會因為喪失大量存在的體驗而產生非存在的焦慮；而不融入群體雖然會體驗到強烈的存在感，但又加大了被拋棄的焦慮和痛苦。

人就是在這樣一個充滿矛盾的處境中存在，這個矛盾的處境會讓人產生焦慮，焦慮是伴隨存在感最佳的注腳。只是這種焦慮必須在可控的、不至於壓垮心理的範疇內。於是，擁有一個群體中的身分，便成為在人類社會中解決生存焦慮的一個妥協卻有效的方式，身分的確定較好地解決了與彼不同以及與彼相似的存在矛盾。蕭峰的痛苦在於他失去了身分，失去了關係，存在體驗的失衡以及由此失去的生存意義。他必須加入一個新群體，並在這個新群體中獲得一個新身分，構造一段新關係才能活下去──不是生物學意義上的存活，而是社會學意義上的存在，作為人的存在。於是蕭峰認同了自己契丹人的身分，一路向北，去重新尋找存在的意義。

再次喪失身分

蕭峰熱淚盈眶，走到樹旁，伸手摩挲樹幹，見那樹比之當日與阿朱相會時已高了不少。一時間傷心欲絕，渾忘了身外之事。

……

耶律洪基回過頭來，只見蕭峰仍是一動不動地站在當地。耶律洪基冷笑一聲，朗聲道：「蕭大王，你為大宋立下如此大功，高官厚祿，指日可待。」

蕭峰大聲道：「陛下，蕭峰是契丹人，今日威迫陛下，成為契丹的大罪人，此後有何面目立於天地之間？」拾起地下的兩截斷箭，內功運處，雙臂一回，倐的一聲，插入了自己的心口。

成長篇

耶律洪基「啊」的一聲驚呼，縱馬上前幾步，但隨即又勒馬停步。段譽和虛竹只嚇得魂飛魄散，雙雙搶近，齊叫：「大哥，大哥！」卻見兩截斷箭插正了心臟，蕭峰雙目緊閉，已然氣絕。（《天龍八部》第五十回）

雁門關是宋軍防守北方契丹的重要關隘，雁門關以南是大宋，以北是大遼。蕭峰在這裡全家被襲，成為孤兒；在這裡愛上阿朱，與她憧憬新生活；也最終在此自戕而亡，結束了半生榮耀半生痛苦。表面上看，蕭峰的自戕是他作為契丹南院大王，對於脅迫遼帝耶律洪基打消伐宋行為感到愧疚，但背後有更多深層次的心理原因。蕭峰的行為站在了契丹的對立面，就如他自己所說，這使他成為契丹的罪人。這預示了他將重複杏子林發生的一幕，失去身分並被一個群體拋棄。杏子林中他被揭發為契丹人，無論過去如何有功，終被群體無情拋棄，被追殺，被非人對待。幸好還有阿朱的陪伴、共情與理解，讓他還能體驗到一絲溫暖。而此刻他的所作所為將不容於契丹，他將再一次體驗被群體拋棄帶來的痛苦體驗，而這一次已經沒有了阿朱，蕭峰如何能夠承受。

蕭峰一行人被一路追殺行至雁門關，關隘守軍以蕭峰是遼國南院大王身分為由不準眾人入關，而站在契丹的角度，蕭峰叛國潛逃，早已不是南院大王，而是個罪人。又一次身分的喪失，天大地大，竟無安身之處！此時對蕭峰來說，要麼選擇精神的死亡，保全肉身；要麼選擇肉身的死亡，讓精神永存。蕭峰這樣的英雄必選後者，歷史上無數豪傑最終都做了同樣的選擇。

蕭峰：不必在乎我是誰

「我是誰」的痛苦

　　蕭峰後半生的痛苦矛盾始終在於，不知自己應該如何存在。他是契丹孤兒，後被漢人養大，做了漢人的大英雄。又因為契丹人的身分曝光，一夜之間從萬眾敬仰到萬人唾棄。當他以為可以放棄過去漢人的身分，認同自己契丹人身分，並因為救下遼國皇帝耶律洪基，輔佐其平定叛亂而受重用，成為一人之下萬人之上的南院大王時，眼見契丹人對漢人的侵略欺壓，又引發了他內心作為漢人身分的痛苦。蕭峰的矛盾是他無法確定自己該如何存在，換句話說，他無法確定自己到底是誰。「我是誰」，是基於自體客體的體驗，這些體驗決定了如何存在，而存在的體驗又抽象和概念化了「我是誰」。

　　蕭峰的存在體驗是極為矛盾和混亂的。原以為自己是喬氏夫婦所生，後來才知道自己是被收養的。蕭峰對阿朱講述過往兒時生活，才發覺養父母對自己並不像對親生孩子那樣管教，雖然很慈愛，但其中更多有敬畏的成分；少林玄苦大師在山裡救了迷路的自己並啟蒙武學，原以為只是巧合，卻不想玄苦只是受人之託；十六歲投入丐幫門下，完成了十件不可能完成的任務才當上幫主，本以為是師父汪劍通有意多鍛鍊自己，卻還是因為自己契丹人的身分；前半生崇敬的師長，原來是屠殺自己家人，讓自己成為孤兒的凶手和仇人；苦苦追查的殺人滅口、嫁禍於自己的大惡人竟是自己的生父蕭遠山⋯⋯

　　這些矛盾、混亂的體驗導致的是自體的分裂感和痛苦，蕭峰身邊沒有人能夠共情這份痛苦。當蕭峰追問父親蕭遠山為何要殺那麼多與他有關又無辜的人時，蕭遠山也只是淡淡說道，他們從我身邊搶走了你，殺了活該。不但父親不能共情、理解蕭峰，那些丐幫故人、舊日好友，甚至結拜

成長篇

兄弟段譽、虛竹，包括深愛自己的阿紫都無法共情蕭峰的痛苦，唯一能夠共情理解自己的阿朱卻早已不在人世。

科胡特認為，共情對於一個人來說如氧氣般重要。這是一個極好的比喻，對於人來說，沒有氧氣的世界是無法存活的。共情代表著有一個客體在場，自己被深深地看見，在被看見的眼光中又反射出自己，這意味著存在。

所以，最終殺死蕭峰的是沒有共情的世界、分裂的自體客體體驗，以及對於非存在的恐懼。蕭峰的痛苦觸及了「我是誰」這個人類最核心的哲學追問，關於如何解決這個痛苦，東西方的文化給出了不同的視角與解決框架。西方文化的解決方式是建構身分，彰顯自我，是極致的個人主義道路。東方文化又是如何解決這個問題的呢？《天龍八部》裡掃地僧用神功將慕容博與蕭遠山打入假死狀態並指點、感化兩人，蕭遠山在生死之間似存在又非存在的那一刻體驗，最終讓其大徹大悟，消除了嗔恨之心帶來的痛苦。是的，東方文化給出的是一條相反的道路，除了之前所說的融入集體，另一個更具思辨性質的解決方案便是佛家的「無我」和「明心見性」。

岳不羣：男人四十

　　《笑傲江湖》描寫過眾多非常出彩的人物，其中不少角色後來被符號化、象徵化，岳不羣就是這樣一位典型人物。金庸在小說後記中也提到，1960年代《明報》連載《笑傲江湖》時，越南西貢的二十幾家報社也同時連載，影響甚廣，乃至當時越南國會辯論時，議員經常指責對方是「岳不羣」云云。

何為「君子」何為「小人」

　　岳不羣在小說中的外號叫「君子劍」，但書中不少反對、反感他的人都稱其為「偽君子」。「偽君子」就成了他鮮明的個人標籤，他和小說中另一位「真小人」左冷禪遙相呼應，是小說中反派群體的重要代表人物。金庸在描寫岳不羣時也是朝「偽君子」這個角度塑造的。「不群」之名出自《論語》：「君子矜而不爭，群而不黨。」這句話後來逐漸擴展引申為「君子群而不黨，小人黨而不群」。因此，「岳不羣」這個名字暗指了他並非真君子，而是偽君子。

　　牆角後一人縱聲大笑，一個青衫書生踱了出來，輕袍緩帶，右手搖著摺扇，神情甚是瀟灑，笑道：「木兄，多年不見，豐采如昔，可喜可賀。」木高峰眼見此人果然便是華山派掌門「君子劍」岳不羣，心中向來對他頗為忌憚，此刻自己正在出手欺壓一個武功平平的小輩，恰好給他撞見，而且出手相救，不由得有些尷尬……

成長篇

　　林平之當木高峰的手一鬆，便已跳開幾步，眼見這書生頷下五柳長鬚，面如冠玉，一臉正氣，心中景仰之情，油然而生，知道適才是他出手相救，聽得木高峰叫他為「華山派的岳兄」，心念一動：「這位神仙般的人物，莫非便是華山派掌門岳先生？只是他瞧上去不過四十來歲，年紀不像。那勞德諾是他弟子，可比他老得多了。」待聽木高峰讚他駐顏有術，登時想起：曾聽母親說過，武林中高手內功練到深處，不但能長壽不老，簡直真能返老還童，這位岳先生多半有此功夫，不禁更是欽佩。(《笑傲江湖》第五回)

　　小說中岳不群的出場是以林平之的視角描述的，不僅是林平之，相信讀者對岳不群的第一感覺也是位正派人物。他不但一副謙謙君子的相貌打扮，還不懼兩大覬覦辟邪劍法的惡人余滄海與木高峰，路見不平，出手救人。面對木高峰出言譏諷也是不卑不亢，一副大家風範，言談舉止更加深了林平之對岳不群的好感和信任。

　　在小說開頭，岳不群的確是「矜」且「不黨」的君子模樣。「矜」指君子莊重、驕傲的氣質，這一點上岳不群拿捏得很到位，從外形打扮到言談舉止都是名士派頭，沒有半分江湖人的粗鄙。至於「不黨」，面對嵩山派的步步緊逼和威脅，他既沒有妥協投降，也沒有找外援結黨對抗，全憑一己之力與之周旋。小說繼續往下發展，岳掌門「偽君子」的面貌才慢慢被揭開，原來他也是垂涎辟邪劍法的眾多武林人士之一，只是不似余滄海那樣明搶，而是暗奪。最明顯的證據就是，他明明身處陝西華山，卻偏偏安排弟子中的內奸勞德諾和女兒岳靈珊易容，遠赴萬里之外的福州城外隱藏身分開店。安排勞德諾是想借他之口讓嵩山派左冷禪得知自己有奪劍譜的企圖，逼其先出手，於是便有了與左冷禪關係不錯的青城派掌門余滄海出川。其間又恰好引發了林平之英雄救美，為搭救易容的岳靈珊，林平之失

手殺了余滄海之子,導致了之後林家的滅門慘案,最後岳不羣順理成章地出面救下身處絕境的林平之,並收其為弟子。待林平之入了華山派,岳掌門安排他與女兒岳靈珊朝夕相對,兩人暗生情愫,終於招為良婿,林家的辟邪劍譜自然遲早會被岳不羣拿到手,最後也如其所願。

對岳不羣君子之名的存疑,其實在小說一開始的劉正風被滅門事件中已有暗示。在岳不羣與劉正風的對話中,表面上岳不羣很仗義,很為劉正風著想,願意出手為劉正風去殺了曲洋。實際上,這並非君子之義,乃小人之義。欲殺一無罪之人,是為不仁;面對強權逼迫不能堅持正義,是為不義。君子可為正義之精神與理念而犧牲肉體成全靈魂;小人為形勢所迫而妥協甚至同謀獲利。岳不羣的「矜」且「不黨」不過是表面示人的君子之皮,內在則是得利而苟且的小人之實。「苟且」好聽一點的說法是明哲保身,難聽一點就是精緻的利己主義者,岳不羣就是這樣的一位偽君子。

岳不羣的創傷性經歷

岳不羣在石上坐下,緩緩地道:「二十五年之前,本門功夫本來分為正邪兩途。」

……

岳不羣道:「我在少年之時,本門氣劍兩宗之爭勝敗未決。」

……

岳不羣嘆了口氣,緩緩地道:「三十多年前,我們氣宗是少數,劍宗中的師伯、師叔占了大多數。再者,劍宗功夫易於速成,見效極快。大家都練十年,定是劍宗占上風;各練二十年,那是各擅勝場,難分上下;要到二十年之後,練氣宗功夫的才漸漸地越來越強;到得三十年時,練劍宗功夫的便再也不能望氣宗之項背了。然而要到二十餘年之後,才真正分出

成長篇

高下，這二十餘年中雙方爭鬥之烈，可想而知。」
……
　　岳不羣道：「武學要旨的根本，那也不是師兄弟比劍的小事。當年五嶽劍派爭奪盟主之位，說到人才之盛，武功之高，原以本派居首，只以本派內爭激烈，玉女峰上大比劍，死了二十幾位前輩高手，劍宗固然大敗，氣宗的高手卻也損折不少，這才將盟主之席給嵩山派奪了去。推尋禍首，實是由於氣劍之爭而起。」令狐沖等都連連點頭。
　　岳不羣道：「本派不當五嶽劍派的盟主，那也罷了；華山派威名受損，那也罷了；最關重大的，是派中師兄弟內鬨，自相殘殺。同門師兄弟本來親如骨肉，結果你殺我，我殺你，慘酷不堪。今日回思當年華山上人人自危的情景，兀自心有餘悸。」說著眼光轉向岳夫人。
　　岳夫人臉上肌肉微微一動，想是回憶起本派高手相互屠戮的往事，不自禁地害怕。
　　岳不羣緩緩解開衣衫，袒裸胸膛。岳靈珊驚呼一聲：「啊喲，爹爹，你……你……」只見他胸口橫過一條兩尺來長的傷疤。自左肩斜伸右胸，傷疤雖然癒合已久，仍作淡紅之色，想見當年受傷極重，只怕差一點便送了性命。令狐沖和岳靈珊都是自幼伴著岳不羣長大，但直到今日，才知他身上有這樣一條傷疤。岳不羣掩上衣襟，扣上鈕釦，說道：「當日玉女峰大比劍，我給本門師叔斬上了一劍，昏暈在地。他只道我已經死了，沒再加理會。倘若他隨手補上一劍，嘿嘿！」（《笑傲江湖》第九回）

　　《笑傲江湖》的故事是圍繞五嶽劍派並派一事展開的。五派中實力最強的是嵩山派，掌門左冷禪武功居首，比肩日月神教教主任我行，手下的十三太保基本上也具備掌門級別的一線實力。恆山派有「三定」；衡山派有莫大、劉正風雙璧；泰山派除了掌門天門道長，還有玉璣子、玉磬子、玉音子三位師叔。實力最不濟的就是華山派，武功最高的岳不羣在未得辟邪

劍法之前，實力和嵩山派十三太保旗鼓相當，其師妹也是妻子的寧中則比之更差一截，二代弟子中除了首徒令狐沖，其他弟子資質、武功都十分平庸，而令狐沖在未得獨孤九劍之前，武功比二流好手田伯光還差一大截。

岳不羣在思過崖上見令狐沖內功大退，痴迷招式後，自述往事，結合後來在恆山上武當派的沖虛與令狐沖談起華山二宗相爭之事，揭開了華山派是五嶽劍派中最弱一派的緣由。二十五年前華山派內部分裂，兩派決鬥導致派中高手死傷殆盡。為數不多倖存的頂級高手，如風清揚，因被氣宗設計陷害錯過比武而大為內疚，從此隱居。失敗一方的少數劍宗倖存者則被驅逐出華山，暗中投靠了嵩山派。兩派在玉女峰比劍時，岳不羣只是一位資質普通，並未得到重視的華山派青年弟子，重傷後僥倖得活。如果不是因為那場比武太過慘烈，門派中幾代高手接連殞命，大概也輪不到他成為華山派掌門。

從另一方面看，岳不羣雖然資質並非頂尖，但他在前半生中已經做出超越他能力的最好成績了。在武功方面，缺少門派高手的指導，自學一本二流武學《紫霞神功》（當任盈盈聽到令狐沖說起丟失這本華山派重要祕笈時，不自覺地流露出不以為意的態度），最後能練到掌門級別的程度，岳不羣應是勤勉有加，實屬不易。在門派建設方面，兩宗大戰之後，他沒有讓門派倒掉，也沒有被其他門派消滅吞併，實力上也能勉強在五嶽劍派中占有一席之地，岳掌門從接手一個爛攤子到漸有起色，可謂厥功至偉。在個人形象的打造方面，岳不羣雖然武功不是五嶽劍派裡最頂尖的，門派實力也不算多強，卻能博得江湖上「君子劍」的美名，想必他早年闖蕩江湖時也做了一些扶危濟困、匡扶正義的事，才博得這個清譽。

從小說的結局向前推斷，岳不羣雖然並非正人君子，但相對於左冷禪、余滄海之流，他的品行並沒有那麼低劣，也愛惜那麼多年親手編織的

羽毛，不會搞出滅門那樣赤裸裸的殘忍事件，如果不是左冷禪咄咄逼人的併派威脅，也許岳不羣還不會「黑化」得那麼快。在小說前半段中，岳不羣還是努力地在同輩、妻子、女兒、弟子面前維持君子形象，但是小說的後半段，他加速了墮落的速度。岳不羣利用林平之得到辟邪劍法之後，在少林寺眾人面前比劍時故意輸給徒弟令狐沖，讓左冷禪輕視自己，又讓內奸勞德諾盜取假劍譜給對方；嵩山併派大會上，他猝然發難，重創左冷禪奪得盟主之位；在華山思過崖密洞中，利用各派失傳的武學招式誘騙五嶽劍派好手自相殘殺，最後將他們一舉殲滅。岳不羣「黑化」後為了滿足自己不斷膨脹的權力欲望可以犧牲一切，包括自己的徒弟、女兒、妻子，甚至願意付出自宮的代價，最後妻子寧中則也在失望之中含恨自盡。

岳不羣「黑化」背後的兩個心理因素

岳不羣所謂的「黑化」，有其內在心理部分的基礎，他本身是一個自私的人，君子之名不過是掛在外面的一層裝飾。如果從精神分析角度來看，岳不羣一定屬於自戀型人格，他後期把身邊所有人作為工具利用而毫無愧意，就是自戀型人格障礙的鮮明特點，樹立君子形象只是他維持自戀感的方式。自戀型人格在人群中占比是非常高的，它其實屬於正常人格，並不是病態的，而如果演變成自戀型人格障礙，甚至自戀型行為障礙就是病態的了。岳不羣的「黑化」就是病態部分迅速演化的過程。

那麼又是什麼原因激發了岳不羣內在人格的病態部分，並迅速發展而最終導致了他的毀滅？從心理諮商與治療的視角分析，突然的轉變一定至少有一個背景性情境和一個誘發事件。在小說中，這個誘發事件是岳不羣帶領華山派眾人前往福州避禍途中夜宿藥王廟，被左冷禪派來的嵩山派高

手與黑道人物以及華山派被逐氣宗弟子圍攻。這一戰相當慘烈，華山派差點全軍覆沒。岳不羣眼見眾多弟子當場被殺、被俘，妻子寧中則差點受辱，而自己被繳械受困卻無能為力，最後依靠身受內傷、喪失內力的令狐沖出手，使出獨孤九劍重創對手才得以活命。這個接近死亡的事件帶來的內心衝擊，不亞於二十五年前，還是青年的岳不羣被同門師叔砍了一劍差點殞命的那段恐怖經歷。此次事件重新喚起了他早年的創傷性經歷。當岳不羣訴說這件往事時，妻子寧中則臉上肌肉不自禁的抽動，暗示了這個創傷不僅僅是岳不羣的個人創傷，還是整個華山派不能言說的集體創傷。岳不羣早年那麼勤奮與努力，並因此登上華山掌門之位，也許在無意識中就是為了對抗或者治癒這個內心創傷。左冷禪發動的五嶽併派計畫引發的血腥危機，突然揭開了這個曾經的創傷，讓它赤裸裸地重新呈現在岳不羣面前，使他無處可躲。

按照精神分析學家艾瑞克森提出的人生八大階段劃分，第二次創傷事件發生時，岳不羣處在「繁殖或停滯」的人生衝突期。此時的岳不羣已是人過中年，身體、精力處於頂峰之後的逐漸衰退之時。雖然木高峰和林平之都覺得岳不羣駐顏有術，保養得當，但無論內功多麼精湛，身體的衰老只能延緩而不可逆轉。藥王廟慘敗除了讓岳不羣體驗到離死亡又一次那麼近，他肯定還體驗到了逐漸衰老與實力不濟的痛苦。而徒弟令狐沖的神奇劍法更是撼動了岳不羣幾十年來的武學信念，即他在思過崖上對門人所說的「氣宗雖然一開始比不過劍宗，但二十年後可勝」的斷語。

這次新的創傷性事件與人到中年的停滯與衰退的大背景相結合產生的心理問題，就是心理諮商中常說的中年危機。這也是絕大多數人都會在人生中遇到的困境，越是早年努力進取並取得一定成就的人，在這個時期越是難以承受這巨大的精神痛苦。這樣的人要平穩度過中年危機是很難的，

成長篇

他們通常會採用「否認」的防禦機制，無意識中不惜一切地繼續推動自己，希望能夠扭轉「頹勢」，再攀高峰。岳不羣就是採用這種模式，為練辟邪劍法不惜自殘身體，拋妻棄女，就是：為了重獲掌控感、能力感，對抗停滯感和對死亡的恐懼，這代價可謂巨大，用精神分析的語言講就是：為了獲取假陽具而獻祭了陰莖。岳不羣最終變得不男不女，行為乖張，聲名掃地，為整個江湖所不齒。這一切的發生與發展皆是受他內在無意識的慾望與恐懼驅使，然而善惡終有報，他的下場也是罪有應得。

黃藥師：真我的風采

　　金庸創作《碧血劍》時，因首次嘗試塑造了夏雪宜這個不同於之前非黑即白的人物而獲得無數好評，於是接下來著重筆墨刻劃了一個比較豐滿的、亦正亦邪的人物——黃藥師，也令讀者印象深刻。

　　黃藥師在「射鵰三部曲」前兩部（《射鵰英雄傳》和《神鵰俠侶》）中作為頂尖高手出場，名列五絕之一。在《射鵰英雄傳》中，黃藥師被稱為「東邪」，與西毒歐陽鋒、南帝段智興、北丐洪七公、中神通王重陽齊名。在《神鵰俠侶》中，他又與西狂楊過、北俠郭靖、南僧一燈、中頑童周伯通並駕齊驅。

眼高於頂

　　陸氏父子及江南六怪都極驚異：「此人單憑手指之力，怎麼能把石子彈得如此勁急？就是鐵胎彈弓，也不能彈出這般大聲。誰要是中了一彈，豈不是腦破胸穿？」

　　……

　　那青衣怪客左手摟住了黃蓉，右手慢慢從臉上揭下一層皮來，原來他臉上戴著一張人皮面具，是以看上去詭異古怪之極。這本來面目一露，但見他形相清癯，豐姿雋爽，蕭疏軒舉，湛然若神。黃蓉眼淚未乾，高聲歡呼，搶過了面具罩在自己臉上，縱體入懷，抱住他的脖子，又笑又跳。這青衣怪客，正是桃花島島主黃藥師。（《射鵰英雄傳》第十四回）

成長篇

　　黃藥師的出場，金庸用了「形相清癯，豐姿雋爽，蕭疏軒舉，湛然若神」這十六個字的極高評價，黃藥師給旁人的印象就是一位世外高人。他在陸家莊的第一次出場，舉手投足間也盡顯瀟灑，彈指神通一出手就震懾住在場的眾位高手。黃藥師在武藝上是一代宗師，此外還精通琴棋書畫、醫卜星相、農田水利、經濟兵法，尤擅五行術數，奇門遁甲，文才武功縱觀全書無人能出其右。

　　郭嘯天道：「這道君皇帝既然畫得一筆好畫，寫得一手好字，定是聰明得很的，只可惜他不專心做皇帝。我小時候聽爹爹說，一個人不論學文學武，只能專心做一件事，倘若東也要抓，西也要摸，到頭來定然一事無成。」

　　曲三道：「資質尋常之人，當然是這樣，可是天下盡有聰明絕頂之人，文才武學，書畫琴棋，算數韜略，以至醫卜星相，奇門五行，無一不會，無一不精！只不過你們見不著罷了。」說著抬起頭來，望著天邊一輪殘月，長嘆一聲。

　　月光映照下，郭楊二人見他眼角邊忽然滲出了幾點淚水。（《射鵰英雄傳》第一回）

　　在徒弟曲靈風心中，師父黃藥師絕對是一個不世出的天才，神仙一般的存在。曲靈風此時已經因為師兄陳玄風與師姐梅超風盜取《九陰真經》被師父遷怒打斷雙腿逐出桃花島，依然對師父如此崇拜，心中沒有絲毫怨恨，包括同樣遭遇的陸乘風和馮默風亦是如此，可見黃藥師的才情多麼令人折服。

　　黃藥師這一掌勁道不小，陸冠英肩頭被擊後站立不住，退後七八步，再是仰天一跤跌倒，但沒受絲毫損傷，怔怔地站起身來。黃藥師對陸乘風道：「你很好，沒把功夫傳他。這孩子是仙霞派門下的嗎？」

黃藥師：真我的風采

陸乘風才知師父這一提一推，是試他兒子的武功家數，忙道：「弟子不敢違了師門規矩，不得恩師允准，決不敢將恩師的功夫傳授旁人。這孩子正是拜在仙霞派枯木大師的門下。」黃藥師冷笑一聲，道：「枯木這點微末功夫，也稱什麼大師？你所學勝他百倍，打從明天起，你自己傳兒子功夫罷。仙霞派的武功，跟我們提鞋子也不配。」陸乘風大喜，忙對兒子道：「快，快謝過祖師爺的恩典。」陸冠英又向黃藥師磕了四個頭。黃藥師昂起了頭，不加理睬。（《射鵰英雄傳》第十四回）

恃才傲物、目中無人是黃藥師在《射鵰英雄傳》中比較突出的性格特徵。縱覽全書，沒有幾個人能夠入其法眼，除了勉強認可西毒歐陽鋒，他對其他與之齊名的高手，如洪七公、周伯通亦看不上，更別說武藝不如他的一眾人。

自戀特質

「原來黃夫人為了幫著丈夫，記下了經文。黃藥師以那真經只有下卷，習之有害，要設法得到上卷後才自行修習，哪知卻被陳玄風與梅超風偷了去。黃夫人為了安慰丈夫，再想把經文默寫出來。她對經文的含義本來毫不明白，當日一時硬記，默了下來，到那時卻已事隔數年，怎麼還記得起？那時她懷孕已有八月，苦苦思索了幾天幾晚，寫下了七八千字，卻都是前後不能連貫，心智耗竭，忽爾流產，生下了一個女嬰，她自己可也到了油盡燈枯之境。任憑黃藥師智計絕世，終於也救不了愛妻的性命。（《射鵰英雄傳》第十七回）

《九陰真經》的歸屬是《射鵰英雄傳》的一條貫穿始終的線索，很多故事都是圍繞它發生的。這本武功祕笈在第一次華山論劍比武時，作為獲勝者的戰利品被武功第一的王重陽獲得。這部祕笈除了記載有稱霸天下的武

學，還是一種象徵，象徵著武功天下第一的地位。對黃藥師來說，這本書有巨大的吸引力，因為他是明顯的自戀型人格。嚴重的自戀型人格的人不但自視甚高，還容易陷入與人競爭的模式中，不甘居於人下，當有人在某一方面超過他時，他一定想方設法戰勝對方，無論付出多大的代價也在所不惜。

綜上，我們就能理解黃藥師為何聯合妻子馮蘅設計誆騙周伯通，取得《九陰真經》下半部。而當徒弟陳玄風、梅超風盜走祕笈之後，妻子耗盡心智再次將此書默寫出來，最終油盡燈枯產下黃蓉後便撒手人寰，這個代價不可謂不大。但作為黃藥師的妻子，馮蘅如此聰慧，一定明白這本祕笈對於丈夫的象徵意義。勝過他人，讓自己卓越，這是自戀型人格的人在意識層面的畢生追求。

黃藥師聽來，卻似更敲實了一層，剎那間萬念俱灰。他性子本愛遷怒旁人，否則當年黑風雙煞偷他經書，何以陸乘風等人毫無過失，卻都被打斷雙腿、逐出師門？

這時候他胸中一陣冰涼，一陣沸熱，就如當日愛妻逝世時一般。但見他雙手發抖，臉上忽而雪白，忽而緋紅。人人默不作聲地望著他，心中都是充滿畏懼之意，即令是歐陽鋒，也感到惴惴不安，氣凝丹田，全神戒備，甲板上一時寂靜異常。突然聽他哈哈長笑，聲若龍吟，悠然不絕。

……

黃藥師滿腔悲憤，指天罵地，咒鬼斥神，痛責命數對他不公，命舟子將船駛往大陸，上岸後怒火愈熾，仰天大叫：「誰害死了我的蓉兒？誰害死了我的蓉兒？」忽想：「是姓郭的那小子，不錯，正是這小子，若不是他，蓉兒怎會到那船上？只是這小子已陪著蓉兒死了，我這口惡氣卻出在誰的身上？」

黃藥師：真我的風采

　　心念一動，立時想到了郭靖的師父江南六怪，叫道：「這六怪正是害我蓉兒的罪魁禍首！他們若不教那姓郭的小子武藝，他又怎能識得蓉兒？不把六怪一一地斬手斷足，難消我心頭之恨。」

　　惱怒之心激增，悲痛之情稍減，他到了市鎮，用過飯食，思索如何找尋江南六怪：「六怪武藝不高，名頭卻倒不小，想來也必有什麼過人之處，多半是詭計多端。我若登門造訪，必定見他們不著，須得黑夜之中，闖上門去，將他們六家滿門老幼良賤，殺個一乾二淨。」當下邁開大步，向北往嘉興而去。（《射鵰英雄傳》第二十二回）

　　黃藥師除了恃才傲物的性格，「遷怒於人」是他另一個顯著的行為特徵。那麼此「怒」從何處遷來？妻子馮蘅為了他的好勝心，默寫《九陰真經》耗盡心力而亡，黃藥師是否心存內疚？女兒黃蓉不願意聽從他的安排執意要與郭靖在一起，於是下落不明，是否也會激起黃藥師內疚的體驗？徒弟梅超風在他懷中死去時，他曾有一絲懷疑，自己當年是否對陳玄風與梅超風的感情太過嚴厲，導致二人盜書離島，這份懷疑背後是否也有一絲一毫的內疚？很遺憾，這種內疚的情緒體驗在黃藥師那裡是沒有的，或者說即使有也是一閃而過的，隨即化為憤怒，化為對命運不公的咒罵，對他人的怨恨。

　　缺乏內疚感是自戀性人格障礙的一個特徵，內疚是指向自身的，會讓患有人格障礙的人原本脆弱的自體更加容易崩潰，因此防禦模式會自動封鎖內疚的情感體驗，而將自己不能涵容的憤怒情緒透過投射的防禦機制，投向外界，投向其他人身上，這樣自己就會感到安全，甚至有力量。因此，黃藥師很少自我反思，從心理層面上不能有片刻反思自己產生內疚、愧疚的機會，那樣會讓自體處在危險的狀態下，所以他將更多精力放在與人競爭，戰勝對方，讓自己在各方面更出色來滿足自戀，維持自體的平衡感。

成長篇

　　黃藥師接在手中，觸手似覺包中是個人頭，打將開來，赫然是個新割下的首級，頭戴方巾，頷下有鬚，面目卻不相識。歐陽鋒笑道：「兄弟今晨西來，在一所書院歇足，聽得這腐儒在對學生講書，說什麼要做忠臣孝子，兄弟聽得厭煩，將這腐儒殺了。你我東邪西毒，可說是臭味相投了。」說罷縱聲長笑。

　　黃藥師臉上色變，說道：「我平生最敬的是忠臣孝子。」俯身抓土成坑，將那人頭埋下，恭恭敬敬地作了三個揖。歐陽鋒討了個沒趣，哈哈笑道：「黃老邪徒有虛名，原來也是個為禮法所拘之人。」黃藥師凜然道：「忠孝乃大節所在，並非禮法！」（《射鵰英雄傳》第三十四回）

　　黃藥師被世人稱為「東邪」，原因是其行事作風不合世俗禮教，有種不走尋常路的現代前衛個性風。黃藥師口中反對的「禮法」是封建社會一直以來秉持的禮儀和規則的總稱。它是一種規則，一種結構，一個系統，每個人都遵守這一套規範並以此為基礎來互動。那麼黃藥師為何要反對禮法？

　　黃蓉深悉父親性子，知他素來厭憎世俗之見，常道：「禮法豈為吾輩而設？」平素思慕晉人的率性放誕，行事但求心之所適，常人以為是的，他或以為非，常人以為非的，他卻又以為是，因此上得了個「東邪」的諢號。這時她想：「這歐陽克所作所為十分討厭，但爹爹或許反說他風流瀟灑。」（《射鵰英雄傳》第十八回）

　　一句「禮法豈為吾輩而設」道出了緣由，這是多麼誇大的自戀表現！一種追求「跳出三界外，不在五行中」的架勢。黃藥師認為自己的位置在芸芸眾生之上，既然超越了大眾，必然不能被大眾遵守的規則所束縛，這種體驗最能滿足自戀型人格障礙者。從女兒黃蓉的觀察可見，黃藥師對禮法的反對泛化成了對更多普世認知的反對，這通常發生在青春期的孩子

身上。青春期的孩子做出這樣的行為，是要向大人們表明自己是可以說「不」的大人了，所作所為都是為了「被看見」。

倪匡曾經用兩個字評價黃藥師：做作。這個評價雖然犀利，不過的確可以從黃藥師的很多言行中，看到他的矯揉造作以及希望「被看見」的欲望。有代表性的事件，比如妻子死後，他自編自導了一個複雜的殉情劇本。

原來黃藥師對妻子情深意重，兼之愛妻為他而死，當時一意便要以死相殉。他自知武功深湛，上吊服毒，一時都不得便死，死了之後，屍身又不免受島上啞僕糟蹋，於是去大陸捕拿造船巧匠，打造了這艘花船。這船的龍骨和尋常船隻無異，但船底木材卻並非用鐵釘釘結，而是以生膠繩索膠纏在一起，泊在港中之時固是一艘極為華麗的花船，但如駛入大海，給浪濤一打，必致沉沒。他本擬將妻子遺體放入船中，駕船出海，當波湧舟碎之際，按玉簫吹起《碧海潮生曲》，與妻子一齊葬身萬丈洪濤之中，如此瀟灑倜儻以終此一生，方不辱沒了當世武學大宗匠的身分。但每次臨到出海，總是既不忍攜女同行，又不忍將她拋下不顧，終於造了墓室，先將妻子的棺木厝下。這艘船卻是每年油漆，歷時常新。要待女兒長大，有了妥善歸宿，再行此事。（《射鵰英雄傳》第十九回）

黃藥師內心無意識裡希望被誰看見？那便是定下禮法、規矩的父性權威！他的言談舉止中清晰地表明了他對父性權威的不認同，甚至蔑視。對比書中其他高手，北丐洪七公的武藝傳自丐幫；南帝和西毒的絕學則是家族傳承；中神通和老頑童的武學也是玄門正宗傳授。唯有黃藥師的武藝，無論是傳給女兒的落英神劍掌也好，授予徒弟陸乘風的旋風掃葉腿也罷，包括彈指神通，《碧海潮生曲》都是他自己所創。這一方面展現了黃藥師是個武學天才，另一方面也看得出他反權威，反父性規則。世間情感皆是

成長篇

一體兩面，有多麼痛恨，背後就有多麼希望被愛，被關注。也許因為得不到，也許因為被否定，也許因為被忽視，才由愛生恨，才自欺欺人，以為自己不需要，並反向形成，拒絕認同，反對父性代表的一切世俗規則。

所以在《射鵰英雄傳》這部小說中黃藥師瀟灑出場後，隨著故事的深入，人物性格逐漸豐滿，我們能夠感受到他的所作所為中有很多矛盾之處：比如雖然蔑視禮法，但又在黃蓉與歐陽克的訂婚上講禮法；亡妻死後清心寡慾，不近女色，又創作出《碧海潮生曲》這樣充滿慾望的曲譜。這說明了黃藥師內心亦是充滿了矛盾的。這些矛盾衝突導致他離群索居，隔離會引發情感體驗的人際關係，當無法控制情緒時又用遷怒的方式去應對。黃藥師之所以與西毒歐陽鋒有來往，因為對方是個比較純粹的人，純粹到所作的惡行也好，升起的惡念也罷，都坦然接受不被困擾，這是黃藥師不具備又希望擁有的特質。

修通自戀

對比《射鵰英雄傳》，黃藥師在《神鵰俠侶》中驕傲的脾氣收斂了很多，性格平和了不少，與周圍人相處也容易了一些。這也許與中年以後黃藥師將桃花島讓給郭靖、黃蓉夫婦居住，他獨自飄泊，隱於江湖幾十年有關——這是一種自我放逐的行為。

在《神鵰俠侶》中，楊過在小龍女跳下絕情谷後，也同樣戴上了黃藥師後來傳給程英的人皮面具，隱去自己的姓名身分，自我放逐十六年。黃藥師和楊過雖然年齡相差巨大，但一見如故，彼此投緣，一度甚至要結為異姓兄弟，只因他們是一類人，都是自戀型人格比較嚴重的那類人。

楊過同樣在十六年的自我放逐中慢慢沉澱下來，性情更沉穩、包容，改了很多年輕時爭強鬥勇、輕佻浮誇的作風。對於自戀型人格嚴重的人來說，他們內心最深處其實是空乏的狀態，這會產生巨大的動力，驅使著他們與人比較，與人競爭，以獲取關注，獲取讚美，獲取一個理想化的形象來填補這個原始的空洞。

而類似黃藥師、楊過這種自我放逐的行為，可以讓人去體驗失去假性自體帶來的空的感受，當自戀者能夠忍受這一切帶來的不好感覺並逐漸扛住，慢慢地，治癒就開始發揮作用了，最終在「空與有」慢慢整合的過程中，人格的缺損也就慢慢修復了。

當然，文學藝術作品畢竟有很多誇大和理想成分，從心理治療角度看，整合的過程還是充滿崎嶇和坎坷的，有專業人士陪伴指導會稍微容易些。精神分析就像「剝洋蔥」的過程，這是對精神分析師和來訪者工作的一種象徵性表達。

成長篇

養育篇

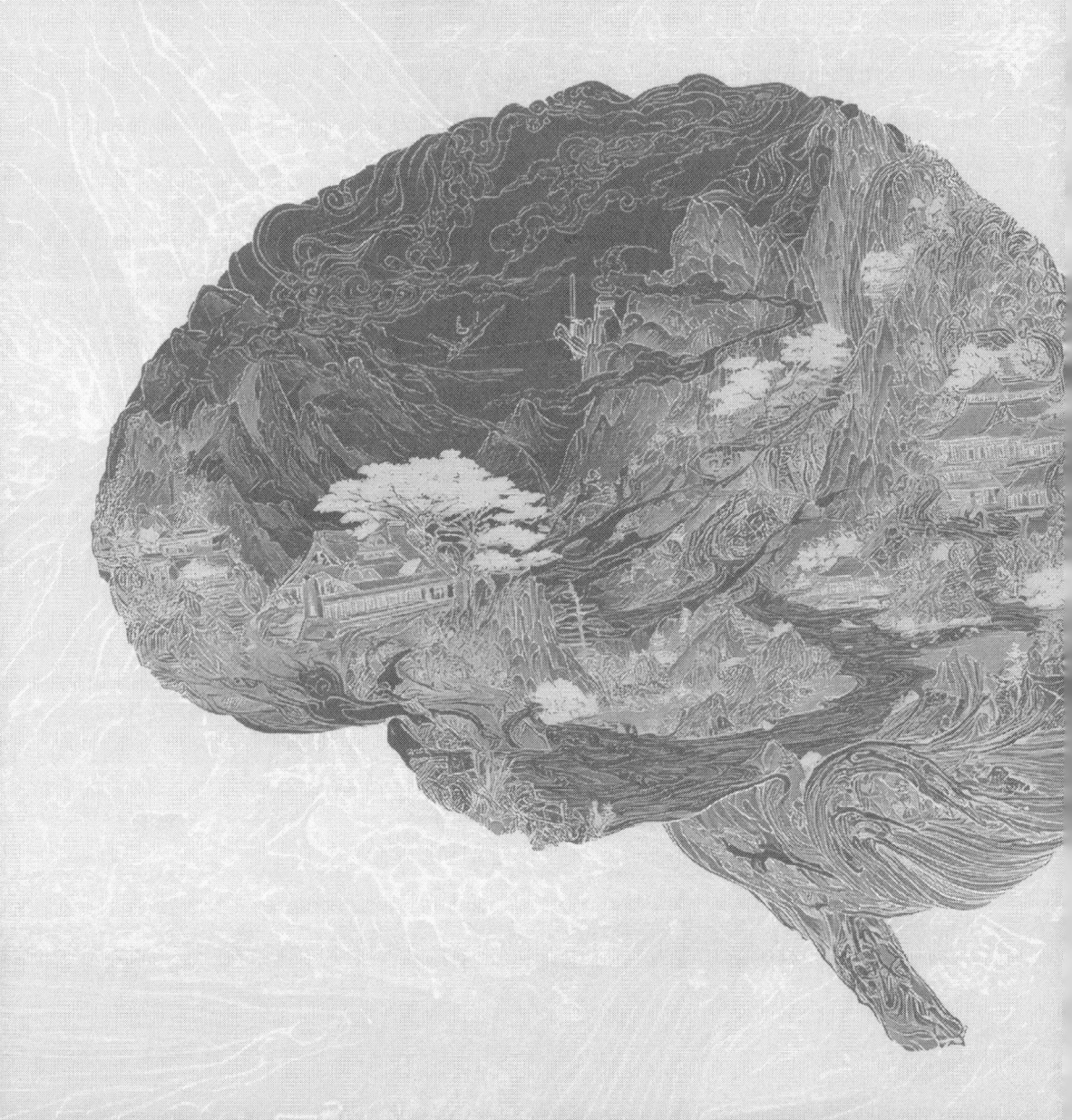

養育篇

楊康：愛我別走

楊康的出身與另一位金庸武俠人物蕭峰有點類似，他們都是自小失去父親後被異族人撫養長大，直到成年後才知道自己的身世。而當身世被揭開後，二人都面臨一個選擇，即身分認同的重新選擇。這個選擇是令人痛苦的，楊康與蕭峰的區別在於，前者的選擇看起來是主動的，至少在意識層面如此，而後者的選擇是被動的，也更痛苦。楊康雖然是漢人，但他一直以金人自居，享受身邊的人稱自己為小王爺。當親生父母用鮮血和生命告訴他是漢人的真相後，楊康在繼續做金人還是重新做漢人的選擇之間有過搖擺，但最終還是認同自己為金人完顏康。

母親的情緒對楊康的影響

楊康在出生前，父親楊鐵心與母親包惜弱就因為完顏洪烈夜襲牛家村而被迫分離，各自生死不知。包惜弱聽信了完顏洪烈的謊言，以為丈夫在亂軍中被殺身亡，心灰意冷之際跟隨其北上，委身嫁於完顏洪烈成為金國王妃。包惜弱性格柔弱，內在的自體也比較脆弱，在遭到巨大創傷性事件打擊後，很容易長期陷在憂鬱情緒中。

丘處機道：「說來也真湊巧。自從貧道和各位訂了約會之後，到處探訪郭楊兩家的消息，數年之中，音訊全無，但總不死心，這年又到臨安府牛家村去查訪，恰好見到有幾名公差到楊大哥的舊居來搬東西。貧道跟在他們背後，偷聽他們說話，這幾個人來頭不小，竟是大金國趙王府的親

兵,奉命專程來取楊家舊居中一切家私物品,說是破凳爛椅,鐵槍犁頭,一件不許缺少。貧道起了疑心,知道其中大有文章,便一路跟著他們來到了中都。」

郭靖在趙王府中見過包惜弱的居所,聽到這裡,心下已是恍然。丘處機接著道:「貧道晚上夜探王府,要瞧瞧趙王萬里迢迢地搬運這些破爛物事,到底是何用意。一探之後,不禁又是氣憤,又是難受,原來楊兄弟的妻子包氏已貴為王妃。貧道大怒之下,本待將她一劍殺卻,卻見她居於磚房小屋之中,撫摸楊兄弟鐵槍,終夜哀哭;心想她倒也不忘故夫,並非全無情義,這才饒了她性命。後來查知那小王子原來是楊兄弟的骨血,隔了數年,待他年紀稍長,貧道就起始傳他武藝。」(《射鵰英雄傳》第十一回)

包惜弱是一個長期處在創傷後憂鬱狀態的母親,而這種狀態的母親是很難照料好自己孩子的。對於一個孩子來說,除了物質的滿足,更重要的是帶有情感的回應,包括養育者對孩子積極的關注,傾聽和理解孩子的語言和非語言表達,接納孩子的情緒並及時給予回饋。養育者透過這樣的方式來滿足孩子的生理和心理需求,消除其恐懼與焦慮,並且把養育者好的品質讓孩子內攝到自體客體體驗中,內化成孩子健康自體的一部分。這個部分是孩子心理健康的基石,是他成年後遇到創傷事件時,能夠抵禦創傷影響,慢慢恢復正常狀態的內在能力。

這個能力是由孩子的養育者提供的,養育者的品質相當程度上決定了孩子的心理能力和品質。而在孩子早期,最重要的養育者是母親,或者替代母親功能的養育者。楊康生在金國王府中,在早期的養育中,物質條件一定是極為豐富的,生活上應該也會得到很好的照料。但楊康大概不會在母親包惜弱這邊得到積極的關注和同頻的回應。因為當時的包惜弱是沒有

養育篇

能力做到這些的,她一直活在喪夫的痛苦中,力比多驅力都投注在自身,與內心愛恨一體的客體作戰,努力平衡超我和本我的衝突,維持自體不分崩離析。這個無法成為「母親」的母親,其心理狀態一定深刻影響了楊康的心理發展。

　　只聽完顏康問一個僕人道:「拿來了嗎?」那僕人道:「是。」舉起手來,手裡提著一只兔子。完顏康接過,喀喀兩聲,把兔子的兩條後腿折斷了,放在懷中,快步而去。

　　……

　　繞過一道竹籬,眼前出現三間烏瓦白牆的小屋。這是尋常鄉下百姓的居屋,不意在這豪奢宮麗的王府之中見到,兩人都是大為詫異。只見完顏康推開小屋板門,走了進去。

　　……完顏康走進內室,黃蓉與郭靖跟著轉到另外一扇窗子外窺視,只見一個中年女子坐在桌邊,一手支頤,呆呆出神。這女子四十歲不到,姿容秀美,不施脂粉,身上穿的也是粗衣布衫。黃蓉心道:「這位王妃果然比那個穆姑娘又美了幾分,可是她怎麼扮作個鄉下女子,又住在這般破破爛爛的屋子裡?……」

　　完顏康走到她身旁,拉住她手道:「媽,你又不舒服了嗎?」那女子嘆了口氣道:「還不是為你擔心?」完顏康靠在她身邊,笑道:「兒子不是好好在這裡嗎?又沒少了半個腳指頭。」說話神情,全是在撒嬌。那女子道:「眼也腫了,鼻子也破了,還說好好的?你這樣胡鬧,你爹知道了倒也沒什麼,要是給你師父聽到風聲,可不得了。」

　　……

　　只見完顏康在胸前按了兩下,衣內那隻兔子吱吱地叫了兩聲。那女子問道:「什麼呀?」完顏康道:「啊,險些兒忘了。剛才見到一只兔子受了傷,撿了回來,媽,你給它治治。」說著從懷裡掏出那隻小白兔來,放在

桌上。那兔兒後腿跛了,行走不得。那女子道:「好孩子!」忙拿出刀圭傷藥,給兔子治傷。(《射鵰英雄傳》第九回)

楊康去看望母親,一方面是在安慰母親的情緒,另一方面是在為母親「提供需求」(治療受傷的兔子)。從成年楊康與母親的互動交流中可以明顯感覺到,母親與孩子的關係是顛倒的,楊康似乎更像一位照料者、成年人,而母親包惜弱則像個需要被照顧的孩子。每個孩子對待父母都帶著無條件的愛,當孩子感受到母親的需求時,他一定會迎合這個需求,做母親期望他做的事。這個投射與投射性認同的本身也能引發孩子誇大性自戀帶來的滿足感。

楊康對完顏洪烈的認同

完顏康道:「媽你不懂的,這種江湖上的人才不稀罕銀子呢。要是放了出去,他們在外宣揚,怎不傳進師父的耳裡?」那女子急道:「難道你要關他們一世?」完顏康笑道:「我說些好話,把他們騙回家鄉,叫他們死心塌地地等我一輩子。」說著哈哈大笑。

……

他母親道:「我見那個姑娘品貌很好,我倒很喜歡。我跟你爹說說,不如就娶了她,可不是什麼事都沒了。」完顏康笑道:「媽你又來啦,我們這般的家世,怎麼能娶這種江湖上低三下四的女子?爹常說要給我擇一門顯貴的親事。就只可惜我們是宗室,也姓完顏。」那女子道:「為什麼?」完顏康道:「否則的話,我準能娶公主,做駙馬爺。」那女子嘆了口氣,低聲道:「你瞧不起貧賤人家的女兒……你自己難道當真……」(《射鵰英雄傳》第九回)

養育篇

  楊康對待楊鐵心、穆念慈父女的態度和手段，像極了養父完顏洪烈的行事風格。楊康對養父的認同是根深蒂固的，因為他已經內化了其身上的特質。這不足為奇，當孩子在雙親中的一方（通常是母親）那裡得不到足夠的愛與關注時，就會轉向另一方（通常是父親）尋求滿足。如果父親能夠滿足孩子的心理需求，那麼孩子便會理想化並認同父親，然後將父親的品質攝取自身並內化為自己的特質，而且會與父親非常親密，並在無意識層面渴望與之融合。對於男孩來說，這就是反向伊底帕斯情結的表現。

  完顏康奔向母親，道：「媽，這可找到你啦！」包惜弱凜然道：「要我再回王府，萬萬不能！」完顏洪烈與完顏康同時驚問：「什麼？」包惜弱指著楊鐵心道：「我丈夫並沒有死，天涯海角我也隨了他去。」
  ……
  丘處機向完顏康喝道：「無知小兒，你認賊作父，糊塗了一十八年。今日親父到了，還不認麼？」完顏康聽了母親之言，本來已有八成相信，這時聽師父一喝，又多信了一成，不由得向楊鐵心看去，只見他衣衫破舊，滿臉風塵，再回頭看父親時，卻是錦衣玉飾，風度俊雅，兩人直有天淵之別。完顏康心想：「難道我要捨卻榮華富貴，跟這窮漢子浪跡江湖，不，萬萬不能！」他主意已定，高聲叫道：「師父，莫聽這人鬼話，請你快將我媽救過來！」丘處機怒道：「你仍是執迷不悟，真是畜生也不如。」（《射鵰英雄傳》第十一回）

  楊康就算知道了自己的身世，也不可能向親生父親楊鐵心認同。一方面，由於親生父親在楊康生命中最重要的兒童期的缺失，其理想化自體的建構早已透過完顏洪烈得以完成。就如楊康回頭分別審視江湖落魄的親生父親和風度翩翩的養父，他在後者身上看到了理想中自己未來的樣子，養父是他認同的重要客體。而認同親生父親意味著要消滅已經內化的大部分

楊康：愛我別走

自體客體，這會導致自體結構的不穩定。另一方面，母親包惜弱一直被憂鬱情緒困擾，導致楊康從小被忽視，這會讓小楊康內心產生一種感受，即我不是母親最愛的那個人。通常情況下，孩子會認為母親最愛的那個人是父親或者同胞兄弟姐妹。但對楊康來說，母親最愛的那個人是個謎。因為楊康沒有同胞兄弟姐妹，父親完顏洪烈很明顯也不是母親最愛的人，因為父母早已分居。對這個謎一樣的人，楊康在無意識中一定是既困惑又憤怒的。因為這個人的存在，他無法成為母親的最愛，也無法讓他的家庭保持一種父母相愛的正常模式。而當這個人的身分終於揭曉後，楊康一時無法消化。這個人竟然是自己的親生父親，一個與自己流著相同的血液，卻又從來沒有養育過自己的人。因為這個人的存在，自己從小得不到母親的積極關注。現在這個人又要帶走母親，而母親也心甘情願地拋下自己。楊康本想透過自己的努力，竭盡所能地照顧和迎合母親，希望有一天能獲得母親完全的關注。而這個無意識的幻想終究被生父打破了。

楊鐵心尋思：「事已如此，終究是難脫毒手。可別讓我夫婦累了丘道長的性命。」拉了包惜弱的手，忽地竄出，大聲叫道：「各位住手，我夫妻畢命於此便了。」回過槍頭，便往心窩裡刺去，噗的一聲，鮮血四濺，往後便倒。包惜弱也不傷心，慘然一笑，雙手拔出槍來，將槍柄拄在地上，對完顏康道：「孩兒，你還不肯相信他是你親生的爹爹麼？」湧身往槍尖撞去。完顏康大驚失色，大叫一聲：「媽！」飛步來救。

……

完顏康搶到母親跟前，見她身子軟垂，槍尖早已刺入胸膛，當下放聲大哭。丘處機上來檢視二人傷勢，見槍傷要害，俱已無法挽救。完顏康抱住了母親，穆念慈抱住了楊鐵心，一齊傷心慟哭。

……

185

養育篇

　　完顏康跪在地下，向母親的屍身磕了四個頭，轉身向丘處機拜了幾拜，一言不發，昂首走開。丘處機厲聲喝道：「康兒，你這是什麼意思？」完顏康不答，也不與彭連虎等同走，自個兒轉過了街角。（《射鵰英雄傳》第十一回）

　　楊康在父母雙雙自殺的當晚，一個人離開，既沒有跟隨丘處機、郭靖等人，也沒有回到金國王府，這代表的是重大創傷事件發生後，他短時間內無從選擇，需要去冷靜思考。當然，不久後楊康做出的選擇一點也不令人意外，他選擇繼續做金人，繼續做小王爺，繼續做完顏洪烈的兒子。

　　完顏洪烈聽了他的語氣，料他必是已知自己身世，可是這次又是他出手相救，不知他有何打算。兩人十八年來父慈子孝，親愛無比，這時同處斗室之中，忽然想到相互間卻有深恨血仇。楊康更是心中交戰，思量：「這時只需反手幾拳，立時就報了我父母之仇，但怎麼下得了手？那楊鐵心雖是我的生父，但他給我過什麼好處？媽媽平時待父王也很不錯，我若此時殺他，媽媽在九泉之下，也不會喜歡。再說，難道我真的就此不做王子，和郭靖一般地流落草莽麼？」正自思潮起伏，只聽得完顏洪烈道：「康兒，你我父子一場，不管如何，你永遠是我的愛兒。大金國不出十年，必可滅了南朝。那時我大權在手，富貴不可限量，這錦繡江山，花花世界，日後終究盡都是你的了。」

　　楊康聽他言下之意，竟是有篡位之意，想到「富貴不可限量」這六個字，心中怦怦亂跳，暗想：「以大金國兵威，滅宋非難。蒙古只一時之患，這些只會騎馬射箭的蠻子終究成不了氣候。父王精明強幹，當今金主哪能及他？大事若成，我豈不成了天下的共主？」想到此處，不禁熱血沸騰，伸手握住了完顏洪烈的手，說道：「爹，孩兒必當輔你以成大業。」完顏洪烈覺得他手掌發熱，心中大喜，道：「我做李淵，你做李世民罷。」（《射鵰英雄傳》第十六回）

楊康：愛我別走

　　完顏洪烈是楊康的養父、金國的王爺，對於感情，帶有明顯的物欲化色彩，其對待包惜弱的感情便是如此。他深愛著包惜弱，但是包惜弱為了平衡內心的衝突，一直處在獨居的境況中。完顏洪烈為了保持與包惜弱的情感聯結，照顧楊康就是最好的選擇。想必完顏洪烈對楊康從小一定疼愛有加，而完顏洪烈將情感物欲化的模式一定也深深地影響了楊康。物質的誘惑最終打動了楊康，楊康終於徹底向養父認同。

　　認同之後，楊康幫助金國盜取《武穆遺書》，暗算郭靖，挑起丐幫內訌，助歐陽鋒殺死江南五怪並嫁禍黃藥師。這些事被武林正道唾棄，就連深愛楊康的穆念慈也不能接受，毅然決然地離開他獨自撫養楊過。

　　也許在世人看來，楊康曾經有機會重新選擇做回漢人。但是其實一切都是其無意識做的選擇，當一個人無法真正理解自己的無意識時，所有的選擇都是不自由的，哪怕他以為自己是自由的，那自由也不過是個幻象。

養育篇

郭芙：如果你知我苦衷

如果要評選《神鵰俠侶》中最令人反感的女性人物，郭芙一定名列三甲，極有可能輕鬆奪冠。郭芙似乎有一種特別的能力，就是讓身邊不少人感覺很難受。她態度傲慢，缺乏共情能力，常惡語傷人，還行為魯莽。她先斷了楊過右臂，後使小龍女中毒，導致兩人嘗盡十六年分離之苦，即便如此，郭芙卻從來毫無覺察，死不認錯。直到人過中年，襄陽城外大戰之時與楊過再次相遇，她反思到自己過往的言行，才若有所悟，只是半生已過，一切皆追悔莫及。

「熊孩子」郭芙的家庭教育

我們先來看看郭大小姐在《神鵰俠侶》中第一次出場的情景。

忽聽得背後兩聲低嘯，聲音嬌柔清脆，似出於女孩子之口。兩隻大鷹又盤旋了幾個圈子，緩緩下降。武修文回過頭來，只見樹後走出一個女孩，向天空招手，兩隻大鷹斂翅飛落，站在她的身畔。那女孩向武修文望了一眼，撫摸兩隻大鷹之背，說道：「好雕兒，乖雕兒。」武修文心想：「原來這兩隻大鷹是雕兒。」但見雙鵰昂首顧盼，神駿非常，站在地下比那女孩還高。

武修文走近說道：「這兩隻雕兒是你家養的麼？」那女孩小嘴微噘，做了個輕蔑神色，道：「我不認得你，不跟你玩。」武修文也不以為忤，伸手去摸雕背。那女孩一聲輕哨，那雕兒左翅突然掃出，勁力竟是極大，武修

郭芙：如果你知我苦衷

文沒提防，登時摔了個筋斗。

武修文打了個滾站起，望著雙鵰，心下好生羨慕，說道：「這對雕兒真好，肯聽你話。我回頭要爹爹也去捉一對來養了玩。」那女孩道：「哼，你爹爹捉得著麼？」武修文連討三個沒趣，訕訕地很是不好意思，定睛瞧時，只見她身穿淡綠羅衣，頸中掛著一串明珠，臉色白嫩無比，猶如奶油一般，似乎要滴出水來，雙目流動，秀眉纖長。武修文雖是小童，也覺她秀麗之極，不由自主地心生親近之意，但見她神色凜然，卻又不禁感到畏縮。

那女孩右手撫摸雕背，一雙眼珠在武修紋身上滾了一轉，問道：「你叫什麼名字？怎麼一個兒出來玩？」武修文道：「我叫武修文，我在等我爹爹啊。你呢？你叫什麼？」那女孩扁了扁小嘴，哼的一聲，道：「我不跟野孩子玩。」說著轉身便走。武修文呆了一呆，叫道：「我不是野孩子。」一邊叫，一邊隨後跟去。

他見那女孩約莫比自己小著兩三歲，人矮腿短，自己一發足便可追上，哪知他剛展開輕功，那女孩腳步好快，片刻間已奔出數丈，竟把他遠遠拋在後面。她再奔幾步，站定身子，回頭叫道：「哼，你追得著我麼？」武修文道：「自然追得著。」立即提氣急追。

那女孩回頭又跑，忽然向前疾衝，躲在一株松樹後面。武修文隨後跟來，那女孩瞧他跑得近了，陡然間伸出左足，往他小腿上絆去。武修文全沒料到，登時向前跌出。他忙使個「鐵樹樁」想定住身子，那女孩右足又出，向他臀部猛力踢去。武修文一跤直摔下去，鼻子剛好撞在一塊小尖石上，鼻血流出，衣上點點斑斑的盡是鮮血。（《神鵰俠侶》第一回）

透過這段對小郭芙行為的文字描寫，一個令人討厭的「熊孩子」形象躍然紙上。而每一個「熊孩子」養成的背後，都有一個與之相關的家庭撫養模式。

189

養育篇

　　當年郭靖、黃蓉參與華山論劍之後，由黃藥師主持成婚，在桃花島歸隱。黃藥師性情怪僻，不喜熱鬧，與女兒女婿同處數月，不覺厭煩起來，留下一封書信，說要另尋清靜之地閒居，逕自飄然離島。黃蓉知道父親脾氣，雖然不捨，卻也無法可想。初時還道數月之內，父親必有消息帶來，哪知一別經年，音訊杳然。黃蓉思念父親和師父洪七公，和郭靖出去尋訪，兩人在江湖上行走數月，不得不重回桃花島，原來黃蓉有了身孕。

　　她性子向來刁鑽古怪，不肯有片刻安寧，有了身孕，處處不便，甚是煩惱，推源禍始，自是郭靖不好。有孕之人性子本易暴躁，她對郭靖雖然情深愛重，這時卻找些小故，不斷跟他吵鬧。郭靖知道愛妻脾氣，每當她無理取鬧，總是笑笑不理。若是黃蓉惱得狠了，他就溫言慰藉，逗得她開顏為笑方罷。

　　不覺十月過去，黃蓉生下一女，取名郭芙。她懷孕時心中不喜，但生下女兒之後，卻異常憐惜，事事縱恣。這女孩不到一歲便已頑皮不堪。郭靖有時看不過眼，管教幾句，黃蓉卻著意護持，郭靖每管一回，結果女兒反而更加放肆一回。到郭芙五歲那年，黃蓉開始授她武藝。這一來，桃花島上的蟲鳥走獸可就遭了殃，不是羽毛被拔得精光，就是尾巴給剪去了一截，昔時清清靜靜的隱士養性之所，竟成了雞飛狗走的頑童肆虐之場。（《神鵰俠侶》第一回）

　　在《射鵰英雄傳》中，黃蓉的心性更似一個小女孩。在懷孕之後，她明顯有些產前憂鬱的感覺，但她選擇用「作」的方式來表達，根本原因在於其內心沒有做好成為母親的準備。黃蓉內心無意識裡是拒絕當媽媽的，潛臺詞是：我還沒有做夠小女孩，怎麼能去當母親呢？生下郭芙之後，黃蓉異常疼愛。她自己原本就是一個從小缺乏母親疼愛的小女孩，所以她內心一直住著一個需要更多滿足、更多照顧、更多疼愛的小女孩。無意識裡沒有被滿足的願望終會投射到外界，以另一種形式，象徵性地得到滿足。隨

著郭芙的出生，黃蓉內心小女孩的需要被過多投射到了女兒身上，由此產生的誇大性自戀的全能感，成為郭芙自體中比較明顯的特徵。

　　每個人在小時候或多或少都需要誇大性自戀的鏡映，所以這並不是壞事，但是接下來黃蓉的養育方式卻是郭芙成為「熊孩子」的主要原因。小郭芙經常放肆、闖禍，無意識裡是在尋找一個邊界，一堵不可踰越的牆。透過這個邊界才能知道什麼是恰當的行為，分寸在哪裡，哪些是可以做的，哪些是不可以做的。這些通通屬於孩子「超我」形成的必經之路，超我需要自體內化一個嚴厲的父親形象才能慢慢形成。但是在郭靖和黃蓉的家庭模式中，似乎並沒有這個代表超我的父親。每當郭靖要管教女兒，制定規矩的時候，黃蓉就會跳出來「保護」女兒，然後郭靖就偃旗息鼓了，在這個家庭模式裡，黃蓉的地位明顯要高。再看兩人居住的桃花島，這是黃蓉自小長大的地方，是黃蓉的家，兩人的婚禮是在岳丈黃藥師主持下完成的。這表達了一種什麼樣的心理含義？郭靖「嫁」給了黃蓉，黃蓉在這個家庭模式中充當「父親」角色。當郭靖管教女兒被黃蓉阻攔後，郭芙便變本加厲地更加放肆，這是郭芙無意識裡對於「父性規則」需求的吶喊。

　　郭芙，姓郭名芙，芙者蓉也。黃蓉與郭芙的關係既有生理層面的母女關係，也有心理層面的姐妹關係。

　　郭芙從小是在被溺愛、被過度保護、缺乏適當挫折的環境中長大，長大後郭芙的人際關係其實挺糟糕，其言談舉止經常讓很多人不舒服。如果不是因為郭大俠、黃幫主女兒的身分，恐怕在江湖上早就不知道死過多少回了。

養育篇

郭芙內在的虛弱感

　　忽聽得背後一個女子聲音冷冷地道：「她腳又不跛，自然很好。」陸無雙伸手拔出柳葉刀，轉過身來，見說話的正是郭芙。

　　郭芙見她拔刀，忙從身後耶律齊的腰間拔出長劍，怒目相向，喝道：「要動手麼？」

　　陸無雙笑嘻嘻地道：「幹嘛不用自己的劍？」她幼年跛足，引為大恨，旁人也從不在她面前提起，這次和郭芙鬥口，卻給她數次引「跛足」為諷，心中怒到了極處，於是也以對方斷劍之事反唇相譏。

　　郭芙怒道：「我便用別人的劍，領教領教你武功。」說著長劍虛劈，嗡嗡之聲不絕。陸無雙道：「沒上沒下的，原來郭家的孩子對長輩如此無禮。好，今日教訓教訓你，也好讓你知道好歹。」郭芙道：「呸，你是什麼長輩了？」陸無雙笑道：「我表姊是你師叔，你若不叫我姑姑，便得叫阿姨。你問問我表姊去！」說著向程英一指。

　　郭芙以母親之命，叫過程英一聲「師叔」，心中實是老大不服氣，暗怪外公隨隨便便地收了這樣一個幼徒，又想程英年紀和自己相若，未必有什麼本領，這時給陸無雙一頂，說道：「誰知道是真的還是假的？我外公名滿天下，也不知有多少無恥之徒，想冒充他老人家的徒子徒孫呢。」（《神鵰俠侶》第三十一回）

　　陸無雙的跛足是她一生的憾事，也是容易引起她自卑的地方。程英因為自小失去雙親，孤苦伶仃，被黃藥師所救，收為關門弟子。程英生性淡泊，在江湖上不經常拋頭露面，也沒有做出過什麼驚人的事蹟，黃藥師傳人的身分鮮為人知。郭芙總是能夠精準掌握別人的缺陷或在乎的事物，並以此來攻擊對方內心最不舒服的地方。

　　在心理學中，當一個人指責別人的缺點並予以攻擊的時候，內心帶有

一種控制的企圖。郭芙經常攻擊周圍的人，她要控制什麼？控制內心不舒服的感受，她要用一種投射的方式，把內心不好的部分引發的不適感拋到外界去，投射到別人身上。她透過精準的缺陷打擊，讓這個不好的部分成為對方身上的東西，透過這樣的分裂機制就將好的部分保留在自體中，能夠暫時體驗自己是好的。但是這種分裂——投射的模式只能暫時產生緩解作用，如飲鴆止渴。因此，在書中可以看到，郭芙在一次又一次地進行這種強迫性重複行為模式。讓郭芙內心持續難受的部分來自其內心的虛弱感，自體的脆弱感。郭芙從小缺少適當的挫折，也缺少父性規則的邊界要求，內心被誇大性自戀的全能感填充。只是這樣的自戀是病態的，嬰兒般的，誇大的，幻想的，與健康的自戀產生的自尊相比，只是個紙老虎。郭芙從小被母親黃蓉維護著，大小武奉承著，各位叔叔伯伯照顧著，周圍熟人避讓著，一切看起來很舒服很完美，但這些在無意識裡的表達其實是：你很弱，很無能，所以需要被當成小孩子一樣保護，你無法成為一個獨立面對和處理困難的大人。

郭芙一向自我感覺非常好，一副高高在上的模樣，別人在她眼裡都存在著不同程度的缺陷。其實，郭芙在內心深處還是個小嬰兒，其無意識裡體驗到的就是虛弱嬰兒的無能感、無力感。與這種自體缺陷帶來的瀰散性不舒適感做抗爭的自動化防禦方式，就是之前描述的分裂——投射模式，可是這種防禦機制只是暫時有效，郭芙內心始終處於與無意識的對抗中，久而久之，這種對抗會讓一個人的性情變得暴躁，這一點在中年郭芙身上表現得更為明顯。

果然聽得一個女子聲音說道：「掌櫃的，給備兩間寬敞乾淨的上房。」掌櫃的賠笑道：「對不起您老，小店早已住得滿滿的，委實騰不出地方來啦。」那女子說道：「好罷，那麼便一間好了。」那掌櫃道：「當真對不住，

養育篇

貴客光臨，小店便要請也請不到，可是今兒實在是客人都住滿了。」那女子揮動馬鞭，啪的一聲，在空中虛擊一記，叱道：「廢話！你開客店的，不備店房，又開什麼店？你叫人家讓讓不成麼？多給你錢便是了。」說著便向堂上闖了進來。（《神鵰俠侶》第三十三回）

中年郭芙的反思

郭芙最後嫁給了耶律齊，耶律齊的脾氣性格與郭靖相似，正直溫和，對郭芙照顧有加。從心理學角度分析，郭芙選擇耶律齊，實則是希望重新回到過去那種被保護和照顧的嬰兒狀態。雖然郭芙心中一直愛的是楊過，但是她的內心年齡太小，無法支撐她進一步成長，而成長是需要付出代價的，這些成長的代價是郭芙付不起，甚至無法想像的。所以對於郭芙來說，退行是她唯一的選擇。

郭芙一呆，兒時的種種往事，剎時之間如電光石火般在心頭一閃而過：「我難道討厭他麼？當真恨他麼？武氏兄弟一直拚命地想討我歡喜，可是他卻從來不理我。只要他稍微順著我一點兒，我便為他死了，也所甘願。我為什麼老是這般沒來由地恨他？只因為我暗暗想著他，念著他，但他竟沒半點將我放在心上？」

二十年來，她一直不明白自己的心事，每一念及楊過，總是將他當作了對頭，實則內心深處，對他的眷念關注，固非言語所能形容，可是不但楊過絲毫沒明白她的心事，連她自己也不明白。此刻障在心頭的恨惡之意一去，她才突然體會到，原來自己對他的關心竟是如此深切。「他衝入敵陣去救齊哥時，我到底是更為誰擔心多一些啊？我實在說不上來。」便在這千軍萬馬廝殺相撲的戰陣之中，郭芙陡然間明白了自己的心事：「他在襄妹生日那天送了她這三份大禮，我為什麼要恨之切骨？他揭露霍都的陰

郭芙：如果你知我苦衷

謀毒計，使齊哥得任丐幫幫主，為什麼我反而暗暗生氣？郭芙啊郭芙，你是在妒忌自己的親妹子！他對襄妹這般溫柔體貼，但從沒半分如此待我。」想到此處，不由得恚怒又生，憤憤地向楊過和郭襄各瞪一眼，但驀地驚覺：「為什麼我還在乎這些？我是有夫之婦，齊哥又待我如此恩愛！」不知不覺幽幽地嘆了口長氣。雖然她這一生什麼都不缺少了，但內心深處，實有一股說不出的遺憾。她從來要什麼便有什麼，但真正要得最熱切的，卻無法得到。因此她這一生之中，常常自己也不明白：為什麼脾氣這般暴躁？為什麼人人都高興的時候，自己卻會沒來由地生氣著惱？郭芙臉上一陣紅，一陣白，想著自己奇異的心事。（《神鵰俠侶》第三十九回）

襄陽城外，萬馬軍中，人到中年的郭芙終於開始思考，為何自己會沒來由地生氣，莫名其妙地暴躁，她的心中實則有種無法言說的遺憾。郭芙是被母親黃蓉占據的無法長大的孩子，這是她最不幸的地方。處於青春期的她也曾採用激烈的方式做過抗爭，但最終還是選擇回到原來的位置，繼續做被保護、被照顧的孩子。雖然她的無意識裡還會時不時地被自體缺損帶來的難受情緒所侵擾，採用分裂──投射的強迫性重複行為來應對這個世界，但畢竟熟悉的位置和關係可以給郭芙帶來更多的安全感。

養育篇

張無忌：聰明糊塗心

張無忌是「射鵰三部曲」第三部《倚天屠龍記》的主角，相較於前兩部中的男主角郭靖和楊過，張無忌的身上缺少「大俠」風範，而是更接近普通人，其性格也頗受爭議。

大多數讀者比較認同的看法是，張無忌是個性格軟弱的人，雖身居明教教主之位，是天下反元首腦，但常被環境形勢裹挾著前行，難有自己的主見。在感情方面，對趙敏、周芷若、小昭、殷離四位女子的態度猶豫不決，遲遲無法做出抉擇。張無忌為何會呈現出這樣的性格特點，其背後的原因值得細細分析。

張無忌的原生家庭

謝遜說道：「五弟，我們兄弟從此永別，願你好自珍重。」張翠山心中突地一跳，有似胸口被人重重打了一拳，說道：「你⋯⋯你⋯⋯」謝遜道：「你心地仁厚，原該福澤無盡，但於是非善惡之際太過固執，你一切小心。無忌胸襟寬廣，看來日後行事處世，比你圓通隨和得多。五妹雖是女子，卻不會吃人的虧。我所擔心的，反倒是你。」張翠山越聽越是驚訝難過，顫聲道：「大哥，你說什麼？你不跟⋯⋯不跟我們一起去麼？」謝遜道：「早在數年之前，我便與你說過了。難道你忘了麼？」

⋯⋯

張翠山見他如此決絕，哽咽道：「大哥既決意如此，小弟便此拜別。」

張無忌：聰明糊塗心

說著跪下來拜了幾拜。無忌卻朗聲道：「義父，你不去，我也不去！你自盡，我也自盡。大丈夫說得出做得到，你橫刀抹脖子，我也橫刀抹脖子。」

謝遜叫道：「小鬼頭胡說八道！」一把抓住他背心，將他擲上了木排，跟著雙手連抓連擲，把張翠山和殷素素也都投上木排，大聲叫道：「五弟，五妹，無忌！一路順風，盼你們平平安安，早歸中土。」又道：「無忌，你回歸中土之後，須得自稱張無忌，這『謝無忌』三字，只可放在心中，卻萬萬不能出口。」

無忌放聲大叫：「義父，義父！」謝遜橫刀喝道：「你們若再上岸，我們結義之情，便此斷絕。」張翠山和殷素素見義兄心意已決，終不可回，只得揮淚揚手，和他作別。（《倚天屠龍記》第八回）

張無忌在遠離中土的冰火島出生，十歲之前與父親張翠山、母親殷素素以及義父謝遜一起生活。父親張翠山出身武當，宅心仁厚，極富正義感，但未免有時候對是非過於執拗，就如他的綽號「銀鉤鐵劃」一般，一筆一劃鐵骨錚錚，不曾含糊。用佛洛伊德提出的人格「三我」結構理論解釋，張翠山屬於超我部分占據主導地位的人。這樣的人固然在周圍人眼中是個講道義的好人，但超我太強導致道德反噬的後果也非常嚴重。最終張翠山由於愧對師兄俞岱巖（因妻子間接過錯導致其一直癱瘓在床），自斷經脈而亡。母親殷素素是明教旁支天鷹教教主殷天正的女兒，年紀輕輕就成為堂主，獨當一面。她恩怨分明，有心機有手段，為了自己和心愛之人的利益，並不在乎他人的死活。

如果說父親張翠山人格結構中「超我」部分占主導地位，那麼母親殷素素人格中「本我」部分則占據更多。本我與超我的矛盾衝突在義父謝遜身上體現得更為明顯。謝遜在突遭變故前，是個有理想、有抱負、有能力

養育篇

的好青年，對師父崇敬，對家人愛護，對朋友仁義。但在家破人亡之後，謝遜被仇恨吞噬，肆意殺戮無辜武林人士，失手打死度化他的空見大師，其後又陷入自責與仇恨交織的痛苦中，這種激烈的內心衝突也導致了其自體經常處在不穩定狀態，並時常用暴怒的方式來維持自體平衡。

張無忌知道自己體內陰毒散入五臟六腑，連太師父這等深厚的功力，也是束手無策，自己能否活命，全看這位神醫肯不肯施救，但太師父臨行時曾諄諄叮囑，決不可陷身魔教，致淪於萬劫不復的境地。雖然魔教到底壞到什麼田地，為什麼太師父及眾師伯叔一提起來便深痛絕惡，他實是不大瞭然，但他對太師父崇敬無比，深信他所言決計不錯，心道：「寧可他不肯施救，我毒發身死，也不能違背太師父的教誨。」於是朗聲說道：「胡先生，我媽媽是天鷹教的堂主，我想天鷹教也是好的。但太師父曾跟我言道，決計不可身入魔教，我既答允了他，豈可言而無信？你不肯給我治傷，那也無法。要是我貪生怕死，勉強聽從了你，那麼你治好了我，也不過讓世上多一個不信不義之徒，又有何益？」（《倚天屠龍記》第十一回）

哪知張無忌舉著禪杖的手並不落下，似乎心中有什麼事難以決定，但見他臉色漸轉慈和，慢慢地將圓音放了下來。

原來在這一瞬之間，他已克制了胸中的怒氣，心道：「倘若我打死打傷了六大派中任誰一人，我便成為六大派的敵人，就此不能作居間的調人。武林中這場凶殺，再也不能化解，那豈不是正好墮入成崑這奸賊的計中？不管他們如何罵我辱我、打我傷我，我定當忍耐到底，這才是真正為父母及義父復仇雪恨之道。」他想通了這節，便即放下圓音，緩緩說道：「圓音大師，你的眼睛不是張五俠打瞎的，不必如此記恨。何況張五俠已自刎身死，什麼冤仇也該化解了。大師是出家人，四大皆空，何必對舊事如此念念不忘？」（《倚天屠龍記》第二十回）

張無忌長嘆一聲，心想自己既承認收容趙敏，她以往的過惡，只有一

張無忌：聰明糊塗心

股腦兒地承攬在自己身上，一瞬之間，深深明白了父親因愛妻昔年罪業而終至自刎的心情，至於陽教主和義父當年結下的仇怨，時至今日，渡劫之言不錯：我若不擔當，誰來擔當？

他身子挺直，勁貫足尖，那條起伏不已的枝幹突然定住，紋絲不動，朗聲說道：「三位老禪師既如此說，晚輩無可逃責，一切罪愆，便由晚輩一人承當便是。但我義父傷及空見神僧，內中實有無數苦衷，還請三位老禪師恕過。」（《倚天屠龍記》第三十六回）

張無忌從少年到青年的成長歷程中，從他應對突發事件的表現可以窺見其性格上的諸多特點。在蝴蝶谷面對見死不救的胡青牛，張無忌寧願忍受玄冥神掌的寒毒折磨，也不願背叛太師公張三豐的教誨，氣節堪比其父張翠山；在崑崙山光明頂六大門派剿滅明教一役中，他有勇有謀，沒有被內心復仇的情緒左右，心計和聰明不遜於母親殷素素；為救義父謝遜，張無忌一人獨挑少林三大聖僧，心中充滿力量，就像當年金毛獅王謝遜一人獨闖王盤山奪屠龍刀一般威武。

張無忌同時認同並內化了父親張翠山、母親殷素素以及義父謝遜的諸般特質，並將這些特質和諧地整合在一起。他有張翠山堅定、仁義的一面，但又沒有其父至剛易折的缺點；他繼承了殷素素機智、活潑的一面，但他在為自己打算的同時也為他人考慮。

張無忌從小受謝遜的影響最大。無忌出生之時，正值謝遜因內心衝突導致暴怒發作，小無忌出生後的一聲啼哭驚醒了謝遜，讓其回憶起自己痛失的孩子，喚起了其久未體驗的親情感受，從此謝遜再也沒有發病。無忌在十歲之前叫謝無忌，與謝遜那曾經被成昆殺死的兒子同名，這是具有心理意義的，即無忌作為謝遜已故兒子的替身，幫助謝遜重新回到父親的位置，發揮父親的功能。張無忌內化了謝遜有勇有謀、堅韌不拔、臨危不懼

的特質,這些在光明頂化解六大門派與明教紛爭,於萬安寺救出武林同道,以及在少林寺破壞成昆的陰謀詭計等事件中體現得淋漓盡致。張無忌和謝遜之間的父子情感貫穿整部小說,從出生,養育,分離,思念,尋找,營救,超越……謝遜之於張無忌的意義非同一般。

張無忌之所以能夠內化父母與義父三人的特質,並且整合得很好,得益於他從小受到三人充足的關愛,並由此建立起十足的安全感。這也讓謝遜這個識人無數的老江湖能夠一眼就從小無忌身上看到其日後心胸寬廣、圓融隨和的個性。

張無忌的選擇困難症

當日張無忌與周芷若、趙敏、殷離、小昭四人同時乘船出海之時,確是不止一次想起:「這四位姑娘個個對我情深愛重,我如何自處才好?不論我和哪一個成親,定會大傷其餘三人之心。到底在我內心深處,我最愛的是哪一個呢?」他始終徬徨難決,便只得逃避,一時想:「韃子尚未逐出,河山未得光復。匈奴未滅,何以家為?儘想這些兒女私情做什麼?」一時又想:「我身為明教教主,一言一動,與本教及武林興衰都有關聯。我自信一生品行無虧,但若耽於女色,莫要惹得天下英雄恥笑,壞了本教的名聲。」過一時又想:「我媽媽臨終之時,一再囑咐於我,美麗的女子最會騙人,要我這一生千萬小心提防,媽媽的遺言豈可不謹放心頭?」

其實他多方辯解,不過是自欺而已,當真專心致志地愛了哪一個姑娘,未必便有礙光復大業,更未必會壞了明教的名聲,只是他覺得這個很好,那個也好,於是便不敢多想。他武功雖強,性格其實頗為優柔寡斷,萬事之來,往往順其自然,當不得已處,卻不願拂逆旁人之意,寧可捨己從人。習乾坤大挪移心法是從小昭之請;任明教教主既是迫於形勢,亦是

張無忌：聰明糊塗心

殷天正、殷野王等動之以情；與周芷若訂婚是奉謝遜之命；不與周芷若拜堂又是為趙敏所迫。當日金花婆婆與殷離若非以武力強脅，而是婉言求他同去金花島，他多半便就去了。

有時他內心深處，不免也想：「要是我能和這四位姑娘終身一起廝守，大家和和睦睦，豈不逍遙快樂？」其時乃是元末，不論文士商賈、江湖豪客，三妻四妾實是尋常之極，單隻一妻的反倒罕有。只是明教源自波斯，向來諸教眾節儉刻苦，除妻子外少有侍妾。張無忌生性謙和，深覺不論和哪一位姑娘匹配，在自己都是莫大的福澤，倘若再娶姬妾，未免太也對不起人，因此這樣的念頭在心中一閃即逝，從來不敢多想，偶爾念及，往往便即自責：「為人須當自足，我竟心存此念，那不是太過卑鄙可恥麼？」（《倚天屠龍記》第四十回）

張無忌最為讀者詬病之處在於，他面對四位情深義重的女子卻遲遲無法做出選擇，甚至在很長的時間裡不主動、不拒絕，總是被他人、被形勢推著前進。他猶豫不決的特質在其父母及義父身上都難以見到，從心理學角度分析，人的性格特質如果不是從養育者那裡習得的，則一定與其經歷過的創傷事件有關。對張無忌來說，最大的創傷事件就是在太師公張三豐百歲壽宴上，各大門派借祝壽之名前來逼問謝遜的下落，父親張翠山當著各大門派的面自斷經脈身亡，母親殷素素也自殺殉情。當時張無忌剛滿十歲，目睹父母雙雙自盡的整個過程，給他心理上帶來的創傷極大，影響極深。

當時張無忌並不知道，父親決意自殺至少有一半原因是無法面對因妻子間接過失而導致三師兄俞岱巖癱瘓，在小無忌的心中，父親是為了保守義父謝遜下落的祕密而選擇自殺，母親也是如此。而張無忌小小年紀也同樣為了保守謝遜下落的祕密，忍受玄冥神掌寒毒的折磨很多年。甚至太師

養育篇

公張三豐為了治療小無忌身上的寒毒，以百歲高齡，屈尊前往少林寺求另外半部《九陽真經》卻被拒。如果張無忌選擇說出謝遜的下落，那麼就是出賣自己的義父，這將使張無忌受到內心的譴責，由背叛引發的道德痛苦也許是一輩子也無法解脫的。因此，無論做何選擇，張無忌都要付出巨大的代價，他從小就體驗到選擇所帶來的莫大痛苦。

一個人在人生中遇到的創傷，無論是因環境導致的持續創傷，還是因事件導致的突發創傷，都會改變其內在的組織經驗結構。這個結構包括認知、情感、意識，而經過改變的部分會進入無意識，透過自動化調動的方式持續影響一個人其後的情感、認知、行為。因此，遭遇重大創傷後的張無忌在選擇上慢慢表現出猶豫的特質，哪怕是個很容易的選擇，但其無意識裡過去情境中對於選擇之後發生的痛苦感受，就會移情到當下情境中，從而阻礙其當下的選擇。而這個過程是發生在無意識的組織經驗結構中，難以上升到意識層面，張無忌的意識層面只能在邏輯上和不斷思考中左右為難，無法抉擇。

張無忌的「救世主」情結

趙敏笑道：「你這人當真有三分傻氣。俞岱巖和殷梨亭之傷，都是我部屬下的手，你不怪我，反來謝我？」張無忌微笑道：「我三師伯受傷已二十年，那時候你還沒出世呢。」趙敏道：「這些人是我爹爹的部屬，也就是我的部屬，那有什麼分別？你別將話岔開去，我問你：要是我殺了你的周姑娘，你對我怎樣？是不是要殺了我替她報仇？」

張無忌沉吟半晌，說道：「我不知道。」趙敏道：「怎會不知道？你不肯說，是不是？」張無忌道：「我爹爹媽媽是給人逼死的。逼死我父母的，是少林派、華山派、崆峒派那些人。我後來年紀大了，事理明白得多了，

張無忌：聰明糊塗心

卻越來越是不懂：到底是誰害死了我的爹爹媽媽？不該說是空智大師、鐵琴先生這些人；也不該說是我的外公、舅父；甚至於，也不該是你手下的那阿二、阿三、玄冥二老之類的人物。這中間陰錯陽差，有許許多多我想不明白的道理。就算那些人真是凶手，我將他們一一殺了，又有什麼用？我爹爹媽媽總是活不轉來了。趙姑娘，我這幾天心裡只是想，倘若大家不殺人，和和氣氣、親親愛愛地都做朋友，豈不是好？我不想報仇殺人，也盼別人也不要殺人害人。」

這一番話，他在心頭已想了很久，可是沒對楊逍說，沒對張三豐說，也沒對殷梨亭說，突然在這小酒家中對趙敏說了出來，這番言語一出口，自己也有些奇怪。（《倚天屠龍記》第二十七回）

兒時遭受創傷產生的痛苦體驗對張無忌產生了巨大影響，除了影響其在感情上的選擇困難，還促使其產生了「救世主」情結。我們可以看到，張無忌一生中始終在救人：從年少時在蝴蝶谷替常遇春治病開始，然後千里送楊不悔去崑崙山坐忘峰尋她的父親楊逍，讓他們父女團聚；成年後崑崙山下當殷離被人羞辱時，就算瘸了雙腿也挺身而出；見五行旗被滅絕師太無情殺戮，為了救人甘願受了三掌；明教總壇上，見小昭孤苦可憐，差點被楊不悔所殺時出手阻止；光明頂力戰六大門派解救明教上下一干人等；當上明教教主之後，解救少林、武當的危難，於萬安寺中解救武林同道；參加屠獅大會，救出義父謝遜之後，粉碎成昆的奸計，保全了少林寺……

張無忌在痛失父母之後的人生中總是在忙著救人，這背後的動力來自何處？來自其內心對於創傷的補償性表達。當小無忌面對父母的離去時，體驗到的是無能為力的痛苦和內疚。作為一個孩子，多麼希望自己擁有一種能力可以救下父母，但是現實就是如此殘酷。當張無忌足夠強大時，父母已無法死而復生，他只能透過不斷救人的方式，在無意識中幻想可以搭

養育篇

救自己的父母。

當張無忌練成乾坤大挪移與九陽神功後,他絕對有報復六大門派的實力,但他從來沒有這樣的想法。一方面如他對趙敏所言,殺再多的人也無法令父母重生,無法修補因創傷產生的缺口。另一方面則是他無意識裡對復仇的恐懼。張無忌從小就深刻見證了謝遜飽受復仇之心的折磨。追根溯源,張無忌父母的死和不肯吐露謝遜下落有關,而六大門派追尋謝遜的下落是因為其濫殺無辜以及奪走屠龍刀,而這一切都因謝遜的復仇而起。

殷素素也是轉著這樣的念頭,又想若不是無忌多口,事情便好辦得多,但想無忌從來不說謊話,對謝遜又情義深重,忽然聽到義父死了,自是要大哭大叫,原也怪他不得,見他面頰上被自己打了一掌後留下腫起的紅印,不禁憐惜起來,將他摟回懷裡。無忌兀自不放心,將小嘴湊到母親耳邊,低聲道:「媽,義父沒有死啊,是不是?」殷素素也湊嘴到他耳邊,輕輕道:「沒有死。我騙他們的。這些都是惡人壞人,他們都想去害你義父。」無忌恍然大悟,向每個人都狠狠瞪了一眼,心道:「原來你們都是惡人壞人,想害我義父。」

張無忌從這一天起,才起始踏入江湖,起始明白世間人心的險惡。他伸手撫著臉頰,母親所打的這一掌兀自隱隱生疼。他知道這一掌雖是母親打的,實則是為眼前這些惡人壞人所累。他自幼生長在父母和義父的慈愛卵翼之下,不懂得人間竟有心懷惡意的敵人。謝遜雖跟他說過成昆的故事,但總是耳中聽來,直到此時,才真正面對他心目中的敵人。(《倚天屠龍記》第八回)

他在這雪谷幽居,至此時已五年有餘,從一個孩子長成為身材高大的青年。最後一兩年中,他有時興之所至,也偶然與眾猿猴攀援山壁,登高遙望,以他那時功力,若要逾峰出谷,已非難事,但他想到世上人心的陰

險狠詐，不由得不寒而慄，心想何必到外面去自尋煩惱、自投羅網？在這美麗的山谷中直至老死，豈不甚好？（《倚天屠龍記》第十六回）

　　張無忌和金庸筆下很多主角一樣，最後都選擇了歸隱，但是他對於歸隱的態度始終是主動且嚮往的。這一點和楊過、狄雲、令狐沖都不同。張無忌一生最開心快樂的時光就是十歲之前與父母、義父在冰火島的生活，以及五年的青春期，一人在崑崙山中獨居，自然恬淡，樂在其中。因為從小得到了足夠的關愛，張無忌有獨處和在孤獨中享受生活的能力，這些是極少數人能夠擁有的。他從小內心的良好自體客體體驗是被充分滿足過的，他的自體也始終是穩定的。雖然因為兒童期社會化的缺失，其社會適應性一度面臨困難，但透過學習，他也能很快融入社會。張無忌雖然心存歸隱之心，但從社會化角度看，他在一些大事件的掌握和處理上表現得頗具能力和擔當，也取得了很大的成功。這些都說明張無忌內心的健康程度其實是相當不錯的，在金庸武俠人物中也屬於比較高的水平，這一切都得益於他從小擁有足夠好的母親，能夠被理想化的父親，還有適當的挫折。

王語嫣：從未試過擁有

　　《天龍八部》中的男主角有三人，分別是段譽、蕭峰和虛竹。這部小說中的女性很多，王語嫣算是著墨最多的，也是貫穿整個故事最重要的女主角。相較於金庸其他武俠小說的女主角，許多讀者，包括筆者，對王語嫣並無好感。論及王語嫣令人反感之處，一方面是她天性涼薄，另一方面則是她有眼無珠，視段譽的深情於無物，眼神始終不離那個不值得託付的表哥慕容復。

天性涼薄

　　段譽側過了頭，避開地下濺起來的塵土，一瞥眼，看到遠處王語嫣站在包不同和風波惡身邊，雙眼目不轉睛地注視著自己，然而臉上卻無半分關切焦慮之情，顯然她心中所想的，只不過是：「表哥會不會殺了段公子？」倘若表哥殺了段公子，王姑娘自然也不會有什麼傷心難過。他一看到王語嫣的臉色，不由得萬念俱灰，只覺還是即刻死於慕容復之手，免得受那相思的無窮折磨，便悽然道：「你幹嘛不叫我一百聲『親爺爺』？」
　　……
　　王語嫣見表哥出指中敵，拍手喝采：「表哥，好一招『夜叉探海』！」本來要點中對方膻中氣海，才算是「夜叉探海」，但她對意中人自不免要寬打幾分，他這一指雖差了一寸六分，卻也馬馬虎虎地稱之為「夜叉探海」了。

王語嫣：從未試過擁有

......

　　段譽聽得王語嫣在慕容復打倒自己父親之時大聲喝采，心中氣苦，內力源源湧出，一時少商、商陽、中衝、關衝、少衝、少澤六脈劍法縱橫飛舞，使來得心應手，有如神助。（《天龍八部》第四十一回）

　　成年後再看《天龍八部》，慢慢覺得王語嫣鍾情於表哥慕容復，不搭理段譽，視段公子的付出如糞土，其實也不算是過錯，細細體會，王語嫣令人反感之處是她的天性涼薄。王語嫣對段公子的薄情自不用說，段譽對她可謂置生死於度外，多次以身犯險護她周全。可是王語嫣對其不理不睬倒也算了，少室山之役中，段譽被慕容復踩在腳下，性命危在旦夕，王姑娘非但不出一言相勸，也無半點關切之態。當慕容復擊傷上前救兒子的段正淳時，王語嫣竟然出言喝采，這份薄情實在令人心寒。

　　在小說中，王語嫣不僅對段譽薄情，她對其他人的態度也大致如此。當老熟人阿朱、阿碧帶著段譽為躲避鳩摩智的追捕，逃到王家時，因觸犯了王母定下的不準男人進入曼陀山莊的規矩，王母要殺雙姝。王語嫣聽說後本不想去搭救兩姐妹，只是想到日後怕被表哥慕容復責怪，才勉強去向母親求情。後來，王語嫣與段譽被西夏一品堂武士追殺，逃入一穀倉，被一對農村青年男女收留，這對樸實的男女也因此被殺。脫險之後王語嫣沒有半分難過和歉意，讓還傷感中的段譽一把火將穀倉燒掉。王姑娘這樣涼薄的性格在小說中多次呈現。

　　王語嫣是大理王爺段正淳與情人李青蘿的私生女。李青蘿被段正淳拋棄後，恨透了世間所有男人，於是立下規矩，她所在的曼陀山莊不準任何男人進入，違者格殺勿論。王語嫣從小生長在曼陀山莊，身邊只有兩個丫鬟小茗、幽草服侍，生活環境與外界隔離，人與人之間關係淡薄。之後王語嫣隨阿朱、阿碧離家出走去尋表哥，也沒有帶上這兩個小丫鬟，可見主

養育篇

僕之間並沒有多少感情。而王語嫣的母親李青蘿則是一位極端的以自我為中心，心性暴虐，充滿憤怒和控制欲的母親，和這樣的母親在一起生活，孩子很難體會到親情的溫暖。

而小說中另一位和王語嫣生長環境相似的孩子木婉清，則熱情如火。造成二人區別的主要原因在於，木婉清的母親秦紅棉是個內心火熱、重感情的人，表面的清冷只是一種保護自己的偽裝。當秦紅棉再見到段正淳的那一刻，萬般冷峻都化成了柔情。而王語嫣的母親李青蘿則自始至終心冷手黑，無情無義，為達到自己的目的可以犧牲一切。她對待女兒的態度也是強勢、粗暴的，將自己的認知強加於女兒。如果一個孩子從小極少感受到親近、溫暖、依戀等情感，那麼這個孩子日後形成的人格中高機率包含涼薄的一面。因此，母親的人格特質會對孩子的人格塑造與形成發揮非常大的作用。

被控制型母親所養育

段譽聽出了她話中的譏嘲之意，自己想想也覺不對，賠笑道：「依姑娘之見，該當怎樣才是？」王語嫣道：「一把火燒得乾乾淨淨，豈不是好？」段譽道：「這個，嗯，好像太簡慢些了罷？」沉吟半晌，實在也別無善策，只得去覓來火種，點燃了碾坊中的稻草。兩人來到碾坊之外，霎時間烈焰騰空，火舌亂吐。

……

段譽道：「好好一座碾坊因我而焚，我心中好生過意不去。」王語嫣道：「你這人婆婆媽媽，哪有這許多說的？我母親雖是女流之輩，但行事爽快明決，說幹便幹，你是個男子漢大丈夫，卻偏有這許多顧慮規矩。」段譽心想：「你母親動輒殺人，將人肉做花肥，我如何能與她比？」說道：

王語嫣：從未試過擁有

「我第一次殺了這許多人，又放火燒人房子，不免有些心驚肉跳。」王語嫣點頭道：「嗯！那也說得是，日後做慣了，也就不在乎啦。」（《天龍八部》第十七回）

　　王語嫣與段譽的這一段對話，表明了她內心無意識中對母親的認同。她人格中的一部分認同母親狠心無情，以自我為中心的處事態度，這是她性格中涼薄特質形成的原因。性格的複雜性在於矛盾衝突互相交織。由於母親在心理層面具有侵略性，王語嫣為了應對心理上被控制的痛苦體驗，逐漸發展出一種表面順從的模式，以減少被心理傷害的次數。這個掩飾模式也漸漸成為她的人格面具，在人前她表現得楚楚可憐，溫柔婉約。她在燕子塢群雄面前侃侃而談評判英雄的三個標準，人品居第一位，而表哥慕容復——王語嫣心中唯一的英雄，人品卻甚是不堪。王語嫣的表裡不一是種掩飾，是在與母親的關係體驗中，對其心理上的認同與防禦所共同形成的。她掩飾的是與母親一樣無情與自私的內心。但母女二人不同之處在於，母親的性格特質是顯露在外的，旁人為了躲避危險可以敬而遠之；而王語嫣則將自己的涼薄無情加以掩飾和包裝。這一層包裝在人格外的掩飾對王語嫣來說至關重要，具體表現為美貌、才學、見識。新修版《天龍八部》的尾聲部分，王語嫣對於自己外貌的關注到了痴狂地步，聽說有永保青春美貌的祕方，就要求段譽帶她去尋訪。這種行為就是掩飾內在心理的無意識體現。

　　關於王語嫣的結局，在修訂版和TVB劇集中，王語嫣最後嫁給了段譽，做了大理國的王后。在新修版中，金庸改寫了故事結局，王語嫣在無量洞中為尋青春永駐之藥而打碎了「神仙姐姐」的玉像，同時也打碎了段譽的心魔（書中有一段段譽的內心獨白）。王語嫣知道了自己與玉像的關聯，在失望之中掩面而走，段譽也沒有如以往一般追她回來。最終，王語

媽還是回到了表哥身邊，和阿碧一起照顧精神失常的慕容復，當再次遇見段譽時，王語嫣心中一半是落寞，一半是滿足。對於這個新結局，讀者們褒貶不一，筆者認為這樣改挺好，至少新結局更符合王語嫣的內在心理狀況。

內攝母親的心理特質

在整部小說中，王語嫣都深愛著表哥慕容復，從精神分析視角看，這是符合人物無意識心理的。慕容復內在的部分人格與王語嫣及王夫人李青蘿是一樣的，都有涼薄、自私、心狠的一面。在慕容復心中，光復大燕是他世代相傳唯一的人生目標，為了達成這個目標，可以不擇手段。他為了當上西夏駙馬，可以逼表妹先跳崖後跳井；為了復國，與段延慶合作伏擊段正淳，逼其就範，毫不猶豫地殺了段正淳一眾無辜的情人，甚至舅母李青蘿也死在他手上。佛洛伊德描述無意識時曾總結過一個現象：很多女性在第一段婚姻中選擇的男性常常帶有母親性格中的一些特質，這是女性無意識中對母親欲望（愛恨）的體現。慕容復的人格中具有李青蘿的特質，這對於王語嫣來說是一種莫名的熟悉，熟悉代表安全，無論這種感受帶來的後果如何，她都會選擇。

慕容復是唯一可以進出曼陀山莊的男人，他擁有封閉環境中長大的王語嫣羨慕的自由。於是，王語嫣會將逃離母親控制的無意識願望投射到慕容復身上，而恰恰在意識層面她離家出走也是以尋找表哥為藉口。

同時慕容復還是王語嫣投射了無意識裡對父親渴望的客體。在女兒與控制型母親的關係中，父親角色極為重要。父親能夠作為三角關係中的一角，承接和中和母親的部分控制欲望，給女兒以喘息的機會。另外，父親

的特質也能夠影響和調整女兒的人格結構。但是恰恰在王語嫣的成長過程中，父親角色是缺失的，在周圍全是女性的成長空間裡，找不到其他可以替代父親功能的男性。於是，慕容復也被王語嫣投射成了能把她從控制型母女關係中拉出來的象徵性父親角色。而悲哀的是，慕容復並非能夠改善母女關係的「父親」，他只是另一個「無情的壞媽媽」而已。

　　小說中值得深思的是，王語嫣在成長過程中是沒有父親參與的，她是李青蘿與段正淳的私生女，書中並未交代她的王姓養父是誰，甚至沒有提及名字和經歷，養父到底是去世了還是離開了曼陀山莊也不得而知，這是一種心理上父親缺失的隱喻。而她母親李青蘿也是自小缺失父親，她是無崖子與李秋水的私生女。一個人如果喪失過重要的關係，就會無意識地擔心再次失去，為了維護身邊僅存的關係，會不自覺地控制親近的人，這種行為則會讓對方體驗到被侵入與控制。李青蘿就是這樣的人，王語嫣與母親相似，也有要控制他人的一面，不同的是，她比母親多發展出了一層用於掩飾的心理防禦模式。她飽讀各門派武學祕笈，在意識層面上是希望以此協助表哥成就霸業，但她屢屢不自覺地在表哥和外人面前展示這一能力，數次讓表哥難堪也不加改變。這實際上是一種抬高自己、貶低對方的隱蔽方式，透過讓表哥認同自己的重要性，以達到隱形控制的最終目的。在《天龍八部》新修版的結尾中，王語嫣在某種程度上完成了其內心無意識的控制欲望，她將糖果和糕餅分給孩童，讓他們叩拜表哥，滿足了精神分裂的慕容復的皇帝夢。王語嫣最終控制了這個無意識中象徵父親的客體，且永遠不用擔心會失去這段關係——只不過，這種關係是虛假的。寫到這裡，忽然覺得王語嫣也挺讓人唏噓的。

養育篇

慕容復：夢裡是誰

　　《天龍八部》是金庸武俠小說中最波瀾壯闊的大長篇著作，不但歷史背景廣闊，故事離奇曲折，在人物刻劃上，三位主角出身不同，性格迥異，眾多配角也個性鮮明，讓人印象深刻。慕容復就是小說中一位重量級配角，金庸對他性格描寫的深刻程度並不亞於三位主角。

見面不如聞名

　　在小說開頭的很長部分，慕容復並沒有出場，讀者對慕容復的印象完全來自他人的視角與烘托。「南慕容，北喬峰」的江湖評價奠定了慕容復的武林地位，連大理世子段譽也早有耳聞。逼走四大惡人之首段延慶的大理一流高手黃眉僧，談起年輕時在慕容家人手中死裡逃生的往事，依然心有餘悸，這更增添了慕容家的傳奇性。當段譽被鳩摩智劫持到慕容家的燕子塢時，遇到了慕容復的侍女阿朱、阿碧，兩人都是一等一才情兼備的女子。慕容復身邊的四大家臣也是身手不凡，各有千秋。讀者不自覺地便會認為，其婢女家臣都如此不凡，慕容復本人必定更加出類拔萃。段譽在曼陀山莊遇見王語嫣，偷聽到她向阿朱吐露自己對表哥的相思之情，這讓段譽想到慕容復也不由得自慚形穢起來。後來段譽遇到蕭峰，誤以為其是慕容家人，一番作弊拼酒之後對蕭峰豪氣頗為敬佩，聯想到與他齊名的慕容復，想必也是一位了不起的英雄。行文至此，金庸透過層層鋪陳，慕容復本人未出場，其形象便已被推到了「巔峰」。

慕容復：夢裡是誰

　　蕭峰身形魁偉，手長腳長，將慕容復提在半空，其勢直如老鷹捉小雞一般。鄧百川、公冶乾、包不同、風波惡四人齊叫：「休傷我家公子！」一齊奔上。王語嫣也從人叢中搶出，叫道：「表哥，表哥！」慕容復恨不得立時死去，免受這難當羞辱。

　　蕭峰冷笑道：「蕭某大好男兒，竟和你這種人齊名！」手臂一振，將他擲了出去。

　　慕容復直飛出七八丈外，腰板一挺，便欲站起，不料蕭峰抓他神道穴之時，內力直透諸處經脈，他無法在這瞬息之間解除手足的麻痺，砰的一聲，背脊著地，只摔得狼狽不堪。

　　鄧百川等忙轉身向慕容復奔去。慕容復運轉內息，不待鄧百川等奔到，已然翻身站起。他臉如死灰，一伸手，從包不同腰間劍鞘中拔出長劍，跟著左手劃個圈子，將鄧百川等擋在數尺之外，右手手腕翻轉，橫劍便往脖子中抹去。王語嫣大叫：「表哥，不可⋯⋯」（《天龍八部》第四十二回）

　　金庸先前花費這麼多筆墨刻意拔高慕容復的形象，等到他正式出場時，卻立刻詮釋了什麼叫「見面不如聞名」。隨著故事情節的發展，讀者對他的評價一路走低，正如慕容復的人生一般，高開低走，最終慘淡收場。幾乎所有讀者都不會喜歡慕容復這個角色。小說中第一次出場，慕容復易容成西夏武士，在穀倉中遇到避難的王語嫣與段譽，他非但沒有立即表明身分搭救表妹，妒意之下還對段譽起了殺心。在這一點上可以看出，慕容復是一個心胸狹窄、睚眥必報之人，這也呼應了慕容家「以彼之道，還施彼身」的成名絕技。在萬仙大會上，慕容復為了拉攏人心，決定幫助眾人攻打已經失去功力的天山童姥，最終是武功低微的虛竹毅然出手救人。慕容復的所作所為已經和此前標榜的江湖豪俠形象背道而馳，他不但天性涼薄，內心殘忍，還是個為達目的不擇手段的人。少室山上，他與臭名昭彰的丁春秋聯手，加上鐵頭遊坦之，一起對付蕭峰等三人，想趁機

養育篇

籠絡人心，招攬與蕭峰有私仇的武林人士——這種落井下石、不擇手段的卑鄙做法令人厭惡；西夏招親路上，慕容復為了能當上西夏駙馬，眼看表妹王語嫣跳井而見死不救，令人心寒，連目睹此情景的鳩摩智都看不下去出言譏諷；為了逼迫段正淳許諾未來禪讓王位給自己，他不但殺了段正淳的三位情人，還殺死了舅母李青蘿；而後又為逢迎段延慶，毫不猶豫地殺死了忠心耿耿的家臣包不同，可謂喪盡天良。慕容復一步步地滑向惡的深淵，由人變鬼，最終瘋癲，只能在土墳之上永遠做著復興大燕的春秋大夢。

從未體驗過快樂的人生

那宮女道：「待婢子先問慕容公子，蕭大俠還請稍候，得罪，得罪。」接連說了許多抱歉的言語，才向慕容復問道：「請問公子：公子生平在什麼地方最是快樂逍遙？」

這問題慕容復曾聽她問過四五十人，但問到自己之時，突然間張口結舌，答不上來，他一生營營役役，不斷為興復燕國而奔走，可說從未有過什麼快樂之時。別人瞧他年少英俊，武功高強，名滿天下，江湖上對之無不敬畏，自必志得意滿，但他內心，實在是從來沒感到真正快樂過。他呆了一呆，說道：「要我覺得真正快樂，那是將來，不是過去。」

那宮女還道慕容復與宗贊王子等人是一般的說法，要等招為駙馬，與公主成親，那才真正的喜樂，卻不知慕容復所說的快樂，卻是將來身登大寶，成為大燕的中興之主。她微微一笑，又問：「公子生平最愛之人叫什麼名字？」慕容復一怔，沉吟片刻，嘆了口氣，說道：「我沒什麼最愛之人。」那宮女道：「如此說來，這第三問也不用了。」慕容復道：「我盼得見公主之後，能回答姊姊第二、第三個問題。」（《天龍八部》第四十六回）

縱觀整部小說，筆者對慕容復這個角色基本上是感到厭惡的，只有在這段西夏招駙馬，被李清露侍女提問的情節中，突然對慕容復有了些許同情。

如果一個人反思自己過往的人生時，突然發現自己竟從未體驗過快樂，這何嘗不是一種悲劇。這不禁讓筆者思考慕容復為何從來沒有快樂過，他內在的自體結構到底存在什麼問題。海因茨·科胡特認為健康的自體具備三個特徵，即一個人對自己的體驗是統整的、和諧的、有活力的。

體驗到真實的快樂是一種能力，是健康自體才擁有的功能，當一個人長期無法體驗到快樂，也說明了其自體的虛弱。慕容復的自體是虛弱且帶有憂鬱性的，也是不統整、不和諧的。當王語嫣在他對敵中屢屢指出他招數的瑕疵時；當蕭峰天神下凡般將他擊敗時；當他復興大燕的事業屢屢受挫時……慕容復表現出的各種憤怒情緒，指向他人，更指向自己。在這種不穩定情緒的控制下，他一而再再而三地進退失據，昏招頻出，這些行為背後都是受那個虛弱的自體影響。

被刻意塑造的人生

那僧人邁開大步，走到慕容復身邊，問道：「你有兒子沒有？」語音頗為蒼老。

慕容復道：「我尚未婚配，何來子息？」那灰衣僧森然道：「你有祖宗沒有？」慕容復甚是氣惱，大聲道：「自然有！我自願就死，與你何干？士可殺不可辱，慕容復堂堂男子，受不得你這些無禮的言語。」灰衣僧道：「你高祖有兒子，你曾祖、祖父、父親都有兒子，便是你沒有兒子！嘿嘿，大燕國當年慕容皝、慕容恪、慕容垂、慕容德何等英雄，卻不料都變成了斷種絕代的無後之人！」（《天龍八部》第四十二回）

養育篇

　　健康自體的外在呈現是性情穩定，從容和諧，積極有活力，有體驗快樂的能力，有對幸福生活的熱情追求。而慕容復無法感受到快樂是由於自體的虛弱，這樣的虛弱自體是怎樣建構出來的？這可能是由幼年開始的兩種不同心理機制所最終建構成的，一種是水平分裂，另一種是垂直分裂。這兩種不同的自體建構機制隔絕了一個人在成長過程中，自體正常發展所需要的「心理能量」，從而導致自體缺乏統整、和諧與活力。

　　慕容復從小就被賦予了與其年齡不符的期待，承擔起復國的重任。從少室山上慕容博與慕容復二十年後再見的這一段對話中可以看出，慕容博絲毫沒有父子久別重逢的喜悅和激動。對比蕭遠山與蕭峰的重逢，父子間的情感張力滿滿。慕容博雖然阻攔下了兒子羞憤自殺，但在他心中復興大燕的重要性遠在兒子的性命之上。從慕容博對慕容復的一段質問中可以推斷，如果慕容復有了兒子繼承復興重任，那麼慕容博也就不會阻止其自殺了。同樣為了復興大燕，二十年前慕容博自己策劃並實施了假死來瞞騙天下人，代價是自己捨棄了家庭，捨棄了兒子，捨棄了身邊所有人，捨棄了身分。可想而知，慕容復也只是慕容家一代又一代為了復興大燕的工具、棋子。至於慕容復本身的天資、秉性是否適合擔任這個角色，並不重要，因為他必須被培養成復國者的角色。於是慕容覆在幼年期就開始觸發了垂直分裂的心理機制，所有與復國者角色相悖的個人特質和行為傾向通通被禁止，被粗暴地從意識層面分裂出去，他只能保留符合復國目標的特質並進一步培養和強化。於是，在這種垂直分裂心理機制的建構下，慕容復變成了一個自體虛弱、性情涼薄、情緒不穩、憤怒嫉妒、脆弱多疑的人。

慕容復：夢裡是誰

在病態中結束人生

慕容復聽了玄慈這番話，立即明白：「爹爹假傳音訊，是要挑起宋遼武人的大鬥，我大燕便可從中取利。事後玄慈不免要向我爹爹質問。我爹爹自也無可辯解，以他大英雄、大豪傑的身分，又不能直認其事，毀卻一世英名。他料到玄慈方丈的性格，只須自己一死，玄慈便不會吐露真相，損及他死後的名聲。」隨即又想深一層：「是了。我爹爹既死，慕容氏聲名無恙，我仍可繼續興復大業。否則的話，中原英豪群起與慕容氏為敵，自存已然為難，遑論糾眾復國？其時我年歲尚幼，倘若得知爹爹乃是假死，難免露出馬腳，因此索性連我也瞞過了。」想到父親如此苦心孤詣，為了興復大燕，不惜捨棄一切，更覺自己肩負之重。（《天龍八部》第四十二回）

一個人如果從幼年開始在心理上持續受到垂直分裂的心理機制影響，會造成自體結構的缺陷。即便如此，這個缺陷依然有機會得以修補，但需要父親提供的心理補償機制，這個機制叫理想化自體客體體驗。對孩子來說，這個補償功能通常是由父親提供的，或者由具有象徵意義的父親提供。而慕容復幼年時，父親慕容博便假死騙過眾人並藏身少林寺，慕容覆成長中缺少父親的陪伴與教育，也因此失去了補償自體結構缺陷的機會。

相較之下，蕭峰雖然也從小沒有親生父親陪伴，但他的成長過程中並不缺少優秀的象徵性父親。養父喬三槐陪伴了蕭峰的童年，他忠厚樸實的性情建構了蕭峰人格的底色；七歲時路遇野狼，蕭峰被少林寺玄苦大師所救拜入門下習武，在嚴師的教誨下磨鍊心性，打下堅毅性格的基礎；十六歲遇丐幫幫主汪劍通，蕭峰被收為徒，奮力上進，在完成了師父出的三大難題，又立下了七大功勞之後，才最終眾望所歸地成為天下第一大幫的幫

養育篇

主。連智光大師也說,自丐幫成立數百年來,從無第二個幫主之位如蕭峰這般得來艱難。蕭峰是一步一步在成長中追隨與內化了很多個「父親」榜樣,並在「父親們」的鏡映中最終成長為豪氣干雲的大英雄。而慕容復的成長中既缺少父親慕容博的陪伴,身邊也沒有象徵性父親的理想化模板,缺乏認可的目光和讚賞的回應。因此,蕭峰的自體充盈,而慕容復的內在自體是虛浮的、匱乏的。正如少室山一戰中,慕容覆被蕭峰一招擊潰,武藝上分出高低,也隱喻了人格完整層面的高下。

孩子自體結構的缺陷可以透過父親提供的理想化自體客體的體驗功能得以補償,並且這種體驗無法依靠想像的父親來完成。而慕容家族中,至少慕容博和慕容復兩代都缺少由真實的父親所提供的心理功能,慕容復自不用說,慕容博似乎也是如此。在黃眉僧講述年輕時遭遇慕容家重創的往事中,按照時間推算,他當年遇到的少年應該就是慕容博。當時慕容博與母親身著喪服為其父奔喪,在擊殺黃眉僧的整個過程中,慕容博對母親言聽計從。這說明慕容博和慕容復一樣,同樣缺少對父親功能的體驗。用想像的父親來替代現實的父親似乎是慕容家族的傳統。在少室山上,從慕容博對慕容復的質問中可以得知,那些已故數百年的大燕國先人就是慕容家族兩代人想像中的「父親」。但後輩距離想像的父親太遙遠,這就導致其形象會被過於美化、理想化,最重要的是想像的父親不會投來真實的「鏡映目光」,只會加重幻想。慕容復單名一個「復」字,復國的「復」,復興的「復」,可以看出其父對他的期待。然而,在當時的大環境下,這終究只能是個幻想。幻想與現實始終會充滿衝突和矛盾,並由此帶來痛苦,因為它們之間的距離太過遙遠。現實的挫敗與幻想的美好之間不可調和的矛盾與衝突,現實自我與理想自我之間的巨大鴻溝,在自體缺陷背景之下會

被不斷放大，原先心理層面的分裂最終發展成精神層面的病理性分裂。於是小說的最後，慕容復瘋了，他志得意滿地坐在墓前，接受鄉村小兒們的朝拜，在一片萬歲聲中，做著復興大燕、登基為帝的春秋大夢。

段正淳：影子情人

一個朋友曾與我笑談，如果讓金庸武俠小說的女性讀者選小說中的「渣男」角色，《天龍八部》中的段正淳一定名列前茅。「渣男」這個詞在現代流行文化語境中，經常被當作貶低花心男子的總結評價。然而人性複雜，用單一的詞語進行概括有貼標籤並且蓋棺定論的傾向。因此，筆者不會用「渣男」這個詞給段正淳定性，這沒有意義，也不符合精神分析的視角和思考方式。段正淳的人格是怎樣的？他外在的行為反映了怎樣的內在心理？他為何一邊深情一邊又無法長情？這些問題值得細細分析與研究。

四處留情

眾人均想：「葉二娘惡名素著，但對她當年的情郎，卻著實情深義重。只不知這男人是誰？」

段譽、阮星竹、范驊、華赫艮、巴天石等大理一系諸人，聽二人說到這一樁昔年的風流事蹟，情不自禁地都偷眼向段正淳瞄了一眼，都覺葉二娘這個情郎，身分、性情、處事、年紀，無一不和他相似。更有人想起：「那日四大惡人同赴大理，多半是為了找鎮南王討這筆孽債。」

連段正淳也是大起疑心：「我所識女子著實不少，難道有她在內？怎麼半點也記不起來？倘若當真是我累得她如此，縱然在天下英雄之前聲名掃地，段某也決不能絲毫虧待了她。只不過……只不過……怎麼全然記不得了？」（《天龍八部》第四十二回）

段正淳：影子情人

段正淳被讀者詬病最多的地方就是其情人眾多，用情不專。除了正妻刀白鳳，他還與多位女子產生情感糾葛並生下孩子，在金庸武俠小說中，身邊有這麼多女子環繞，恐怕也只有《鹿鼎記》中的韋小寶可與之相提並論了。不同的是，段正淳對每一位所愛女子的感情要比韋小寶更深刻且更投入。

段正淳縱起身後，拔下了梁上的長劍。這劍鋒上沾染著阮星竹、秦紅棉、甘寶寶、王夫人四個女子的鮮血，每一個都曾和他有過白頭之約，肌膚之親。段正淳雖然秉性風流，用情不專，但當和每一個女子熱戀之際，卻也是一片至誠，恨不得將自己的心掏出來，將肉割下來給了對方。眼看四個女子屍橫就地，王夫人的頭擱在秦紅棉的腿上，甘寶寶的身子橫架在阮星竹的小腹，四個女子生前個個曾為自己嘗盡相思之苦，心傷腸斷，歡少憂多，到頭來又為自己而死於非命。當阮星竹為慕容復所殺之時，段正淳已決心殉情，此刻更無他念，心想譽兒已長大成人，文武雙全，大理國不愁無英主明君，我更有什麼放不下心的？回頭向段夫人道：「夫人，我對不起你。在我心中，這些女子和你一樣，個個是我心肝寶貝，我愛她們是真，愛你也是一樣的真誠！」

段夫人叫道：「淳哥，你……你不可……」和身向他撲將過去。

……

但聽得段夫人一聲慘呼，段正淳已將劍尖插入自己胸膛。段夫人忙伸手拔出長劍，左手按住他的傷口，哭道：「淳哥，淳哥，你便有一千個、一萬個女人，我也是一般愛你。我有時心中想不開，生你的氣，可是……那是從前的事了……那也是正是為了愛你……」但段正淳這一劍對準了自己心臟刺入，劍到氣絕，已聽不見她的話了。段夫人回過長劍，待要刺入自己胸膛，只聽得段譽叫道：「媽，媽！」一來劍刃太長，二來分了心，劍尖略偏，竟然刺入了小腹。（《天龍八部》第四十八回）

養育篇

在《天龍八部》的小說結尾，段正淳眼見自己心愛的幾位女子一一被慕容復殺害，肝腸寸斷，自己也斷了活下去的念頭，最終自殺。試想如果面對相似的場景，換成韋小寶會怎麼做？他大約會親手埋了眾妻妾，傷心難過，一番痛哭之後，找青木堂的兄弟和多隆，用盡手段報仇雪恨。

段正淳為什麼非要自殺呢？相對於肉體的死亡，人們對精神的死亡感到更加恐懼，這是精神分析學說對於死亡恐懼（焦慮）的觀點。對於段正淳來說，當眾多情人在他面前一一死去時，他內在的心理體驗是自己的精神也跟著死去了，於是肉體的存在已不再重要，所以他毅然決然地選擇了自殺。這也說明，段正淳與這些情人的關係體驗，幾乎占滿了他的內在精神世界，他將無意識的慾望、缺憾、動力都投射在了她們身上。

從精神分析角度來看，在兩性關係中，男性與女性的關係實際上是在重複演繹他幼年時作為小男孩與母親的關係。所有兒時與母親關係中體驗到的滿足、缺失、渴望、失望、依戀、疏離、矛盾、混亂等感受，都會再次在成人關係，尤其是親密關係中被無意識地呈現出來。段正淳的這幾位情人性格氣質迥異，各有各的鮮明特點。正妻刀白鳳端莊大氣，性格堅毅，恩怨分明；阮星竹千嬌百媚，善於逢迎；修羅刀秦紅棉性格火暴，外剛內柔；俏夜叉甘寶寶機靈可愛，聰明伶俐；李青蘿性格偏執，睚眥必報；康敏外表柔弱清純，內在卻是蛇蠍心腸。段正淳對待每個女子都一往情深，不能自已，這或許反映出幼年時，段正淳母子之間感情疏離，母親帶給段正淳的感受具有未知性和不確定感。於是，成年後的段正淳需要在不同的女性身上去尋找可能的「母親的味道」。而這種行為注定失敗，因為答案永遠無法被證實，但無意識必定在背後驅動著段正淳不停尋找。

段正淳：影子情人

深情卻無法長情

　　段正淳不答，站起身來，忽地左掌向後斜劈，颼的一聲輕響，身後的一只紅燭隨掌風而熄，跟著右掌向後斜劈，又是一只紅燭陡然熄滅，如此連出五掌，劈熄了五隻紅燭，眼光始終向前，出掌卻行雲流水，瀟灑之極。

　　木婉清驚道：「這……這是『五羅輕煙掌』，你怎麼也會？」段正淳苦笑道：「你師父教過你罷？」木婉清道：「我師父說，這套掌法她絕不傳人，日後要帶進棺材裡去。」段正淳道：「嗯，她說過絕不傳人，日後要帶入土中？」木婉清道：「是啊！不過師父當我不在面前之時，時常獨個兒練，我暗中卻瞧得多了。」段正淳道：「她獨自常常使這掌法？」木婉清點頭道：「是。師父每次練了這套掌法，便要發脾氣罵我。你……你怎麼也會？似乎你使得比我師父還好。」

　　段正淳嘆了口氣，道：「這『五羅輕煙掌』，是我教你師父的。」（《天龍八部》第七回）

　　在無意識心理的驅動下，段正淳對待每一段感情都用情至深。用他自己的話說，在每一段感情中，他都恨不得將自己的心剖給對方，把自己的肉割給對方。這並非說謊，而是段正淳內心真實的情感。因此，每一位和他有過情感關係的女子，無論分開多久都對其念念不忘，哪怕人到中年依然其意難平。筆者年少初讀《天龍八部》時，只對書中酣暢淋漓的比武場面有濃厚興趣，這一段關於「五羅輕煙掌」的情節，並未給筆者留下特別深刻的印象。成年後重讀小說，才懂得這段故事到底講了什麼。五羅輕煙掌本不是克敵致勝的武功，只是兩人的閨房之樂，彼此獨有的祕密。人到中年，方能從中感受到段正淳與秦紅棉之間的愛恨與不捨。段正淳對每一位女子都愛得真切、愛得用心、愛得深刻，這對映了其幼年時對母親的渴

望。欲望源自缺乏，段正淳成年後，始終被幼年缺乏的母愛造成的心理空洞驅使、糾纏。在兩性關係中，他表面上能夠自由地抽身離去，而在本質上，他是不自由的。

段正淳搶到視窗，柔聲道：「紅棉，你進來，讓我多瞧你一會兒。你從此別走了，咱倆永遠廝守在一塊。」秦紅棉眼光突然明亮，喜道：「你說咱倆永遠廝守在一起，這話可是真的？」段正淳道：「當真！紅棉，我沒有一天不在想念你。」秦紅棉道：「你捨得刀白鳳麼？」段正淳躊躇不答，臉上露出為難的神色。秦紅棉道：「你要是可憐咱倆這女兒，那你就跟我走，永遠不許再想起刀白鳳，永遠不許再回來。」

……

只聽段正淳柔聲道：「只不過我是大理國鎮南王，總攬文武機要，一天也走不開……」秦紅棉厲聲道：「十八年前你這麼說，十八年後的今天，你仍是這麼說。段正淳啊段正淳，你這負心薄倖的漢子，我……我好恨你……」（《天龍八部》第七回）

段正淳雖然對每一位與他有情感關係的女子都情深意切，卻無法與之長相廝守，這也是他的眾多情人恨他入骨的地方。刀白鳳甚至委身乞丐（重傷的段延慶）以報復他的感情背叛；李青蘿更是因他遷怒於天下所有的負心漢，見一個殺一個。段正淳見一個愛一個的表現是一種症狀，其所要表達的是無意識裡對於缺失所引發的修補願望。只是這種修補行為在時空維度上，無異於刻舟求劍，注定無果。如果不經過深入的分析與理解，這個缺失引發的強烈慾望便不會停止，始終驅動著段正淳去尋找下一個「母親」。而可悲的是，新找到的「影子母親」永遠無法消除由親生母親帶來的不確定性，也無法撫平內在的傷口。因此，段正淳不會停止內心的尋找，

段正淳：影子情人

每一段關係都始於真情實意，而終於心理空洞再次瀰漫引發的欲望。這就是佛洛伊德提到的心理症狀中最重要的特徵：重複！

渴望母親關注的孩子

段正淳的母親到底是一個怎樣的人，小說中並未提及，但透過精神分析的理論框架，我們能夠從段正淳與女性的關係中分析與建構出一部分真相。在小說尾聲，慕容復與李青蘿設局與段延慶合作，抓住了段正淳與他的情人們，最終段正淳與五位情人皆命喪黃泉。五位情人死亡的順序依次是阮星竹、秦紅棉、甘寶寶，三人為慕容復所殺；然後是李青蘿，半是自殺半是死在慕容復手裡；最後是妻子刀白鳳，在段正淳殉情後自殺。這裡也許暗示了幾位女子在段正淳內心的分量排名。在個性和對待段正淳的態度上，李青蘿和刀白鳳有相似之處，二人與前三位有很大不同。她們兩個都是態度堅決、不願妥協的人，不像其他三位那麼心軟，段正淳一說甜言蜜語就把先前對他的種種怨恨拋到了九霄雲外。刀白鳳得知丈夫移情別戀後，常年住在大理城外道觀中，自號玉虛散人，段正淳雖貴為王爺，卻也不敢對她言語輕佻。對於刀白鳳，段正淳是深愛且敬重的，這也許與刀白鳳對他嚴肅和不苟言笑的態度有關，而恰恰刀白鳳是段正淳唯一娶的正妻，也是他心裡最重視的女子。

上文中分析段正淳幼年與母親的關係也許比較疏離，這種關係狀態使得成年後的段正淳在親密關係中產生了「見一個愛一個」的症狀。那麼，對於帶有嚴肅態度女性的偏好，或許恰能對應段正淳基於疏離母子關係的無意識渴望。被嚴肅對待其實是被關注體驗的一種變形形式，而段正淳每次在關係中付出真心之後又飄然遠去，讓情人心存怨恨，也是一種被深刻

養育篇

與長久關注的無意識表達。

　　此外，還有一種假設，段正淳是大理鎮南王，是大理皇帝段正明的弟弟，在王位的繼承權上次於哥哥。相較之下，父母或許從小更重視哥哥，而段正淳則不會被賦予更多期待和關注。因此，對他有著嚴肅態度和要求的刀白鳳在他心中的重要程度，也反映了其內在心理需求，被忽視的孩子多麼希望能夠像哥哥那樣被母親認真對待、賦予期待，哪怕對方態度嚴肅甚至嚴厲都無所謂，因為那代表著被母親的目光注視。這也許就是段正淳內心的創傷、症狀的源頭。於是，段正淳一輩子都在不斷地追尋他的影子情人。

創傷篇

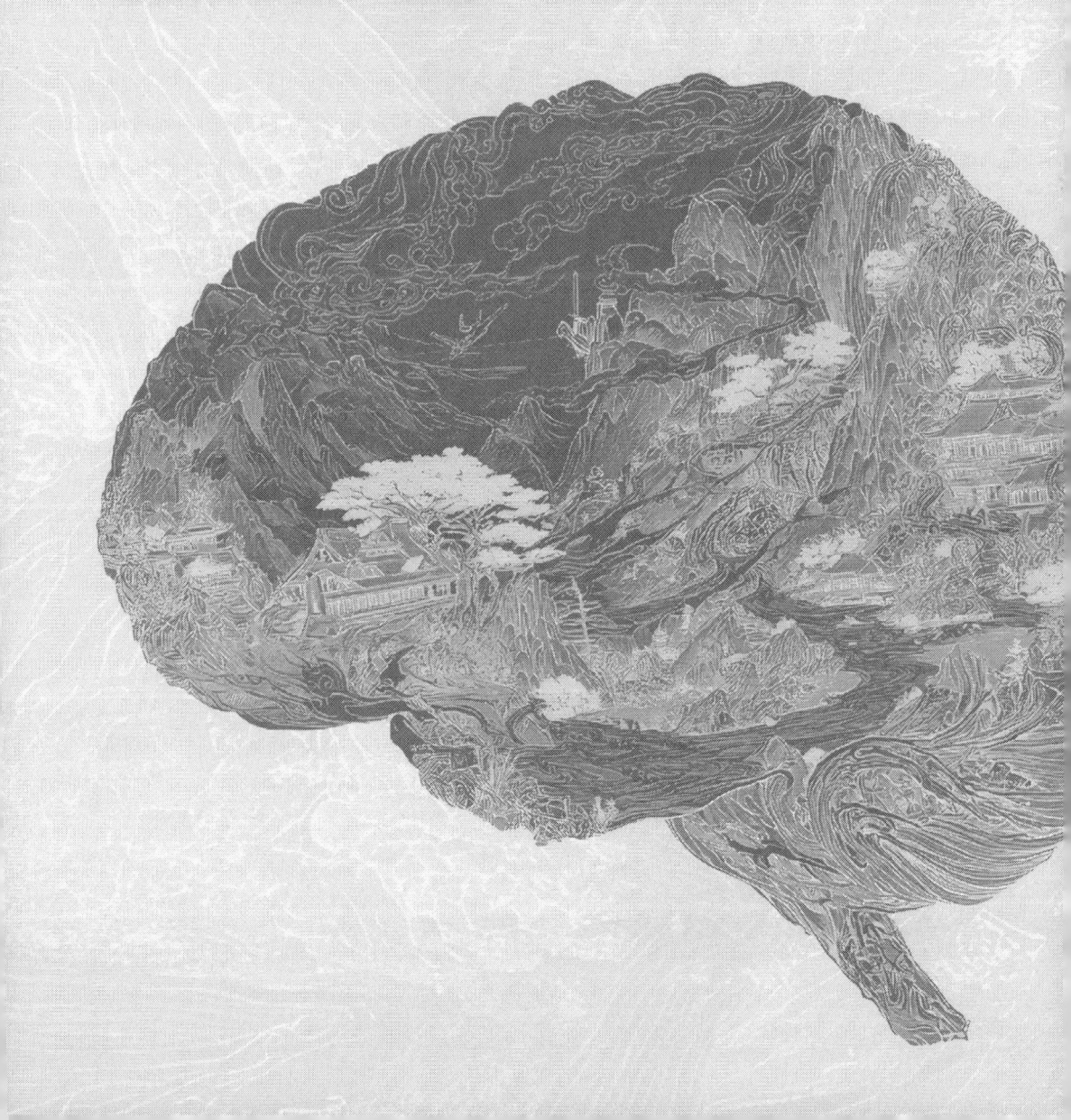

創傷篇

包惜弱：為你我受冷風吹

包惜弱是楊康之母，她僅在《射鵰英雄傳》全書的前面章節出場，但對整個故事的發展卻非常重要。包惜弱被南來刺探南宋虛實的金國王爺完顏洪烈看中並起了強娶之心，這直接導致了牛家村慘案，使得郭靖、楊康這兩個孩子各自失去親生父親，繼而故事又圍繞著這兩個年輕人不同的成長軌跡發展。包惜弱的身分從楊鐵心妻子驟然轉變為金國王妃，她內心的痛苦、內疚、矛盾、憂鬱情緒對其子楊康，甚至其孫楊過都產生了一定程度的影響。

人如其名

他渾家包氏，閨名惜弱，便是紅梅村私塾中教書先生的女兒，嫁給楊鐵心還不到兩年。

她自幼便心地仁慈，只要見到受了傷的麻雀、田雞，甚至蟲豸螞蟻之類，必定帶回家來妥為餵養，直到傷癒，再放回田野，若是醫治不好，就會整天不樂，這脾氣大了仍舊不改，以致屋子裡養滿了諸般蟲蟻、小禽小獸。她父親是個屢試不第的村學究，按著她性子給她取個名字，叫做惜弱。紅梅村包家老公雞老母雞特多，原來包惜弱飼養雞雛之後，決不肯宰殺一只，父母要吃，只有到市上另買，是以家裡每隻小雞都是得享天年，壽終正寢。她嫁到楊家以後，楊鐵心對這位如花似玉的妻子十分憐愛，事事順著她的性子，楊家的後院裡自然也是小鳥小獸的天下了。後來楊家的

包惜弱：為你我受冷風吹

小雞小鴨也慢慢變成了大雞大鴨，只是她嫁來未久，家中尚未出現老雞老鴨，但大勢所趨，日後自必如此。(《射鵰英雄傳》第一回)

包惜弱，人如其名。她在書中多次表現出拯救生命的「聖母」式行為。她從小見不得自己飼養的牲畜被殺食用，經常救助受傷的小動物。後來又因她私下救了重傷的金國王爺完顏洪烈一命，以致開啟了自己的悲劇命運。包惜弱一生都保持著這樣的習慣，其子楊康也了解母親這種性格，因此，他會時常故意弄傷動物，謊稱是撿到的，交給母親醫治照顧，來滿足母親這方面的心理需求。

包惜弱的這些強迫性重複行為都指向了一個內在心理，即不能面對失去。失去更深層次的象徵便是死亡，表徵死本能的驅力。按照佛洛伊德的理論，人生是由生本能和死本能交織在一起互相糾纏的。萬事萬物都在不斷向死亡邁進，這是最終的歸宿，也是不可遏制的過程，便如佛家提出的：成、住、壞、空。生本能便是用於對抗這不可遏制的宿命，以保護自體不被死亡恐懼淹沒而碎裂。

《道德經》中有言：天地不仁，以萬物為芻狗。天生天殺是萬物的宿命，而包惜弱的行為是為了阻擋失去或死亡的發生，為了防禦這類事件發生後對自體造成的可怕影響。這種喪失帶來的情感體驗對包惜弱來說是無法承擔的，所以她採用這種刻意誇大的操作方式來應對，這反映了其自體的脆弱性。

喪失的創傷性事件會帶來憂鬱

無意識裡擔心和恐懼的事物一旦發生，對此的種種防禦就會被突破。當牛家村被襲，一夜之間親如手足的同伴或當場身亡（郭嘯天），或被抓

創傷篇

走（李萍），丈夫重傷後生死不明，家也毀了，原本熟悉的一切都不復存在。包惜弱自體原本就比較脆弱，她幾乎無法承受這種分離與喪失的創傷事件。雖然之後完顏洪烈給了包惜弱很多關心和愛（物欲化的），但很明顯她從來沒有從這個創傷中解脫出來，始終處在一種憂鬱狀態。

　　繞過一道竹籬，眼前出現三間烏瓦白牆的小屋。這是尋常鄉下百姓的居屋，不意在這豪奢宮麗的王府之中見到，兩人都是大為詫異。只見完顏康推開小屋板門，走了進去。

　　兩人悄步繞到屋後，俯眼窗縫，向裡張望，心想完顏康來到這詭祕的所在，必有特異行動，哪知卻聽他叫了一聲：「媽！」裡面一個女人聲音「嗯」地應了一聲。

　　完顏康走進內室，黃蓉與郭靖跟著轉到另外一扇窗子外窺視，只見一個中年女子坐在桌邊，一手支頤，呆呆出神。這女子四十歲不到，姿容秀美，不施脂粉，身上穿的也是粗衣布衫。黃蓉心道：「這位王妃果然比那個穆姑娘又美了幾分，可是她怎麼扮作個鄉下女子，又住在這般破破爛爛的屋子裡？」（《射鵰英雄傳》第九回）

　　面對喪失的創傷性事件，有些人透過一段時間的哀悼，可以慢慢恢復到正常狀態，但是另外一些人會始終走不出來，陷入一種憂鬱狀態，就像慢慢溺水一般，內心被沉重感、無力感包圍，了無生氣。這是死本能帶來的感受，這種感受在包惜弱身上體現得非常明顯。包惜弱一直固著在憂鬱狀態，源於重要客體的喪失，那便是丈夫楊鐵心。

　　楊鐵心在室中四下打量，見到桌凳櫥床，竟然無一物不是舊識，心中一陣難過，眼眶一紅，忍不住要掉下眼淚來，伸袖子在眼上抹了抹，走到牆旁，取下壁上掛著的一根生了鏽的鐵槍，拿近看時，只見近槍尖六寸處赫然刻著「鐵心楊氏」四字。他輕輕撫掌槍桿，嘆道：「鐵槍生鏽了。這槍

好久沒用啦。」王妃溫言道:「請您別動這槍。」楊鐵心道:「為什麼?」王妃道:「這是我最寶貴的東西。」

楊鐵心澀然道:「是嗎?」頓了一頓,又道:「鐵槍本有一對,現下只剩下一根了。」王妃道:「什麼?」楊鐵心不答,把鐵槍掛回牆頭,向槍旁的一張破犁注視片刻,說道:「犁頭損啦,明兒叫東村張木兒加一斤半鐵,打一打。」

王妃聽了這話,全身顫動,半晌說不出話來,凝目瞧著楊鐵心,道:「你……你說什麼?」楊鐵心緩緩地道:「我說犁頭損啦,明兒叫東村的張木兒加一斤半鐵,打一打。」

王妃雙腳痠軟無力,跌在椅上,顫聲道:「你……你是誰?你怎麼……怎麼知道我丈夫去世那一夜……那一夜所說的話?」

這位王妃,自就是楊鐵心的妻子包惜弱了。金國六王子完顏洪烈在臨安牛家村中了丘處機一箭,幸得包惜弱相救,見了她嬌柔秀麗的容貌,竟是念念不能去心,於是以金銀賄賂了段天德,要他帶兵夜襲牛家村,自己卻假裝俠義,於包惜弱危難之中出手相救。包惜弱家破人亡,舉目無親,只道丈夫已死,只得隨完顏洪烈北來,禁不住他低聲下氣,出盡了水磨功夫,無可奈何之下,終於嫁了給他。

包惜弱在王府之中,十八年來容顏並無多大改變,但楊鐵心奔走江湖,風霜侵磨,早已非復昔時少年子弟的模樣,是以此日重會,包惜弱竟未認出眼前之人就是丈夫。只是兩人別後互相思念,於當年遭難之夕對方的一言一動,更是魂牽夢縈,記得加倍分明。

楊鐵心不答,走到板桌旁邊,拉開抽屜,只見放著幾套男子的青布衫褲,正與他從前所穿著的一模一樣,他取出一件布衫,往身上披了,說道:「我衣衫夠穿啦!你身子弱,又有了孩子,好好兒多歇歇,別再給我

創傷篇

做衣裳。」這幾句話，正是十八年前那晚，他見包惜弱懷著孕給他縫新衫之時，對她所說。

她搶到楊鐵心身旁，捋起他衣袖，果見左臂上有個傷疤，不由得驚喜交集，只是十八年來認定丈夫早已死了，此時重來，自是鬼魂顯靈，當即緊緊抱住他，哭道：「你……你快帶我去……我跟你一塊兒到陰間，我不怕鬼，我願意做鬼，跟你在一起。」

楊鐵心抱著妻子，兩行熱淚流了下來，過了好一陣，才道：「你瞧我是鬼嗎？」包惜弱摟著他道：「不管你是人是鬼，我總是不放開你。」頓了頓，又道：「難道你沒死？難道你還活著？那……那……」（《射鵰英雄傳》第九回）

包惜弱把原來牛家村住的房子完整地複製到了王府，住著原來的房子，穿著原來的衣服，放著原來的擺設，思念著原來的人，她要用這樣的象徵方式把重要客體保留在內心，以便維持自體的穩定。這種方式能夠喚起她與丈夫楊鐵心相處時的感受，彷彿丈夫這個客體依然存在於自己身邊。這已經成為包惜弱重要的自體客體感受結構，她要將這部分努力儲存在自體中，以對抗死本能產生的恐懼焦慮。

自我懲罰是無法走出憂鬱的一個重要原因

憂鬱的另一個內在原因是對自己的懲罰，這一點在包惜弱身上亦是再明顯不過了。堂堂一個王妃過這樣的日子，無論物質上還是精神上，都是在對自己進行每時每刻的懲罰。

包惜弱吃了一驚，舉起燭臺一瞧，燭光下只見這人眉清目秀，鼻梁高聳，竟是個相貌俊美的青年男子。她臉上一熱，左手微顫，晃動了燭臺，幾滴燭油滴在那人臉上。

包惜弱：為你我受冷風吹

那人睜開眼來，驀見一張芙蓉秀臉，雙頰暈紅，星眼如波，眼光中又是憐惜，又是羞澀，當前光景，宛在夢中，不禁看得呆了。

……

這一晚再也睡不安穩，連做了幾個噩夢，忽見丈夫一槍把柴房中那人刺死，又見那人提刀殺了丈夫，卻來追逐自己，四面都是深淵，無處可以逃避，幾次都從夢中驚醒，嚇得身上都是冷汗。待得天明起身，丈夫早已下床，只見他拿著鐵槍，正用磨刀石磨礪槍頭，包惜弱想起夜來夢境，嚇了一跳，忙走去柴房，推開門來，一驚更甚，原來裡面只剩亂草一堆，那人已不知去向。

……

兩人縱馬上道，有時一前一後，有時並轡而行。這時正是江南春意濃極的時光，道旁垂柳拂肩，花氣醉人，田中禾苗一片新綠。完顏洪烈為了要她寬懷減愁，不時跟她東談西扯。包惜弱的父親是個小鎮上的不第學究，丈夫和義兄郭嘯天都是粗豪漢子，她一生之中，實是從未遇到過如此吐屬俊雅、才識博洽的男子，但覺他一言一語無不含意雋妙，心中暗暗稱奇。（《射鵰英雄傳》第一回）

包惜弱和楊鐵心這樣粗豪的漢子是不般配的，她從小就有小姐的心和小姐的身，卻沒有小姐的命。雖已嫁作人婦，但從第一眼看到完顏洪烈起，她的內心就被擾動了，於是她當晚做了可怕的夢。夢是無意識的表達，夢中盡是超我和本我的衝突：想追求本我的快樂享樂，卻擔心超我的嚴厲報復。在宋朝那個理學盛行的時代，女性的慾望是被禁止的，而包惜弱的父親恰好又是個教書先生，無意識裡超我的部分早已內化到她的心中。但包惜弱的本我對完顏洪烈這種「俊雅博洽」男子的愛慕亦是難以遏制的，於是她一邊享用傾慕者的愛，來填補因失去丈夫這個客體而產生的

創傷篇

情感需求，另一方面透過超我的道德感來懲罰自己，透過平衡這兩部分的衝突來獲取自體暫時的統整性。

無法處理的愛恨是憂鬱固著的另一個因素

他趕了一陣，只見一名武官抱著一個女子，騎在馬上疾馳。楊鐵心飛身下馬，橫矛桿打倒一名兵士，在他手中搶過弓箭，火光中看準那武官坐騎，嗖地一箭射去，正中馬臀，馬腿前跪，馬上兩人滾了下來。楊鐵心再是一箭，射死了武官，搶將過去，只見那女子在地下掙扎著坐起身來，正是自己妻子。

包惜弱乍見丈夫，又驚又喜，撲到了他懷裡。楊鐵心問道：「大嫂呢？」包惜弱道：「在前面，給……給官兵捉去啦！」楊鐵心道：「你在這裡等著，我去救她。」包惜弱驚道：「後面又有官兵追來啦！」楊鐵心回過頭來，果見一隊官兵手舉火把趕來。楊鐵心咬牙道：「大哥已死，我無論如何要救大嫂出來，保全郭家的骨血。要是天可憐見，你我將來還有相見之日。」包惜弱緊緊摟住丈夫脖子，死不放下，哭道：「我們永遠不能分離，你說過的，我們就是要死，也死在一塊！是嗎？你說過的。」

楊鐵心心中一酸，抱住妻子親了親，硬起心腸拉脫她雙手，挺矛往前急追，奔出數十步回頭一望，只見妻子哭倒在塵埃之中，後面官兵已趕到她身旁。（《射鵰英雄傳》第一回）

憂鬱的第三個原因是對自體客體的愛恨矛盾。包惜弱對於楊鐵心在亂軍之中放棄自己去救李萍的做法是極其失望的，其中還包含了恨意，包惜弱與丈夫的感情是愛恨交織的。楊鐵心雖然心中對妻子的愛是非常炙熱的，也想盡辦法用自己的方式照顧和愛著包惜弱，但他是個粗豪的漢子，經常忽視妻子的情感。比如，天天生活在妻子身邊卻未發現其已有身孕，

包惜弱：為你我受冷風吹

還是被丘處機偶然發現的；救完顏洪烈那晚，包惜弱本來是希望得到丈夫幫助的，但楊鐵心卻醉酒置之不理。包惜弱對完顏洪烈也是愛恨交織的：他為了得到自己不擇手段，對自己也千依百順，其中既有被重視、被滿足的愛，亦有被物化、被傷害的恨。而楊鐵心和完顏洪烈早已成為包惜弱自體客體的一部分被保留在自體中，愛恨交織的矛盾情感無法得到疏通，攻擊這個部分會導致自體的劇烈震盪，只能透過憂鬱的方式將其保留。

楊鐵心尋思：「事已如此，終究是難脫毒手。可別讓我夫婦累了丘道長的性命。」拉了包惜弱的手，忽地竄出，大聲叫道：「各位住手，我夫妻畢命於此便了。」回過槍頭，便往心窩裡刺去，噗的一聲，鮮血四濺，往後便倒。包惜弱也不傷心，慘然一笑，雙手拔出槍來，將槍柄拄在地上，對完顏康道：「孩兒，你還不肯相信他是你親生的爹爹麼？」湧身往槍尖撞去。完顏康大驚失色，大叫一聲：「媽！」飛步來救。

……

包惜弱躺在丈夫身邊，左手挽著他手臂，唯恐他又會離己而去，昏昏沉沉間聽他說起從前指腹為婚之事，奮力從懷裡抽出一柄匕首，說道：「這……這是表記……」又道：「大哥，我們終於死在一塊，我……我好歡喜……」說著淡淡一笑，安然而死，容色仍如平時一般溫婉嫵媚。（《射鵰英雄傳》第十一回）

十八年前生命中重要客體的失去讓包惜弱陷入了憂鬱，憂鬱是一種精神上瀕臨死亡的痛苦感受。從這個角度看，十八年前分離的那個夜晚是個分界線，在此之前，生活中還有生機，還有希望，還有快樂與憧憬，但從那天起，一切陷入可怕的寂靜與自我攻擊。包惜弱透過保留房間的陳設試圖將時間定格，是幻想那個重要客體有一天能夠重新回來拯救自己，帶她脫離內心如死亡般的痛苦糾纏。終於有一天，那個重要客體出現了，但轉

創傷篇

眼又要離去,並且這一次是永久的分離。包惜弱不願再回到那永無止境的痛苦中,於是,她內心帶著說不出的平靜和滿足欣然赴死。她用這種方式終於實現了與生命中重要客體的同生共死,永不分離;與那個愛恨交織的自體客體達成和解,一切罪疚煙消雲散。

殷離：我找不到，也到不了

在《倚天屠龍記》中，張無忌與四位女性產生過情感糾葛，按出場順序分別是周芷若、殷離、小昭與趙敏。這四位女子的個性截然不同，但又有些許共性。相較於其他三位，殷離算是心思單純的一個，她的身世悲慘，與張無忌的情感糾葛比較複雜。故事發展到最後，殷離不識張無忌是張郎，與張無忌分別的決定讓人難以理解，其實這背後有著她內心深處無法言說的執念與情結。

童年的創傷性事件

那少女身子一震，道：「我沒姓。」隔了片刻，緩緩地道：「我親生爹爹不要我，見到我就會殺我。我怎能姓爹爹的姓？我媽媽是我害死的，我也不能姓她的姓。我生得醜，你叫我醜姑娘便了。」

張無忌驚道：「你……你害死你媽媽？那怎麼會？」那少女嘆了口氣，說道：「這件事說來話長。我親生的媽媽是我爹爹原配，一直沒生兒養女，爹爹便娶了二娘。二娘生了我兩個哥哥，爹爹就很寵愛她。媽後來生了我，偏生又是個女兒。二娘恃著爹爹寵愛，我媽常受她的欺壓。我兩個哥哥又屬害得很，幫著他們親娘欺侮我媽。我媽只有偷偷哭泣，你說，我怎麼辦呢？」張無忌道：「你爹爹該當秉公調處才是啊。」那少女道：「就因我爹爹一味袒護二娘，我才氣不過了，一刀殺了我那二娘。」張無忌「啊」的一聲，大是驚訝。他想武林中人鬥毆殺人，原也尋常，可是連這個村女

創傷篇

居然也動刀子殺人,卻頗出意料之外。那少女道:「我媽見我闖下了大禍,護著我立刻逃走。但我兩個哥哥跟著追來,要捉我回去。我媽阻攔不住,為了救我,便抹脖子自盡了。你說,我媽的性命不是我害的麼?我爸爸見到我,不是非殺我不可麼?」她說著這件事時聲調平淡,絲毫不見激動。(《倚天屠龍記》第十六回)

殷離的父親殷野王與張無忌的母親殷素素是親兄妹,所以她與無忌是表兄妹關係。因其年少時一氣之下殺了二娘,連累母親喪命,逃出家門後流落江湖,遇上金花婆婆(紫衫龍王),跟隨並照顧婆婆,與之一起生活。張無忌第一次遇見殷離是在蝴蝶谷,當時少年張無忌被同樣年少的殷離所擒,情急之下在其右手手背上重重咬了一口,這一口也讓殷離心中再也抹不去無忌的影子。再見殷離是在崑崙山腳,張無忌摔斷了雙腿,恰逢殷離尋訪張無忌至此:一個在野外獨居數年,滿臉鬍鬚不修邊幅,已非舊時少年模樣;另一個練習千蛛萬毒手,浮腫的面目也不復當年美貌,彼此見面已不相識。無忌隱姓埋名自稱曾阿牛,殷離見無忌斷腿可憐,便隔三岔五地給他送食物,一來二去兩人便熟絡了起來,於是便有了她自述年少時遭受創傷的這一段往事。

在殷離的敘述中,她的感受都與母親相關:母親被父親冷落;母親被二娘和同父異母的哥哥欺負;父親對母親的痛苦毫不關心……於是這些便成為她要殺死二娘的理由,而她自己似乎並沒有被二娘、哥哥、父親或者其他人特別地欺壓和虐待。母親是受害者,嫁給父親後,擔心練功會毀了容貌,於是散了千蛛萬毒手的功夫,變成不會武功的婦人。這在殷離看來,母親已經喪失了維護自己的能力,父親也沒有站在母親一邊給予支持,因此,殷離為了母親殺了二娘,闖下大禍。在那段往事中,殷離是沒有自己的,她無意識裡是作為母親的工具和延伸物出現的。

練習千蛛萬毒手是對母親的忠誠

　　蛛兒眼中突然射出狠毒的光芒，恨恨地道：「練這千蛛萬毒手，只要練到二十隻花蛛以上，身體內毒質積得多了，容貌便會起始變形，待得千蛛練成，更會奇醜無比。我媽本已練到將近一百隻，偏生遇上了我爹，怕自己容貌變醜，我爹爹不喜，硬生生將畢身的功夫散了，成為一個手無縛雞之力的平庸女子。她容貌雖然好看，但受二娘和我兩個哥哥的欺侮凌辱，竟無半點還手的本事，到頭來還是送了自己性命。哼，相貌好看有什麼用？我媽是個極美麗極秀雅的女子，只因年長無子，我爹爹還是另娶妾侍……」

　　張無忌的眼光在她臉上一掠而過，低聲道：「原來……你是為了練功夫……」蛛兒道：「不錯，我是為了練功夫，才將一張臉毒成這樣。哼，那個負心人不理我，等我練成了千蛛萬毒手之後，找到了他，他若無旁的女子，那便罷了……」張無忌道：「你並未和他成婚，也無白頭之約，不過是……不過是……」蛛兒道：「爽爽快快地說好啦，怕什麼？你要說我不過是自己單相思，是不是？單相思怎樣？我既愛上了他，便不許他心中另有別的女子。他負心薄倖，教他嘗嘗我這『千蛛萬毒手』的滋味。」（《倚天屠龍記》第十七回）

　　這段敘述字裡行間更像是母親透過殷離之口在訴說：「為了愛，我散盡功夫淪為一個不能保護自己的人，雖然我美貌依舊，但是又有什麼用呢？我已然愛上了你（殷野王），你卻移情別戀，有負於我，若我功力尚存，定要將你們全部消滅。」

　　殷離修練千蛛萬毒手是對母親忠誠的表現，也是對於母親散盡功夫之後悔恨的補償。她復仇的行為也好，認知事物的視角也好，甚至她體驗到的憤怒與無助情緒，這些基本上都是其母親的欲望、認知與情緒，並非殷

創傷篇

離自己的,她只是認同了母親,成了母親自戀的延伸。這反映了她與母親的關係是一種密不可分的共生關係。

絕大部分孩子出生後的前六個月,都會和母親度過一段生理上的「共生期」。而心理上的「共生期」則會更長,有些案例中,這種共生關係甚至會糾纏一生。相對於男孩,女孩與母親心理上的共生關係會更複雜。男孩先天在性別上與母親不同,一般不會出現過度認同的情況。而在伊底帕斯期,當父親角色的加入形成三元關係後,理想情況下會在心理上幫助男孩斬斷與母親的共生關係。佛洛伊德早年的核心思想便是以伊底帕斯情結為基礎,站在男性視角來描述男孩心理發展的,女孩是否也遵循這個規律發展,佛洛伊德雖然給出了肯定的答案,卻存在很多疑點,甚至在晚年,佛洛伊德自己也提出過疑問。當1960年代現代精神分析發展出客體關係理論、自體理論時,隨著更多女性精神分析學家的加入與研究,發現女孩在處理母女共生關係上要比男孩複雜和困難很多,並提出對應伊底帕斯情結(戀母情結)的另一個專門描述女性心理發展的「厄勒克特拉情結」(戀父情結)。

心理上的「共生」是什麼樣的?簡單通俗來說就是:「愛著你的愛,痛著你的痛,悲傷著你的悲傷,快樂著你的快樂。」這是一種緊貼在一起、沒有距離、沒有空間的愛,兩個人就好似只有一個人的感受,完全融合,不分彼此。這種體驗源自孩子早期和母親的共生關係(長大後也許會在情侶之間短暫體驗到),在孩子早期是需要的,但若長期如此便會阻礙孩子的心理發展。因為孩子被母親占據,那麼他的自我就被吞噬了,他也就無法發展自我這個部分,而自我的成熟正是一個人心理健康的標誌。

殷離和母親就是處在這樣一種共生關係裡,無法自拔。她體會到的都是母親的不甘心,母親的痛苦,母親的欲望,她被母親牢牢占據,只會訴

說母親的感受，只能完成母親的願望。被困於共生關係的孩子，其可憐之處在於他們既是母親自戀延伸的對象，又是母親情緒投射的容器。在母女的共生關係中，經常會出現母女關係的顛倒。在某些情況下，母親成了無助的孩子，而孩子成了安撫母親的大人。在這種過於緊密的共生關係下，孩子哪怕生出一絲一毫想逃離的念頭，便會心存內疚和自我譴責。

打破共生關係才能獲得心理成長

若要打破母女共生關係，首先需要母親有足夠健康的心理功能，自己有忍受挫折的能力，這樣就不需要將不良情緒投射給女兒。其次，母親也需要具備心理創造能力，來修復自戀創傷，而不用透過將女兒發展成其自戀的衍生物來實現。顯而易見，殷離的母親完全不具備這樣健康的心理功能。如果母親無法與孩子在心理層面完成分離，那麼就需要父親的參與來打破共生關係。在佛洛伊德的理論框架中，女孩要變成女人最重要的一步是完成「客體轉換」，在現代精神分析裡被修訂為「父親關係的參與」：父親需要介入兩元關係並使之成為三元關係後，女孩才有可能在心理上透過與父親的關係，來慢慢消化和抵消同母親的共生關係。可惜對殷離來說，這恰恰也是不可能實現的。在殷離出生前，父親殷野王已經因為殷離母親遲遲無法生育而另娶側室。而在殷離出生時，父親已與二娘有了兩個兒子，在那個重男輕女的年代，父親勢必更重視與二娘一家人的關係。從殷離出生那天起，父親在她的心理上就是一個缺席的角色，對於殷離的母親來說，自己已經沒有了丈夫，只能把唯一的女兒「牢牢抓住」。而殷離練習千蛛萬毒手，既是與母親共生關係的體現，也是一種無意識的防禦模式，即讓自己變得難看，讓父親厭惡，以阻止父親侵入她與母親牢不可破的共生關係。

張無忌只痛得涕淚交流，昂然道：「我父母寧可性命不要，也不肯洩漏朋友的行藏。金花婆婆，你瞧我是出賣父母之人嗎？」金花婆婆微笑道：「很好，很好！你爹爹呢？他在不在這裡？」潛運內勁，箍在他手上猶似鐵圈般的手指又收緊幾分。張無忌大聲道：「你為什麼不在我耳朵中灌水銀？為什麼不餵我吞鋼針、吞水蛭？四年之前，我還只是個小孩子的時候，便不怕那惡人的諸般惡刑，今日長大了，難道反而越來越不長進了？」

金花婆婆哈哈大笑，說道：「你自以為是個大人，不是小孩了，哈哈，哈哈……」她笑了幾聲，放開了張無忌的手，只見他手腕以至手指尖，已全成紫黑之色。

那小姑娘向他使個眼色，說道：「快謝婆婆饒命之恩。」張無忌哼了一聲，道：「她殺了我，說不定我反而快樂些，有什麼好謝的？」那小姑娘眉頭一皺，嗔道：「你這人不聽話，我不理你啦。」說著轉過了身子，卻又偷偷用眼角覷他動靜。

金花婆婆微笑道：「阿離，你獨個兒在島上，沒小伴兒，寂寞得緊。我們把這娃娃抓了去，叫他服侍你，好不好？就只他這般驢子脾氣，太過倔強，不大聽話。」那小姑娘長眉一軒，拍手笑道：「極好啦，我們便抓了他去。」

……

阿離手掌一翻，又已抓住了張無忌的手腕，笑道：「我說你逃不了，是不是？」這一下仍是出其不意，張無忌仍是沒能讓開，脈門被扣，又是半身痠軟。他兩次著了這小姑娘的道兒，又羞又怒，又氣又急，飛右足向她腰間踢去。阿離手指加勁，張無忌的右足只踢出半尺，便抬不起來了。他怒叫：「你放不放手？」阿離笑道：「我不放，你有什麼法子？」

張無忌猛地一低頭，張口便往她手背上用力咬去，阿離只覺手上一陣

劇痛，大叫一聲：「啊喲！」鬆開右手，左手五根指爪卻向張無忌臉上抓到。張無忌忙向後躍，但已然不及，被她中指的指甲刺入肉裡，在右臉劃了一道血痕。阿離右手的手背上更是血肉模糊，被張無忌這一口咬得著實厲害，痛得險些便要哭了出來。（《倚天屠龍記》第十三回）

殷離因母親被二娘一家人欺壓，一刀殺了二娘後離家出走，母親為了阻止兩個兄長追殺殷離而自殺身亡。也許在母親自殺的決定裡，有對於將過多負面情緒投射給女兒的內疚，有對於自己無能的羞愧，在意識層面是為了一命抵一命來補償女兒殺死二娘的「過錯」。但這對於女兒來說，也許更加深了之前的共生關係。

在母女的共生關係裡，雙方並非只有好的感受，而是一種愛恨糾纏的矛盾體驗。女兒會產生一種自我被吞噬、無法獨立的痛苦，永遠體驗著和母親既想親近又想分離的矛盾心境，女兒一生都在試探與母親心理上的合適距離。在此期間，其遭受的心理煎熬是男孩的數倍。也許殷離殺掉二娘是一種替母親完成期望，來換取自己逃離共生關係的無意識行為（她的確完成後一個人逃離了），但母親的自殺事件徹底打破了殷離心理上擺脫母女共生關係的希望。因為母親用生命來換取自己的安全，這是一種無法償還的情感債，任何一點想在心理上離開母親的念頭，都會被極深的內疚感包圍。這種由超我引發的內疚會轉化為自我懲罰和自虐傾向，所以殷離每天都會透過讓毒蜘蛛撕咬自己、吸食自己血液的方式來練功，這種極端的練功方式使她變得越來越醜，甚至連自己都不敢面對自己的臉龐。

母親的突然死亡，導致母女的共生關係出現一個缺位。因此，殷離其實一直在找一個新客體來彌補這個位置，從而重建共生關係。於是，當失去母親的殷離遇上不得不與女兒小昭分離的金花婆婆（紫衫龍王）時，兩人便很自然地走到了一起，共同生活。但是對於這段關係，殷離是失望

創傷篇

的,她無法和金花婆婆建立牢不可破的共生關係,因為二人之間還存在小昭,她不過是小昭的替身而已。因此,殷離始終在尋找著新的客體。

當小無忌出現在殷離和金花婆婆面前時,他為了保護義父謝遜的安危,無論如何被人逼迫,都始終不肯透露半點義父的消息。在殷離的感受中,張無忌這種寧死保護親人的行為,恰似當年自己與母親相互保護一樣。這般超越生死的熾烈情感,是殷離自母親去世後,一直在苦苦尋找的,而此刻,她在小無忌的身上找到了,著迷了,陷入了,所以她要緊緊地抓住無忌,無論如何也不能放手。她已經失去了母親,再也不能失去這個讓她有機會再次體驗熟悉的母女共生情感的新客體。

而當無忌擺脫不掉殷離時,狠狠地咬了一口她的手背,留下一個磨滅不掉的傷疤。雖然當時的無忌武功很弱,但那一身狠勁兒象徵著力量,這樣的力量讓殷離感覺到,無忌身上還有著和她母親不同的東西。母親是缺乏力量的,因此母親會把各種痛苦的情緒投射到自己身上,而自己認同了這些情緒,最終導致了悲劇的發生。但無忌身上熾熱又有力量的情感,具有一種更強烈的吸引力,換言之,當時的無忌在殷離無意識的幻想中就是一個加強版的母親,如果與無忌在一起會再次體驗到母女共生關係,而且還是優化版的。

對共生關係的渴望是女孩人生的悲劇

殷離笑道:「我有什麼不知好歹?你放心,我才不會跟你爭這醜八怪呢,我一心一意只喜歡一個人,那是蝴蝶谷中咬傷我手背的小張無忌。眼前這個醜八怪啊,他叫曾阿牛也好,叫張無忌也好,我一點也不喜歡。」

她轉過頭來,柔聲道:「阿牛哥哥,你一直待我很好,我好生感激。

殷離：我找不到，也到不了

可是我的心，早就許了給那個狠心的、凶惡的小張無忌了。你不是他，不，不是他⋯⋯」張無忌好生奇怪，道：「我明明是張無忌，怎地⋯⋯怎地⋯⋯」殷離神色溫柔地瞧著他，呆呆地看了半晌，目光中神情變幻，終於搖搖頭，說道：「阿牛哥哥，你不懂的。在西域大漠之中，你與我同生共死，在那海外小島之上，你對我仁至義盡。你是個好人。不過我對你說過，我的心早就給了那個張無忌啦。我要尋他去。我若是尋到了他，你說他還會打我、罵我、咬我嗎？」說著也不等張無忌回答，轉身緩緩走了開去。

張無忌陡地領會，原來她真正所愛的，乃是她心中所想像的張無忌，是她記憶中在蝴蝶谷所遇上的張無忌，不是這個長大了的、待人仁恕寬厚的張無忌。

他心中三分傷感、三分留戀、又有三分寬慰，望著她的背影消失在黑暗之中。他知道殷離這一生，永遠會記著蝴蝶谷中那個一身狠勁的少年，她是要去找尋他。她自然找不到，但也可以說，她早已尋到了，因為那個少年早就藏在她的心底。真正的人、真正的事，往往不及心中所想的那麼好。（《倚天屠龍記》第四十回）

手背上的傷疤終能癒合，殷離心中的創傷永遠無法痊癒，這是原生家庭帶來的，是共生關係裡與母親情感的糾纏，以及與父親的情感疏離共同造成的。殷離一生都在苦苦尋找逝去母親的替代客體，希望重溫早已習慣的母女共生情感。在蝴蝶谷與少年張無忌相逢相識的那一刻，她以為自己終於找到了，在與無忌的互動中，她幻想著既能得到嚮往已久的、熟悉的母親味道，也能彌補長久以來由於父親缺席而從未體驗過的男性關注。於是殷離將自己永遠地定格在過去那一刻，初見張無忌的那一刻。無奈時過境遷，那不過是一次陰差陽錯的誤認。回首前塵往事，那個曾經的傷疤還在隱隱作痛，但那份感受又是那麼吸引人，讓人飛蛾撲火，欲罷不能。

謝遜：最深愛的人傷我最深

金毛獅王姓謝名遜，字退思，因一頭黃髮，武功走剛猛路數，與人動武時如一頭暴怒的雄獅般無法阻擋，故得此綽號。他是《倚天屠龍記》中的重要人物，擁有多重身分：明教四大護教法王排名第二的頂尖高手；教主陽頂天逝世前留書指定的代理教主；書中主角張無忌的義父，張翠山與殷素素夫婦的義兄；他還是一十三拳打死少林聖僧空見，十年來殘殺無數武林人物的惡徒。最終，在少室山伏魔陣中，他親手了結了困擾自己半生的血海深仇，隨後遁入空門成為一代高僧。

集善惡衝突於一身

忽聽得有人咳嗽一聲，說道：「金毛獅王早在這裡！」眾人吃了一驚，只見大樹後緩步走出一個人來。那人身材魁偉異常，滿頭黃髮，散披肩頭，眼睛碧油油地發光，手中拿著一根一丈六七尺長的兩頭狼牙棒，在筵前這麼一站，威風凜凜，真如天神天將一般。

張翠山暗自尋思：「金毛獅王？這諢號自是因他的滿頭黃髮而來了，他是誰啊？可沒聽師父說起過。」

白龜壽上前數步，說道：「請問尊駕高姓大名？」那人道：「不敢，在下姓謝，單名一個遜字，表字退思，有一個外號，叫做『金毛獅王』。」張翠山和殷素素對望了一眼，均想：「這人神態如此威猛，取的名字卻斯文得緊，外號倒適如其人。」白龜壽聽他言語有禮，說道：「原來是謝先生。

尊駕跟我們素不相識，何以一至島上，便即毀船殺人？」(《倚天屠龍記》第五回)

謝遜第一次出場是在王盤山島舉辦的屠龍刀立威大會上，謝遜給人的第一印象是威風凜凜如天神下凡一般，並且談吐斯文，頗有學養見識，連張翠山也辯不過他。但他一轉眼便用獅子吼神功將島上一眾與自己無冤無仇的高手震傷變為廢人，這種魔頭行徑讓人害怕；同時，謝遜因為打賭輸給張翠山，又饒了他與殷素素的性命，說到做到，也不失為大丈夫行徑。他奪下屠龍刀後，帶走張、殷二人一起飄泊海外，爭取時間參詳屠龍寶刀中的祕密，這樣一來，誰也不知道島上到底發生了什麼以及寶刀被帶去了何處，由此可見謝遜心思之縝密。從這一段情節就能看出，謝遜的性格比較複雜，有比較明顯的善惡衝突。

創傷後壓力症候群的折磨

張翠山和殷素素身子疲睏，面目憔悴，謝遜卻神情日漸反常，眼睛中射出異樣光芒，常自指手劃腳地對天咒罵，胸中怨毒，竟自不可抑制。一日晚間，張翠山正擁著海豹皮倚冰而臥，睡夢中忽聽得殷素素大聲尖叫：「放開我，放開我。」張翠山急躍而起，在冰山的閃光之下，只見謝遜雙手抱住了殷素素肩頭，口中荷荷而呼，發聲有似野獸。張翠山這幾日看到謝遜的神情古怪，早便在暗暗擔心，卻沒想到他竟會去侵犯殷素素，不禁驚怒交集，縱身上前，喝道：「快放手！」謝遜陰森森地道：「你這奸賊，你殺了我妻子，好，我今日扼死你妻子，也叫你孤孤單單地活在這世上。」說著左手扠到殷素素咽喉之中。殷素素「啊」的一聲，叫了起來。

張翠山驚道：「我不是你的仇人，沒殺你的妻子。謝前輩，你清醒些。我是張翠山，武當派的張翠山，不是你的仇人。」

創傷篇

　　謝遜一呆，叫道：「這女人是誰？是不是你的老婆？」張翠山見他緊緊抓住殷素素，心中大急，說道：「她是殷姑娘，謝前輩，她不是你仇人的妻子。」

　　謝遜狂叫：「管她是誰。我妻子給人害死了，我母親給人害死了，我要殺死天下的女人！」說著左手使勁，殷素素登時呼吸艱難，一聲也叫不出了。（《倚天屠龍記》第六回）

　　在三人順著洋流漂到冰火島的途中，謝遜狂性發作，很明顯控制不住自己的情緒和行為，並且有相當強烈的攻擊性。在狂性大發的時刻，謝遜已沒有了時間感與現實感，這體現在他分辨不出過去和現在，想像和現實，內心的客體與外在客體的區別。從謝遜與張翠山的對話裡，我們可以明顯感覺到，當謝遜處在應激狀態時，會把過去某個場景代入當下，把過去場景中的人物投射到當下的人物身上，並且將在過去場景中產生的無法消化的強烈情緒，透過攻擊性行為宣洩在此時此刻。謝遜發狂的原因指向一種可能性，他曾經遭遇過巨大的與喪失有關的創傷事件。在心理學上，他的這些行為屬於創傷後壓力症候群。

　　創傷後壓力症候群（PTSD）是一種親身經歷創傷性事件後引起精神障礙的心理疾病。這種疾病的主要表現為創傷性事件在腦海中反覆重現，以及過度的生理喚醒（緊張，焦慮，易怒等），這也解釋了為何謝遜的性格中包含了那麼多衝突的元素。謝遜到底遭遇過什麼重大創傷，竟對他的人生有如此大的影響？十年後在冰火島上，謝遜將這個埋藏在心底多年的祕密原原本本地告訴了張翠山一家。

謝遜：最深愛的人傷我最深

創傷可以言說是治癒的第一步也是關鍵一步

「我在十歲那一年，因意外機緣，拜在一個武功極高之人的門下學藝。我師父見我資質不差，對我青眼有加，將他的絕藝傾囊以授。我師徒情若父子，五弟，當時我對我師父的敬愛仰慕，大概跟你對尊師沒差分毫。我在二十三歲那年離開師門，遠赴西域，結交了一群大有來歷的朋友，蒙他們瞧得起我，當我兄弟相待。五妹，令尊白眉鷹王，就在那時跟我結交的。後來我娶妻生子，一家人融融洩洩，過得極是快活。

「在我二十八歲那年上，我師父到我家來盤桓數日，我自是高興得了不得，全家竭誠款待，我師父空閒下來，又指點我的功夫。哪知這位武林中的成名高手，竟是人面獸心，在七月十五日那日酒後，忽對我妻施行強暴……」

張翠山和殷素素同時「啊」的一聲，師奸徒妻之事，武林之中從所未聞，那可是天人共憤的大惡事。

謝遜續道：「我妻子大聲呼救，我父親聞聲闖進房中，我師父見事情敗露，一拳將我父親打死了，跟著又打死了我母親，將我甫滿週歲的兒子謝無忌……」

無忌聽他提到自己名字，奇道：「謝無忌？」

張翠山斥道：「別多口！聽義父說話。」謝遜道：「是啊，我那親生孩兒跟你名字一樣，也叫謝無忌。我師父抓起了他，將他摔成血肉模糊的一團。」

無忌忍不住又問：「義父，他……他還能活麼？」謝遜悽然搖頭，說道：「不能活了，不能活了！」殷素素向兒子搖了搖手，叫他不可再問。

謝遜出神半晌，才道：「那時我瞧見這等情景，嚇得呆了，心中一片迷惘，不知如何對付我這位生平最敬愛的恩師，突然間他一拳打向我的胸

創傷篇

口,我糊里糊塗地也沒想到抵擋,就此暈死過去,待得醒轉時,我師父早已不知去向,但見滿屋都是死人,我父母妻兒,弟妹僕役,全家一十三口,盡數斃於他的拳下。想是他以為一拳已將我打死,沒有再下毒手。」

「我大病一場之後,苦練武功,三年後找我師父報仇。但我跟他功夫實在相差太遠,所謂報仇,徒然自取其辱,可是這一十三條人命的血仇,如何能便此罷休?於是我遍訪名師,廢寢忘食地用功,這番苦功,總算也有著落,五年之間,我自覺功夫大進,又去找我師父。哪知我功夫強了,他仍是比我強得很多,第二次報仇還是落得個重傷下場。」

「我養好傷不久,便得了一本《七傷拳》拳譜,這路拳法威力實非尋常。於是我潛心專練『七傷拳』的內勁,兩年後拳技大成,自忖已可和天下第一流的高手比肩。我師父若非另有奇遇,決不能再是我敵手。不料第三次上門去時,卻已找不到他的所在。我在江湖上到處打聽,始終訪查不到,想是他為了避禍,隱居於窮鄉僻壤,大地茫茫,卻到何處去尋?我憤激之下,便到處做案,殺人放火,無所不為。每做一件案子,便在牆上留下了我師父的姓名!」張翠山和殷素素一齊「啊」了一聲。謝遜道:「你們知道我師父是誰了罷?」殷素素點頭道:「嗯!你是『混元霹靂手』成昆的弟子。」(《倚天屠龍記》第七回)

謝遜一家十三口,除了他自己全部被成昆所殺,並且是當著謝遜的面行凶,這個慘烈的場景對謝遜來說是多麼巨大的衝擊,這個重大的創傷是改變謝遜一生命運的轉捩點。

對謝遜來說,這是一次重要的喪失。謝遜一夜之間失去了父母、兄弟、妻兒等這麼多重要的客體。客體雖然失去了,但是指向客體的情感是無法即刻煙消雲散的。因此,謝遜還會持續地將情感投向這些重要客體,同時因為客體已不復存在,投注到客體的情感無法得到回應,這就會在自

身的情感體驗裡造成一個「空洞」，這個情感「空洞」就是引發憂鬱症狀最重要的根源。

面對這個創傷，謝遜採用復仇的方式來處理，他想盡方法要消滅成昆這個凶手。他需要把造成這一切創傷的原因投射到外界，歸因到一個外界具體的客體身上，然後透過消滅這個客體的方式，達到遏制創傷帶來的內心衝擊。

因此，謝遜經歷創傷後，將所有情感化為憤怒投向成昆，一直想方設法不斷創造機會去復仇，片刻不能停歇。因為如果停下來的話，創傷帶來的心理陰影就會慢慢襲上心頭，這個陰影會觸發謝遜去體驗自身憤怒背後的其他感受，比如內疚，悔恨，無力感：凶手成昆是謝遜邀請來自己家做客的，這無異於引狼入室，而成昆虐殺自己親人時，自己卻無法阻止事件的發生。這些隱藏在憤怒之下更痛苦的感受是指向謝遜自身的，由此引發的羞辱感、無力感會進一步折磨謝遜，導致其自體崩塌，這是謝遜暫時還不能深刻觸及或直接面對的。

應對創傷通常會採用分裂的心理防禦模式

不能面對的情緒只能透過壓抑的方式去處理，以變形後的形式去面對。壓抑的情緒不會就此消失，只會在無意識中暗湧，一旦自我的整體平衡感出現一絲鬆動，這部分情緒就如火山噴發一般，以劇烈的方式呈現。謝遜兩次在冰火島上不可遏制地狂性大發，都是因為無法參透屠龍刀的祕密。那種無能感、失望感慢慢滲入心頭，動搖了自我的控制力，引發了其無意識裡先前被壓抑的、強烈的負性情感體驗，使之衝開意識層面的禁錮噴薄而出。

創傷篇

　　謝遜時不時發作的狂態是自體處在碎裂邊緣的狀態，緣起是被滅門的重大創傷，無法消化的是那些創傷帶來的情感體驗，其中最無法消化的情感是謝遜對於成昆的情感。透過謝遜對成昆的描述，我們可以看出成昆在謝遜心中的重要程度。謝遜兒時就拜在「混元霹靂手」成昆門下，因其過人的天賦令師父青睞有加，一個傾囊相授地教，另一個孜孜不倦地學，事實證明，謝遜也成了成昆最得意的弟子。看《倚天屠龍記》裡成昆後來收的徒弟，無論是陳友諒還是一眾江洋大盜都是武藝平平，而謝遜十歲跟隨成昆習武，二十三歲就已經成為江湖上一流高手，躋身明教四大法王。可見成昆著實是苦心栽培謝遜的，這個授業的恩情對於謝遜來說是深厚的，兩人的關係也是情同父子，從某種意義上講，成昆對謝遜的意義甚至超過了親生父親。

　　而當這個對自己有再造之恩的「父親」轉身化為深深傷害自己的惡魔時，謝遜內心受到的衝擊可想而知。成昆成了自己不共戴天、必須消滅的仇人，但是成昆早已成為謝遜生命中最重要的客體之一，成昆身上的特質已在十多年的時光中，慢慢透過內攝的心理機制進入謝遜的內心，潛移默化地成為謝遜自體客體的一部分，永遠地存在於謝遜的心裡、身體裡。成昆為了報復明教教主陽頂天奪走自己深愛的師妹而處心積慮要滅掉明教，於是故意殺害徒弟謝遜一家，利用謝遜掀起江湖的腥風血雨，以此來挑起明教與六大門派之間的爭鬥。而謝遜為了向成昆復仇，殘殺了許多無辜的武林中人，殺完人後留字嫁禍成昆。雖然謝遜對成昆恨之入骨，但其無意識裡其實還是認同這個師父的。

　　於是謝遜不得不採用分裂的防禦機制，將內心對成昆的情感分裂之後，把恨的部分投射到外界，這樣就暫時不會攻擊自身，也避免了憂鬱的發生。長期採用這種分裂的防禦模式會使人慢慢變得偏執。謝遜時不時地

指天咒罵「賊老天」，從達摩祖師一直罵到張三豐；因為空見半句沒有說完的話，二十多年隱遁苦寒之地，無時無刻不研究屠龍刀的祕密。此時的謝遜，與金花婆婆口中講述的那個年輕時寬厚、善解人意的謝遜已大相逕庭。由此可見，重大創傷對一個人的影響是多麼巨大。

整合心理創傷是一個漫長且痛苦的過程

蕎地裡「哇」的一聲，內洞中傳出一響嬰兒的哭聲。謝遜大吃一驚，立時停步，只聽那嬰兒不住啼哭。

張翠山和殷素素知道大難臨頭，竟一眼也不再去瞧謝遜，兩對眼睛都凝視著這初生的嬰兒，那是個男孩，手足不住扭動，大聲哭喊。張殷二人知道只要謝遜這一刀下來，夫妻倆連著嬰兒便同時送命。二人一句話不說，目光竟不稍斜，心中暗暗感激老天，終究讓自己夫婦此生能見到嬰兒，能多看得一霎，便是多享一份福氣。夫妻倆這時已心滿意足，不再去想自己的命運，能保得嬰兒不死，自是最好，但明知絕無可能，因此連這個念頭也沒有轉。

只聽得嬰兒不住大聲哭嚷，突然之間，謝遜良知激發，狂性登去，頭腦清醒過來，想起自己全家被害之時，妻子剛正生了孩子不久，那嬰兒終於也難逃敵人毒手。這幾聲嬰兒的啼哭，使他回憶起許許多多往事：夫妻的恩愛，敵人的凶殘，無辜嬰兒被敵人摔在地上成為一團血肉模糊，自己苦心孤詣、竭盡全力，還是無法報仇，雖然得了屠龍刀，刀中的祕密卻總是不能查明……他站著呆呆出神，一時溫顏歡笑，一時咬牙切齒。（《倚天屠龍記》第七回）

歷經創傷後的謝遜，其自體處在分裂與碎裂的邊緣，外在表現為狂態的發作。但隨著他在冰火島與張翠山、殷素素的相處，尤其是在張無忌出

創傷篇

生後，謝遜的狂性再也沒有發作。與張翠山和殷素素的相處象徵著一種整合。張翠山出身名門正派，是武當張三豐最寄予厚望的徒弟，江湖中光明磊落的大俠。

而殷素素是邪教天鷹教教主白眉鷹王的女兒，行事心狠手辣，殺人如麻。如果不是機緣巧合，這兩人就算再有情愫也難以走到一起，只有在與世隔絕的冰火島，兩人才能拋開武林正邪不兩立的恩怨紛爭，結合在一起。

遭遇創傷的謝遜要修復自體的不平衡感、碎裂感，之前採用分裂、投射的方式無異於飲鴆止渴，自體感的整合需要慢慢納入新的、好的客體感受，來填補內心由於創傷而造成的情感空洞。張翠山與殷素素之間融洽的愛情，以及兩人不計前嫌照顧謝遜的種種恩情，這些都是好的情感體驗。而讓謝遜自體慢慢整合好的關鍵事件是張無忌的出生，當謝遜再次發狂時，無忌出生了。那一刻，謝遜回憶起自己死去的兒子，這也再次喚醒他作為父親的情感體驗，以及對逝去兒子的思念與愛。此時，殷素素提議為孩子取名也叫無忌，並讓謝遜做孩子的義父，這更強化了謝遜對自己作為父親的身分認同。有了這個新的情感聯結，以及與張翠山一家三口的相處經歷，謝遜在情感上有了好的體驗，也有了新的、高品質的情感鏡映和回饋，這些好的部分慢慢融入謝遜內心，成為修復其自體的一劑良藥。

創傷整合後的心理昇華

張無忌等見他大獲全勝，都歡呼起來。謝遜突然坐倒在地，全身骨骼格格亂響。張無忌大驚，知他逆運內息，要散盡全身武功，忙道：「義父，使不得！」搶上前去，便要伸手按上他的背心，以九陽神功制止。

謝遜：最深愛的人傷我最深

謝遜猛地裡躍起身來，伸手在自己胸口狠擊一拳，口中鮮血狂噴。張無忌忙伸手扶住，只覺他手勁衰弱已極，顯是功夫全失，再難復原了。謝遜指著成昆說道：「成昆，你殺我全家，我今日毀你雙目，廢去了你的武功，以此相報。師父，我一身武功是你所授，今日我自行盡數毀了，還了給你。從此我和你無恩無怨，你永遠瞧不見我，我也永遠瞧不見你。」

……

謝遜走到空聞身前，跪下說道：「弟子罪孽深重，盼方丈收留，賜予剃度。」空聞尚未回答，渡厄道：「你過來，老僧收你為徒。」謝遜道：「弟子不敢望此福緣。」他拜空聞為師，乃「圓」字輩弟子，若拜渡厄為師，敘「空」字輩排行，和空聞、空智便是師兄弟稱呼了。渡厄喝道：「咄！空固是空，圓亦是空，我相人相，好不懵懂！」謝遜一怔，登即領悟，什麼師父弟子、輩分法名，於佛家盡屬虛幻，便說偈道：「師父是空，弟子是空，無罪無業，無德無功！」渡厄哈哈笑道：「善哉，善哉！你歸我門下，仍是叫做謝遜，你懂了麼？」謝遜道：「弟子懂得。牛屎謝遜，皆是虛影，身既無物，何況於名？」

謝遜文武全才，於諸子百家之學無所不窺，一旦得渡厄點化，立悟佛家精義，自此歸於佛門，終成一代大德高僧。

渡厄道：「去休，去休！才得悟道，莫要更入魔障！」攜了謝遜之手，與渡劫、渡難緩步下峰。空聞、空智、張無忌等齊躬身相送。金毛獅王三十年前名動江湖，做下了無數驚世駭俗的事來，今日身入空門，群雄無不感嘆。張無忌又是歡喜，又是悲傷。（《倚天屠龍記》第三十九回）

謝遜與成昆的最終一戰，勝得驚險，畢竟他雙目殘疾，只能聽聲辨位。成昆不但功夫略勝一籌，而且沒有身體上的殘障。但謝遜反而將致命的弱點變為致勝的關鍵，成功將成昆誘入伸手不見五指、曾經關押過自己的洞穴之中，憑藉熟悉的環境與黑暗條件，擊敗了成昆，終於報了血海深

255

仇。這一戰中，謝遜表現得「詭計多端」，用「成昆的方式」戰勝了成昆，這帶給謝遜極大的滿足感。因為此次勝利足以洗刷謝遜一直壓抑與防禦著的羞辱感，這種感覺是導致謝遜自體不穩定的元凶。大仇一報，謝遜對成昆的一番話，前半段咬牙切齒叫著仇人的名字，後半段恭恭敬敬地叫著師父，這並不是分裂的表現，反而是整合的跡象，因為謝遜可以同時言說對一個人既愛又恨、截然不同的兩種情感體驗。

　　謝遜自行廢去一身的功夫，象徵著他希望在意識層面與師父成昆徹底了斷。之前為了復仇，為了打倒成昆，他必須在內心保留著成昆的部分（武功、計謀、行事風格等），而現在要把這些全部剔除，但謝遜一生的際遇幾乎都與成昆有聯繫，強行剔除必然會讓人體驗到一種「空」的感受。好在此時謝遜的自體已經基本上得以修復、整合，這種「空」才不會再次引發自體的破裂。這種「空」的感受在此刻反而被佛學標記了，佛教中如「成、住、壞、空」、「無常」、「因緣際會」等教義都是對「空」的闡述。於是，當大仇得報，謝遜在體驗到「空」性並被佛學印證後，便放下屠刀，立地成佛了。

阿朱：沒有你我怎麼辦

有些讀者始終不明白，阿朱為什麼要假扮段正淳的模樣甘願受愛人蕭峰一掌而死，只要阿朱說出她是段正淳的女兒，蕭峰也許會放棄復仇抑或和段正淳把誤會解開，戳穿馬夫人的謊言，或許阿朱和蕭峰就可以依約去塞外草原過上幸福生活了。但是阿朱卻沒有說，寧願赴死，幾年後蕭峰在雁門關外斷箭自戕也隨阿朱而去。阿朱和蕭峰是《天龍八部》中最深情的一對，但造化弄人，陰陽兩隔，令人扼腕。

阿朱易容術背後的心理象徵

阿朱和同胞妹妹阿紫是大理鎮南王段正淳與阮星竹偷情所生，姐妹兩個從小便被送人撫養，後又被拋棄，小阿朱流落街頭時遇見慕容博，被收留後帶到姑蘇慕容家當了丫頭。雖然是丫頭，但慕容博待阿朱著實不錯，專門闢了一間水榭供其居住，還常說將來阿朱出嫁時，要按照慕容府小姐的規格。阿朱也不負慕容家的恩情，將府裡打理得井然有序，獨當一面，正如書中阿朱第一次出場，便是在主人慕容復和府中四大護衛都不在的情況下，機智戲耍武功超群的鳩摩智搭救段譽的一場戲。

《天龍八部》這部武俠小說的名字來自佛教術語，專指八種「似人非人」有神通的眾生，分別為：一天眾、二龍眾、三夜叉、四乾闥婆、五阿修羅、六迦樓羅、七緊那羅、八摩睺羅伽。《天龍八部》這部小說中的重要人物和佛經裡八部有很多對應，比如乾闥婆是香神，在梵語中是「變幻

創傷篇

莫測」的意思，魔術師也叫乾闥婆，很明顯對應書中的阿朱。阿朱最高明的本事就是易容術，她第一次出場時，便分別假扮了管家、老伯和老太太三個角色。後來又喬扮過蕭峰、白世鏡、少林沙彌，幾乎可以亂真，不但旁人認不出來，甚至連蕭峰見到阿朱假扮的自己都嚇了一跳。若不是馬夫人與白世鏡的曖昧關係讓阿朱露了破綻，恐怕阿朱的易容術無人能識破。

阿朱的易容術是自己摸索出來的，並沒有人教過她，是一種天賦。阿朱透過觀察，掌握別人的特點並表現得唯妙唯肖，從精神分析的視角看，這表示阿朱的內心世界裡是鮮有自己的，絕大多數時候，她都是為了別人而存在。阿朱第一次出場幫助段譽擺脫了鳩摩智的綁架；在杏子林為受冤的蕭峰鳴不平；為了報恩，以身犯險去少林寺盜《易筋經》被打成重傷；最後為了化解蕭峰與她父親段正淳的誤會，捨身赴死。阿朱的自我是弱小的，所以在整本書裡阿朱的形象是很模糊的，也很少用真面目見陌生人。她的個性和書中其他女性角色相比並不鮮明，不要說和敢愛敢恨的木婉清、可愛俏皮的鍾靈相比，連身邊吳儂軟語的阿碧都更令人過目不忘，蕭峰認出喬裝之後的阿朱還是靠她身上散發的香味。就如乾闥婆的特徵，如幻如煙，可千變萬化，但本身並無實相。

被拋棄的創傷

阿朱從小先被親生父母拋棄，再被養父母遺棄，這個創傷完全占據和影響了阿朱的內心，阿朱內心獨白是：一定是我哪裡不夠好，所以他們才不要我；如果我變得更好，就不會再被拋棄。於是，我們看到的阿朱是表面聰慧、能幹，時刻為他人著想，而其內心深處卻是自卑的。因此她時常易容，把自己藏起來，易容後的形象不是垂垂老者，就是粗莽大漢，就算

阿朱：沒有你我怎麼辦

隨蕭峰去聚賢莊求醫也扮成一個醜陋的黃毛丫頭，氣得蕭遠山大罵蕭峰，居然為了一個這麼醜的女子隻身犯險，差點丟了性命。阿朱初識蕭峰是在杏子林中丐幫聚眾廢蕭峰幫主之位時，這是蕭峰人生悲劇的開始，他從一個江湖中人人敬仰的蓋世英雄，突然變成一個人人得而誅之的異族公敵。當蕭峰契丹人的身分被攤在林中眾人面前，有人憤慨痛罵，有人扼腕嘆息，有人暗中竊喜，有人矛盾掙扎，有人隔岸觀火，連蕭峰一眾出生入死的兄弟都默不作聲。這時候，只有阿朱這個武功低微的女子出來質疑其中陰謀，為此還挨了譚夫人的耳光。阿朱之所以這麼做，是因為蕭峰對之前杏子林丐幫四大長老叛變事件的處理方式，勾起了她內心深處的隱祕情感。當蕭峰以雷霆萬鈞之勢迅速制服意圖叛變的四大長老，掌控局面後，念及四人過去的功勞，以自身受四法刀刺入肩胛之罰洗刷其犯上之罪，寬恕四大長老。蕭峰以德報怨的做法擊中了阿朱的內心。下屬犯了犯上之罪，蕭峰還是寬恕和諒解，沒有懲罰、拋棄他們，這樣的男人就是阿朱心中理想化父母的形象。被拋棄過的孩子始終在意識層面戰戰兢兢地尋找不會再次拋棄他的人，來修復兒時被拋棄的創傷。同時，早年有過被拋棄經歷的孩子長大後很容易變成利他主義者，將自己內心那個受傷的小孩投射到外界他人身上，並不遺餘力地幫助他人，不自覺地透過這樣的行為來緩解內心被拋棄感占據帶來的傷痛。

杏子林事件後，蕭峰被丐幫，甚至整個中原武林拋棄。此時的蕭峰對阿朱來說，既是理想化移情的對象，又是自己內心受傷小孩投射的對象。當整個中原武林都和蕭峰恩斷義絕時，作為和蕭峰有競爭關係的慕容家的人，阿朱卻始終陪伴在蕭峰身邊不離不棄。經過聚賢莊一役，蕭峰與中原武林為敵；後被全天下冤枉殘殺授業恩師和養父母；知道帶頭大哥身分的知情人一個接一個地離奇死亡；雁門關外，面對當年父親蕭遠山跳崖之

創傷篇

處，蕭峰感到徬徨無助，天大地大，他卻不知何去何從，亦不知自己到底是漢人還是契丹人。正當蕭峰以為自己被所有人拋棄時，阿朱已在此不眠不休地等候他五日五夜了，也只有阿朱一個人知道蕭峰一定會去雁門關，並一直等他。武林中見識過蕭峰英雄氣概的人數不勝數，而能與蕭峰的絕望、悲憤、無力感相處涵容的唯有阿朱。多年以後，當蕭峰對耶律洪基談起阿朱的時候說道：「我既誤殺阿朱，此生終不再娶。阿朱就是阿朱，四海列國，千秋萬載，就只一個阿朱。豈是一千個、一萬個漢人美女所能代替得了的？皇上看慣了後宮千百名宮娥妃子，哪懂得『情』之一字？」

被拋棄過的孩子長大後的無意識

蕭峰和阿朱經歷過種種磨難後有了塞上之約，並約定先去找段正淳問清當年雁門關慘案真相，無論報不報仇都退隱江湖，去塞外牧牛放羊相伴一生。不料在小鏡湖方竹林巧遇段正淳與阮星竹，以及胞妹阿紫，阿朱也因此知道了自己的身世。阿朱內心充滿痛苦糾結，但是始終沒有上前與父母相認，之後也沒有告訴蕭峰自己的身世。倘若阿朱上前認了父母，抑或告訴蕭峰她是段正淳與阮星竹的女兒，也許蕭峰和段正淳把話前後一對，馬夫人的謊言就不攻自破了。但是阿朱卻沒有說，寧願以死化解根本不存在的仇恨。阿朱為何不說出自己的身世？又為何赴死？

從精神分析的視角看，其一，阿朱內心是被遺棄感占據的，她內心深處始終覺得是自己不夠好，才會被父母拋棄，這樣的人始終不相信自己配得上幸福歸宿。她意識中雖然也有對未來美好生活的憧憬，但無意識始終處在不安中，甚至會不自覺地去破壞已擁有的美好。阿朱一方面在意識層面渴望尋找一個不會再次拋棄自己的人；另一方面在無意識層面又不相信

阿朱：沒有你我怎麼辦

有這樣的人存在，就算存在，有一天也會拋棄自己。因此，在自己被拋棄之前先拋棄對方，這樣自己就不會再次被傷害。其二，當阿朱聽到段正淳和阮星竹談及當年拋棄兩姐妹的事情時，二人都在推脫責任，說當年是不得已，無法照顧兩個孩子只好送人。如果兩人誠心為自己當年的過錯懺悔，也許阿朱對於自己被拋棄的解讀就會從自己不好變為是他們不好，會稍微緩解內心的糾纏。同樣被遺棄的胞妹阿紫就將此解讀為他人的不好，將不好的感受投射到外界，外面都是壞人，父母、師兄弟，哪怕不相識的人都是壞人，這樣才能讓自己遠離那種被遺棄的不好感覺。於是，阿紫變得心狠手辣，殺人如草芥，且毫無悔意。

其三，對於段正淳和阮星竹這樣的父母，阿朱是失望的。阿朱易容成段正淳赴約受了蕭峰一掌而死，其無意識裡對段正淳和阮星竹既是一種報復，也是一種嘲笑。阿朱為了一個曾經拋棄她的人而死，這種「高尚」行為反襯出的不正是段、阮二人的不堪嗎？阿朱在無意識中或許也是想用自己的死讓段、阮二人永遠記住她這個「好女兒」，讓二人一想到她就內疚，讓二人明白當初拋棄自己是多麼不應該，多麼錯誤！

阿朱捨蕭峰而去，蕭峰內心的空洞永遠為阿朱留著，即使其胞妹阿紫也不能填補。蕭峰對阿紫說：「我這一生只喜歡過一個女子，那就是你的姊姊。永遠不會有第二個女子能代替阿朱，我也決計不會再去喜歡哪一個女子，皇上賜給我一百多名美女，我從來正眼也不去瞧上一眼。我關懷你，全是為了阿朱。」多年以後雁門關外，蕭峰熱淚盈眶，走到樹旁，伸手摩挲樹幹，見那樹比之當日與阿朱相會時已高了不少。一時間傷心欲絕，渾忘了身外之事。我們常說命運無常，造化弄人。人們一直覺得自己是有選擇的，可無論有多少種選擇，人往往只會選擇固定的一種。因為大多數人如阿朱一般，無意識早已被占據，被情結占據，被父母占據，被創

創傷篇

傷占據。被占據了就不自由了，不自由下的選擇便稱不上選擇。心理學和心理諮商可以幫助一個人看清自己，理解自己，然後才能慢慢放下自己，放過自己，得到些許真正的自由和選擇，這也許就是所謂的改變命運吧。

阿紫：一生不再說別離

有讀者曾留言說，金庸武俠小說中她最討厭的女性角色是阿紫，其實我個人也很不喜歡她。不但讀者不喜歡阿紫，連倪匡（衛斯理科幻系列作者）也甚是討厭她。當年《明報》連載《天龍八部》時，金庸去歐洲度假一個月找倪匡代筆，回來後見面，倪匡第一句話就是：「不好意思，我把阿紫寫瞎了。」

我覺得金庸當初在構思與設計阿紫這個角色的時候，應該是帶有不少貶義色彩的。阿朱與阿紫，這一對姐妹的名字來自《論語》「惡紫之奪朱也」。古時，朱代表正色，紫為雜色，是為不正，後來便有了「惡紫奪朱」的成語。小說中阿朱與蕭峰本是一對戀人，阿朱香消玉殞之後，阿紫想取代姐姐與蕭峰在一起。小說的結局是，蕭峰於雁門關外自戕，阿紫抱姐夫屍身跳崖殉情，令人唏噓。

惡童阿紫

那少女道：「釣魚有什麼好玩？氣悶死了。你想吃魚，用這釣桿來刺魚不更好些麼？」說著從漁人手中接過釣桿，隨手往水中一刺，釣桿尖端刺入一尾白魚的魚腹，提起來時，那魚兀自翻騰扭動，傷口中的鮮血一點點地落在碧水之上，紅綠相映，鮮艷好看，但彩麗之中卻著實也顯得殘忍。

……

創傷篇

　　那少女手起桿落，接連刺了六尾青魚白魚，在魚桿上串成一串，隨便又是一抖，將那些魚兒都拋入湖中。那漁人臉有不豫之色，說道：「年紀輕輕的小姑娘，行事怎地狠毒。你要捉魚，那也罷了，刺死了魚卻又不吃，無端殺生，是何道理？」

　　……

　　那少女笑道：「這再容易不過了。」走到漁人身邊，俯身去解纏在他身上的漁網，左手在袖底輕輕一揚，一蓬碧綠的閃光，向那中年人激射過去。

　　阿朱「啊」的一聲驚叫，見她發射暗器的手法既極歹毒，中年人和她相距又近，看來非射中不可

　　……

　　他一見細針顏色，便知針上所喂毒藥甚是厲害，見血封喉，立時送人性命，自己和她初次見面，無怨無仇，怎地下此毒手？

　　……

　　蕭峰拉著那少女的手腕，將她手掌翻了過來，說道：「請看。」眾人只見那少女指縫中夾著一枚發出綠油油光芒的細針，一望而知針上喂有劇毒。她假意伸手去扶蕭峰肩頭，卻是要將這細針插入他身體，幸好他眼明手快，才沒著了道兒，其間可實已凶險萬分。（《天龍八部》第二十二回）

　　阿紫在《天龍八部》中初次出場時只是個十四五歲的小姑娘，但其所作所為堪稱「惡」，並且幾乎是對身邊所有人作惡。短短幾盞茶的工夫，無緣無故羞辱褚萬里（段正淳手下四大護衛之一）；用毒針偷襲父親段正淳和蕭峰；甚至對魚兒也是痛下殺手。這是一種對於活物的無差別攻擊和痛恨，以至於要毀滅之。這種對於生命的蔑視，對於客體存在的痛恨以及要毀滅客體的行為和習以為常的態度令人恐懼。

阿紫：一生不再說別離

阿紫恨人世間一切的美好，也就是說，她的內心世界是充滿仇恨和危險的。在重逢姐姐阿朱和認識姐夫蕭峰之前，她的世界裡沒有共情，因為她從未被共情過，所以她也不共情別人，她只傷害別人，也早已習慣被別人傷害。

惡是一種習得，也是一種自我保護

阿紫為何會成為這個樣子？小說中給出了答案。阿朱與阿紫的母親是阮星竹，她與段正淳生下她們之後，便拋棄了這對姐妹。阮星竹雖是兩姐妹生理上的母親，但不是心理意義上的母親。阮星竹大部分認同的是自己女人的角色，這個角色是女性心理成長過程中，認同的兩條路徑之一——另一個是母親角色，本質上這兩條女性心理發展路徑是衝突的。阮星竹對於女人角色的心理認同，對於愛戀的渴望和欲望的追求比一般女性更強烈一些。因此，她對於拋棄兩姐妹並沒有太多真正的內疚，更多是想以此引發段正淳的內疚感，達到更大程度上控制他的目的。而阮星竹在小說中的形象和言談舉止也更像一位略微比女兒大的姐姐，這就是女性心理成長過程中走女人認同路徑的結果（兩條成長路徑本身沒有好壞之分，阮星竹只是個極端個例）。

阿朱和阿紫很小就流落在外，阿朱也只比阿紫大兩歲。阿朱比較幸運，被慕容博行走江湖時遇到，帶回還施水閣家中交與夫人撫養，慕容博只有一子慕容復，於是夫人對阿朱疼愛有加。阿朱長大後和阿碧一起成為慕容家重要的丫鬟，有點像《紅樓夢》裡掌管院子的大丫鬟。相較之下，阿紫就沒那麼幸運了。她被星宿派收留帶走，在塞外星宿海長大，後被出身逍遙派、欺師滅祖的星宿老怪丁春秋收為徒弟。丁春秋徒弟眾多，並且

創傷篇

信奉弱肉強食的叢林法則,每個人無時無刻不活在危險與恐懼之中,並且彼此提防。在門派中,無論用什麼歹毒的方法殺死同門,不僅不會被責罰,還會作為勝利者獲得對方的一切資源,在門派裡的地位也會上升,獲得相應的權力。可以想見,在這樣一個類似殘酷的動物世界裡長大的孩子,從最初的絕望到不得不為了活下來而接受這種惡,最終認同惡,是多麼殘忍。

金庸在新修版《天龍八部》中加入了一個情節,阿紫離開星宿海行走江湖的原因,是為了躲避師父丁春秋的性騷擾。阿紫十四五歲,已到了女性發育的年紀,身材的變化加上美麗的容貌,一時出挑,被丁春秋垂涎。出於少女對於性的恐懼以及對於被慾望客體凝視的恐慌,阿紫偷走了師父的神木王鼎並逃出了星宿派。這個事件強化了阿紫無意識層面的認知,即這個世界是危險的,所有人都是危險的,所有人都會殘害我,沒有例外。於是她自然而然發展出了防禦模式:在別人殘害我之前,我得先殺死對方,避免自己被害,這樣他人就會害怕我,不敢殘害我。被害雖然只是阿紫的想像,是一種有悖於現實的過度反應,但對於阿紫來說是一種真實的內在感受。這就是阿紫行惡的大部分心理成因,是一種類似有毒動物的保護色,提醒著這個世界和周遭客體,我是危險的,我是可怕的,離我遠一點,以此來保護自己。

親密與依戀是所有人的心理需要

阿紫又道:「哥哥,爹爹信中寫了什麼?有提到我沒有?」段譽道:「爹爹沒知道你和我在一起。」阿紫道:「嗯,是了,他不知道。爹爹有囑咐你找我嗎?有沒有叫你設法照顧你這個瞎了眼的妹子?」

阿紫：一生不再說別離

段正淳的信中並未提及此節，段譽心想若是照直而說，不免傷了妹子之心，便向巴朱二人連使眼色，要他們承認父王曾有找尋阿紫之命。哪知巴朱二人假作不懂，並未迎合。朱丹臣道：「鎮南王命咱二人隨侍公子，聽由公子爺差遣，務須娶到西夏國的公主。否則我二人回到大理，王爺就不怪罪，我們也是臉上無光，難以見人。」言下之意，竟是段正淳派他二人監視段譽，非做上西夏的駙馬不可。（《天龍八部》第四十四回）

在小說中，阿紫在遇到蕭峰之前和誰都不親近，無論是姐姐阿朱，還是父母或者其他人。不過，每個人內心深處都有渴望與他人依戀，被他人關注，獲得良好親密關係體驗的需求，無論是透過現實的還是想像的方式去實現。無法獲得親密關係，只是因為有各種現實或者心理層面的阻礙罷了。阿紫不經意地問哥哥段譽，父親是否在信裡提到她，便是對這種親密關係需求的無意識表達。而隨口一問表示阿紫無法透過意識層面直接表達自己的需求，也就是說這個需求被阻礙了，無法進入意識層面被其意識到。因此，在與絕大多數人的關系中，阿紫表現得總是那麼疏離、無情，甚至殘忍，她與遊坦之的關係就是如此。

那麼，究竟是什麼樣的心理阻礙了阿紫對依戀與親密關係的正常表達？是一種自童年以來長期生活在危險中而形成的應激反應，導致阿紫喪失了安全感和對他人的信任感。阿紫在星宿派長期的創傷性體驗中形成的內在心理認知，最終成為一種「內隱關係知曉」，這是無意識結構的一部分，當一個人面對一段新關係時，往往自動地運用內隱關係去機械應對。阿紫的內隱關係裡充滿了傷害、詐欺、殘忍、危險，因此她很難建立信任、依戀、親密的關係。但是每個人都有親密關係的需求，於是，這個矛盾終會以一種扭曲的形式得以呈現。

創傷篇

阿紫行為背後的心理模式

　　阿紫不答，過了好一會，低聲道：「姊夫，你那天為什麼這麼大力地出掌打我？」蕭峰不願重提舊事，搖頭道：「這件事早就過去了，再提幹麼？阿紫，我將你傷成這般，好生過意不去，你恨不恨我？」阿紫道：「我自然不恨。我為什麼恨你？我本來要你陪著我，現下你可不是陪著我了麼？我開心得很呢。」

　　……

　　次日一早，兩人便即西行。行出十餘里，阿紫問道：「姊夫，你猜到了沒有？」蕭峰道：「猜到了什麼？」阿紫道：「那天我忽然用毒針傷你，你知道是什麼緣故？」蕭峰搖了搖頭，道：「你的心思神出鬼沒，我怎猜得到？」阿紫嘆了口氣，道：「你既猜不到，那就不用猜了。姊夫，你看這許多大雁，為什麼排成了隊向南飛去？」(《天龍八部》第二十六回)

　　……

　　阿紫抱著蕭峰的屍身，柔聲說道：「姊夫，我們再也不欠別人什麼了。以前我用毒針射你，便是要你永遠和我在一起，今日總算如了我的心願。」說著抱著蕭峰，邁步便行。

　　群豪見她眼眶中鮮血流出，掠過她雪白的臉龐，人人心下驚怖，見她走來，便都讓開了幾步。只見她筆直向前走去，漸漸走近山邊的深谷。眾人都叫了起來：「停步，停步！前面是深谷！」

　　段譽飛步追來，叫道：「小妹，你……」

　　但阿紫向前直奔，突然間足下踏一個空，竟向萬丈深谷中摔了下去。(《天龍八部》第五十回)

　　對於阿紫來說，蕭峰是一個她之前不曾遇到過的好客體。這並不是說客觀上阿紫不曾遇到過好客體，而是就其主觀體驗而言。蕭峰誤殺阿朱的

阿紫：一生不再說別離

那一夜，阿紫躲在橋洞下目睹了這一切。阿朱為了蕭峰，甘願犧牲性命去維護；蕭峰在失手殺死阿朱之後，痛徹心腑的情感，想必都深深地衝擊到了阿紫的內心。這些人與人之間真摯、強烈、可以為彼此犧牲的深厚情感是阿紫之前從未見識過的，這和她之前在星宿海和江湖上體驗到的爾虞我詐是截然相反的。這種新的體驗觸動了阿紫的內心，喚起了她內心所嚮往的依戀與親密關係。阿朱臨終之前把阿紫託付給了蕭峰，也讓阿紫內心渴望的萌芽有機會慢慢開花結果。

可是阿紫對蕭峰做了一件荒唐事，在與蕭峰相處的路上，她假裝中毒倒地，待蕭峰焦急上前檢視時，她突然發出毒針襲擊蕭峰。幸好蕭峰武藝卓絕，反應敏捷，一掌打歪射來的毒針，但帶著十成內功的掌力也重創了阿紫。於是之後，蕭峰一邊用精純內力維持阿紫的一口氣，一邊長途跋涉到東北尋覓人參為其療傷，才有了後來一段在北國的奇遇，蕭峰成為契丹遼國的南院大王。

這段被蕭峰照顧和形影不離的生活，是阿紫一生中最幸福的時光。因為受傷而被長時間照顧，滿足了阿紫內心無意識裡想要依戀的渴望；而阿紫發毒針射蕭峰也是希望讓蕭峰殘廢，自己便可以照顧他，一輩子不分開，本質上也是滿足自己依戀的需求，實現與一個好客體有親密關係的願望。過程不同，最終的結果都是為滿足其內在的欲望，只是其行事方式實在令人膽寒。阿紫之所以會選擇以這樣扭曲的行為方式來實現願望，還是受早年建立的「內隱關係知曉」的無意識影響。這使得她無法從意識層面表達並恰當地實現需求，她無法忍受被別人控制，她得主動出擊。提出要求而不被傷害，這對她來說是從來沒有過的體驗，一直以來她都是用極端和殘忍的方式才有可能獲取自己想要的東西。

創傷篇

「惡紫代朱」，阿紫心心念念想替代阿朱的位置，無論是形式上的位置，還是在蕭峰心中的位置。這背後有阿紫對於親密關係的渴望，即與好客體建立依戀關係的欲望。除此之外，還有她對姐姐阿朱的嫉羨，因為她不像姐姐擁有兒時被別人（慕容家）疼愛過的好體驗。因此，兩姐妹的心理結構中，阿朱擁有阿紫不具備的一種能力，即共情能力。也正是因為這個能力，阿朱最終在精神層面上擁有了蕭峰。蕭峰一生都放不下阿朱，餘生都在對阿朱的思念中度過。不過阿朱和阿紫在心理結構的深處同樣都是憂鬱的，二人無意識裡都充斥著一種矛盾：既對長久的依戀關係充滿渴望，又對是否能實現持有深深的懷疑，甚至覺得自己不配獲得幸福。因此，阿朱用赴死的方式讓自己永遠活在蕭峰的心中，以實現彼此內心永遠的精神依戀；而阿紫則抱著蕭峰的屍體跳下懸崖，用肉體的生死相依來實現形式上的永不分離。

乃至全武林的公敵。這樣一個不會武功的弱女子卻能利用種種手段，讓一群江湖上武功才智也算一流的「英雄」為其所用，甘願或被迫在局中成為她洩憤的棋子——這的確是位令人恐懼的女子，讓男人、男性讀者有一種深入骨髓的恐懼感。

康敏：蜘蛛女之吻

在《天龍八部》裡段正淳的幾位情人中，最讓人感到害怕的就是馬夫人康敏。這是位不會武功的嬌弱女子，而恰恰就是這樣的弱女子差點讓段正淳喪了命，也正是這位弱女子策劃和導演了丐幫杏子林之變，設局陷害蕭峰，導致了後來蕭峰的出走，阿朱的死亡，丐幫的混亂與衰落等一系列悲劇。

讓人心生恐懼的女子

作為丐幫副幫主馬大元之妻，康敏初登場時給所有人的印象就是一位剛喪夫、楚楚可憐的弱女子，如一朵在風中搖曳的小白花。但是當馬大元被殺的疑案被揭開時，眾人才驚覺馬夫人康敏是這件事的幕後黑手，並且牽涉一系列惡性事件。因為要報復蕭峰，她勸丈夫馬大元揭發蕭峰契丹人的身分；被拒後，她先色誘幫中長老白世鏡，並以此為要挾，指使其暗殺了自己的丈夫；然後再色誘全冠清，逼迫他在杏子林大會上質疑蕭峰幫主之位的正當性；最後讓已拜倒在她石榴裙下的徐長老主持大會並引出前幫主的密信，在眾人面前揭開蕭峰契丹人的身分，並將丈夫馬大元之死嫁禍於他，使其成為丐幫乃至全武林的公敵。這樣一個不會武功的弱女子卻能利用種種手段，讓一群江湖上武功才智也算一流的「英雄」為其所用，甘願或被迫在局中成為她洩憤的棋子——這的確是位令人恐懼的女子，讓男人、男性讀者有一種深入骨髓的恐懼感。

創傷篇

　　馬夫人惡狠狠地道：「你難道沒生眼珠子麼？憑他是多出名的英雄好漢，都要從頭至腳地向我細細打量。有些德高望重之人，就算不敢向我正視，乘旁人不覺，總還是向我偷偷地瞧上幾眼。只有你，只有你……哼，百花會中一千多個男人，就只你自始至終沒瞧我。你是丐幫的大頭腦，天下聞名的英雄好漢。洛陽百花會中，男子漢以你居首，女子自然以我為第一。你竟不向我好好地瞧上幾眼，我再自負美貌，又有什麼用？那一千多人便再為我神魂顛倒，我心裡又怎能舒服？」

　　……

　　馬夫人見他頭也不回地跨步出房，心中忿怒又生，大聲道：「喬峰，你這狗賊，當年我惱你正眼也不瞧我一眼，才叫馬大元來揭你的瘡疤。馬大元說什麼也不肯，我才叫白世鏡殺了馬大元。你……你今日對我，仍是絲毫也不動心。」（《天龍八部》第二十四回）

　　康敏報復蕭峰的原因，居然只是當年洛陽丐幫大會上，一件對大多數人來說都能夠透過內心消化掉，而不至於發酵成精神上不能承受的事情。當康敏出現在丐幫群雄面前時，眾人皆心神激盪，為她的美麗容顏所傾倒，從始至終目光不離其身，這讓康敏內心十分滿足。而唯獨幫主蕭峰與他人不同，只顧與幫中兄弟飲酒談話，絲毫沒有在意她。蕭峰後來與康敏對話時回憶起這件事，也解釋說自己一向在女色上並不太在意，洛陽大會上也更多關注幫中事務，因此並沒有特意關注康敏。這個尋常事件在康敏的內心感受上居然是不得了的大事，甚至被她視為奇恥大辱，並因此展開一系列的報復行為，這值得我們去好好分析一下。

　　如果用精神分析的語言描述康敏的心理狀態，即我得不到蕭峰「目光」的注視，我就要毀了能夠給予「目光」的這個客體，也就是蕭峰本人，因為我的精神系統無法承受因「目光」缺失帶來的讓自體崩潰的感

受。同樣的情境也出現在康敏與段正淳最後的偷情情境中。當康敏確認段正淳不會帶她回大理，更不會娶她做正室後，她在酒裡下了十香迷魂散的毒藥，使段正淳喪失內力並且渾身無力，準備折磨並殺死對方。康敏對待段正淳和蕭峰的行為受同一種心理模式驅動，即當自己無法獲取由另一個客體才能給予的事物時，就會產生毀滅這個客體的衝動，以此來緩解內心由喪失感引發的自體瓦解的痛苦感受。

由嫉羨到嫉毀

馬夫人白了他一眼，道：「你想呢！段郎，我小時候家裡很窮，想穿新衣服，爹爹卻做不起，我成天就是想，幾時能像隔壁江家姊姊那樣，過年有花衣花鞋穿，那就開心了。」

……

「我小時候啊，日思夜想，生的便是花衣服的相思病。」

……

馬夫人道：「你從小大富大貴，自不知道窮人家孩子的苦處。那時候啊，我便是有一雙新鞋穿，那也開心得不得了。我七歲那一年上，我爹爹說，到臘月裡，把我家養的三頭羊、十四隻雞拿到市集上去賣了過年，再剪塊花布，回家來給我縫套新衣。我打從八月裡爹爹說了這句話那時候起，就開始盼望了，我好好地餵雞、放羊……」

……

馬夫人繼續說道：「好容易盼到了臘月，我天天催爹爹去賣羊、賣雞。爹爹總說：『別這麼心急，到年近歲晚，雞羊賣得起價錢。』過得幾天，下起大雪來，接連下了幾日幾晚。那一天傍晚，突然嘩啦啦幾聲響，羊欄屋給大雪壓垮啦。幸好羊兒沒壓死。爹將羊兒牽在一旁，說道這可得早些去

創傷篇

將羊兒賣了。不料就是這天半夜裡，忽然羊叫狼嗥，吵了起來。爹爹說：『不好，有狼！』提了標槍出去趕狼。可是三頭羊都給餓狼拖去啦，十幾隻雞也給狼吃了大半。爹爹大叫大嚷，出去趕狼，想把羊兒奪回來。

「眼見他追入了山裡，我著急得很，不知道爹爹能不能奪回羊兒。等了好久好久，才見爹爹一跛一拐地回來。他說在山崖上雪裡滑了一跤，摔傷了腿，標槍也摔到了崖底下，羊兒自然奪不回了。我好生失望，坐在雪地裡放聲大哭。我天天好好放羊，就是想穿花衣衫，到頭來卻是一場空。我又哭又叫，只嚷：『爹，你去把羊兒奪回來，我要穿新衣，我要穿新衣！』」

……

只聽她又說下去：「我爹爹說道，『小妹，我們趕明兒再養幾頭羊，到明年賣了，一定給你買花衣服。』我只是大哭不依。可是不依又有什麼法子呢？不到半個月便過年了，隔壁江家姊姊穿了一件黃底紅花的新棉襖，一條蔥綠色黃花的褲子。我瞧得真是發了痴啦，氣得不肯吃飯。爹爹不斷哄我，我只不睬他。」

……

馬夫人道：「有十套、二十套，那就不稀罕啦。那天是年三十，到了晚上，我在床上翻來覆去地睡不著，就悄悄起來，摸到隔壁江伯伯家裡。大人在守歲，還沒睡，蠟燭點得明晃晃的，我見江家姊姊在炕上睡著了，她的新衣褲蓋在身上，紅豔豔的燭火照著，更加顯得好看。我呆呆地瞧著，瞧了很久很久，我悄悄走進房去，將那套新衣新褲拿了起來。」

……

馬夫人星眼流波，嫣然一笑，說道：「我才不是偷新衣新褲呢！我拿起桌上針線籃裡的剪刀，將那件新衣裳剪得粉碎，又把那條褲子剪成了一條條的，永遠縫補不起來。我剪爛了這套新衣新褲之後，心中說不出的歡喜，比我自己有新衣服穿還要痛快。」（《天龍八部》第二十四回）

康敏：蜘蛛女之吻

當康敏與段正淳偷情時，康敏告訴了段正淳一個她小時候的故事，這個故事讓段正淳隱隱感覺到了不安和一些還未完全在意識層面浮現出的恐懼，當他開始警覺卻為時已晚。因為這個故事反映的是康敏內在的情感體驗、自體狀態以及精神結構之間的關係，段正淳嗅到了其中讓人恐懼的人格部分。現代的臨床心理學會對康敏的這部分人格做出精神病性的診斷。蕭峰、段正淳本質上和康敏小時候鄰家女孩的那件新衣一樣，都會成為康敏處心積慮要毀滅的客體。

康敏這樣的心理，用精神分析流派的一個詞來定義，就是「嫉毀」。嫉毀是嫉羨的精神病理性的極端表現形式。心理學上的嫉羨研究始於梅蘭妮·克萊因，她是在精神分析領域中與安娜·佛洛伊德齊名的女性精神分析學家。她繼承與發揚了佛洛伊德關於「死亡驅力」的概念，透過常年對兒童進行精神分析和心理治療得出的臨床經驗，發展出了諸多精神分析理論，嫉羨就是其理論貢獻之一。嫉羨這個詞在中文寫作中很少被使用，在精神分析著作中卻常被引用，因為要與另一個詞「嫉妒」做區別。在精神分析視角下，兩者的含義是迥然不同的。嫉羨由英文「envy」翻譯而來，而嫉妒對應的是英文「jealousy」。簡單來說，嫉羨反映的是兩人（二元）關係，而嫉妒是三人（三元）關係。三人關係中呈現的嫉妒比較好理解，通常出現在男女感情中三角戀的情感體驗裡。即在我的主觀視角體驗中，一個客體搶走了本該屬於我與另一個客體之間的東西，在情感中那個東西通常被命名為愛。而基於二元關係裡的嫉羨體驗，則是一個客體擁有我沒有的東西，且並不會給予我。那個我沒有的東西揭示了一種自體缺失，這是動搖自戀的體驗，動搖的是自體的凝聚與平衡感，最終導致個體的精神結構出現崩潰危險。因此，嫉羨的表現比嫉妒要可怕很多，嫉妒的底色是愛，而嫉羨的底色是缺損。從精神分析人格評估視角看，嫉妒是精神官能

症人格，而嫉羨屬於人格障礙，後者會引發個體用毀滅外在客體的方式來防禦自體解體的精神崩潰感。由嫉羨體驗最終發展為嫉毀般的精神病性表現，這就是康敏為何會做出那麼多令人恐懼舉動的內在心理原因。

康敏型女性是脆弱男性的噩夢

馬夫人道：「什麼？你⋯⋯你說我是醜八怪的模樣？鏡子，鏡子，我要鏡子！」語調中顯得十分驚惶。蕭峰道：「快說，快說啊，你說了我就給你鏡子。」

⋯⋯

馬夫人往鏡中看去，只見一張滿是血汙塵土的臉，惶急、凶狠、惡毒、怨恨、痛楚、惱怒，種種醜惡之情，盡集於眉目唇鼻之間，哪裡還是從前那個俏生生、嬌怯怯、惹人憐愛的美貌佳人？她睜大了雙目，再也合不攏來。她一生自負美貌，可是在臨死之前，卻在鏡中見到了自己這般醜陋的模樣。

⋯⋯

蕭峰道：「你要是氣死了她，那可糟糕！」只覺馬夫人的身子已一動不動，呼吸之聲也不再聽到，忙一探她鼻息，已然氣絕。（《天龍八部》第二十四回）

康敏最後是在阿紫拿給她的鏡中看到自己的醜態，一時悲憤交加而氣絕身亡。可以說，美麗這個特質是支撐康敏精神結構運行的重要因素，因美麗而被注視和喜歡，是支撐她自體穩定的最重要自體客體體驗。但這種精神結構是非常脆弱的，順利運行時固然能夠對抗人格層面的缺損，一旦受挫則會危害自體的平衡，甚至會毀滅自己。

康敏：蜘蛛女之吻

　　最後談談男性對於外表美麗女性在心理上的無意識恐懼。男性讀者之所以會對康敏這個人物感到深深地恐懼，一方面是由於她的嫉毀與偏執，另一方面則源自男性心理上普遍存在的，由美女引發的內在恐懼。如果是金庸武俠小說的「骨灰級」讀者，一定記得《倚天屠龍記》中張無忌之母殷素素在臨終時，對少年張無忌那句略顯突兀的囑託：「孩兒，你長大了之後，要提防女人騙你，越是好看的女人越會騙人。」從精神分析的視角來看，這是金庸借殷素素之口表達了他自己對於美貌女性的恐懼，這同樣也是男性普遍具有的一種內在恐懼。男性對於漂亮並被投射了性慾望的女性的無意識恐懼，實質為男性對喪失控制感的恐懼，而追根溯源，這來自佛洛伊德所描述的男孩的伊底帕斯焦慮與恐懼。男性在心理上本質是脆弱的，我們常常在網路上看到不少男性批評女性穿著暴露，舉止曖昧，這實際上是一種恐懼的反向表達，呈現的是男性內心的脆弱。千百年來，無數所謂的「紅顏禍水」，其實是為這種男性的脆弱而犧牲了生命和名節。

四大惡人：我不要熄滅在風中

　　有個挺有意思的文化無意識現象，西方文明喜歡講數字三，比如基督教講聖父、聖子、聖靈三位一體；希臘神話裡有統治世界的宙斯、波塞頓、黑帝斯三神；政治體制上的三權分立，等等。而我們東方文明更習慣講數字四。例如四大金剛、四大名著，《天龍八部》裡惡人也要湊四個，也許在我們心理上四比三帶給人的感覺更穩定和圓滿。心理學、精神分析起源於西方，自然也是三這個數占得多，佛洛伊德提出的第一拓撲結構和第二拓撲結構的心理模型都是三層，到了科胡特開創自體心理學也是從雙極自體的探索階段發展到最終定型的三極自體模型。精神分析理論中最重要的心理發展模型——伊底帕斯結構也是三角模型。但有個特例，就是榮格的分析心理學，他的心理模型是個四角模型，分別是自性、人格面具、阿尼瑪／阿尼姆斯、陰影。也許正是這個四角模型，讓在西方臨床心理學界不算顯學的榮格派心理分析，在東方卻出乎意料地受到歡迎，並被進一步地研究與發展。

榮格分析心理學模型中的惡

　　《說文解字》裡說「惡」乃人之過也，也就是說惡是對於人而言的，動物就不能用惡來形容。那麼人性到底是善是惡？關於這個問題，歷史上千百年來既有倫理視角的討論，也有哲學層面的辯論。早期儒家文化裡有「性本善」與「性本惡」兩派之爭，一部分「性惡派」脫離出來創立了「法

家」學派。到了宋明之後，儒釋道三教合一的趨勢下，又出現了「無善無惡」派。那麼從心理學、精神分析視角該如何解讀人性的「惡」呢？榮格派的心理模型給出了一個看法。

在榮格心理分析的四角模型裡，和惡最相關的是「陰影」這個部分。陰影是人與生俱來的，它不僅存在於個人無意識，也存在於集體無意識中。在這個模型裡，絕大多數人的人格陰影是被遮蔽的，壓抑的，不被允許長時間浮現在意識中被感知的，因為陰影裡存在的是人性中最黑暗、殘酷、非道德、可怕的欲望與情感。因此大多數人更多感知到的還是善大於惡的傾向。這也是為何「人之初，性本善」的觀點在兩千年後仍被普遍認同，除了文化無意識的影響，這也符合一般人的感受。但是，陰影在人的心理中是始終存在的，甚至可以說，在人出生的那一刻就存在，只是後天的教化將其中的大部分遮蔽了起來，這就是佛洛伊德所謂「壓抑」的心理防禦機制。因此，就算是「聖人」特質的人同樣也有陰影部分，而且極高機率其陰影部分還要比普通人更多，因為只有壓抑更多情緒與欲望進入心理結構的陰影部分，才能將「聖人」的特質（人格面具）展現在他人面前。

與呈現「聖人」特質的人相對應的就是所謂的「惡人」，金庸武俠中最有名的便是《天龍八部》中的四大惡人，分別是：老大「惡貫滿盈」段延慶、老二「無惡不作」葉二娘、老三「凶神惡煞」岳老三、老四「窮凶極惡」雲中鶴。四個惡人的排名就是綽號裡「惡」這個字的順序，金庸先生的取名也是有趣。「人有過曰惡。有過而人憎之亦曰惡」，四個惡人不但有「過」，別人也憎惡他們的「過」，他們還不掩飾其「過」，所以才是惡人。

四大惡人是不掩飾「惡」的，他們出場時的打扮和外貌就令人留下了惡的觀感。雲中鶴如瘦長竹竿，聲音忽尖忽粗，輕功超絕形同鬼魅；岳老三頭大如斗，其眼如豆，上身粗壯，下身瘦削，上身穿著華貴衣服，下身

創傷篇

卻套了一條常年不洗的襤褸褲子，極不協調；葉二娘長相本娟秀，但兩頰各有三道血痕，笑的時候如哭一般，頗為詭異；段延慶一身青袍，雙腿殘廢，以雙杖代步，滿臉刀疤，臉部肌肉被破壞，導致面無表情，喉頭被砍傷過，因而無法說話，只能用腹語交流，外表十分駭人。就如四人給別人的觀感，他們也毫不掩飾自己的惡行。雲中鶴是個採花賊，殺人丈夫奪人妻女；岳老三脾氣暴躁，動不動就用獨門兵器鱷嘴剪剪斷別人的頭；葉二娘偷別人家的孩子，玩弄一天後再殺掉（新修版裡改成扔掉）；段延慶為了報仇製造滅門慘案，為了復位大開殺戒，從不心慈手軟。

四大惡人並不掩飾其惡，這說明了四人心理中陰影的部分已經突破壓抑的防禦機制進入了意識層面，並影響到人格層面。那麼是什麼樣的原因讓「惡」從人性中的陰影部分進入意識，推動行為，進而占據人格呢？小說對於段延慶與葉二娘成為惡人之前的經歷有所提及。

重大創傷性事件與陰影的關係

黑衣僧緩緩說道：「葉二娘，你本來是個好好的姑娘，溫柔美貌，端莊貞淑。可是在你十八歲那年，受了一個武功高強、大有身分的男子所誘，失身於他，生下了這個孩子，是不是？」葉二娘木然不動，過了好一會兒，才點頭道：「是。不過不是他引誘我，是我去引誘他的。」黑衣僧道：「這男子只顧到自己的聲名前程，全不顧念你一個年紀輕輕的姑娘，未嫁生子，處境是何等的悽慘。」葉二娘道：「不，不！他顧到我的，他給了我很多銀兩，給我好好安排了下半世的生活。」（《天龍八部》第四十二回）

……

四大惡人：我不要熄滅在風中

他（段延慶）不敢在大理境內逗留，遠至南部蠻荒窮鄉僻壤之處，養好傷後，苦練家傳武功。最初五年習練以杖代足，再將「一陽指」功夫化在鋼杖之上；又練五年後，前赴兩湖，將所有仇敵一家家殺得雞犬不留，手段之凶狠毒辣，實是駭人聽聞，因而博得了「天下第一大惡人」的名頭，其後又將葉二娘、南海鱷神、雲中鶴三人收羅以為羽翼。他曾數次潛回大理，圖謀復位，但每次都發覺段正明的根基牢不可拔，只得廢然而退。最近這一次與黃眉僧下棋比拚內力，眼見已操勝算，不料段譽這小子半途裡殺將出來，令他功敗垂成。（《天龍八部》第四十八回）

「無惡不作」葉二娘原本也是位好人，年輕時愛上了日後的少林方丈玄慈，兩人生下一子（就是後來的虛竹）。玄慈礙於和尚的身分和武林地位，無法公開與葉二娘的關係。而這一切被暗中調查雁門關慘案、復仇心切的蕭遠山得知，於是他在一天夜裡當著葉二娘的面搶走了還是嬰兒的虛竹，爭鬥中在葉二娘臉上留下了六道血痕。於是，被愛人拋棄，又遭受喪子之痛的葉二娘徹底變成一個專愛偷走別人孩子的惡人。

「惡貫滿盈」段延慶本是大理國太子，因國內重臣楊義貞叛亂，段延慶在被追殺的過程中，身受重傷，雙腿殘廢，臉上、喉頭中刀，導致不能說話，也無法做出表情。逃亡撿回一條命之後，因為大理國找不到他這個原本的繼承人，於是讓段氏旁系段正明繼承王位。經此一劫，段延慶錯失王位心有怨憤，加上復仇手段殘忍，終成江湖上的第一惡人。

從精神分析的視角看，段延慶與葉二娘轉變為惡人的過程中，有一個關鍵因素，即面對重大喪失性事件。喪失性事件會引發一系列難以承受的情感體驗，憂鬱便是這個體驗的基礎。越是重大的喪失事件越是讓人難以承受，對葉二娘來說，是生命中最重要的兩段情感關係的突然喪失，對段延慶來說是身分的喪失，理想的喪失，原本身邊一切的全部喪失。這種喪

失對人心理的打擊是巨大的，會引發一個人對於精神死亡的恐懼與焦慮，於是一定會採取一些行動來防禦這種精神上的瀕死體驗——而無論這種行動是恰當的還是錯誤的，因為無暇顧及。這個過程在克萊因的精神分析理論裡便是從死亡驅力發展出的「偏執──分裂」位態。人因為喪失而處於「偏執──分裂」位態時，通常最主要採用的是否認及投射的防禦機制。就如葉二娘偷搶他人的孩子，短暫擁有一個孩子，是在假裝母子關係還存在的否認機制；將內心的喪子之痛投射給那些失去孩子的父母，讓他們體驗和自己一樣的痛苦。段延慶也在用類似的方式緩解內心痛苦。至於四大惡人裡的另兩位惡人岳老三和老四雲中鶴，小說並沒有交代兩人過去的經歷。但從岳老三對師徒關係的態度與行為，以及雲中鶴自述平生最快之事是「殺其夫而占其妻，謀其財而居其谷」來看，其中或許隱藏著一些兩人曾經的喪失經歷。

心理創傷救贖的方式

　　玄慈伸出手去，右手抓住葉二娘的手腕，左手抓住虛竹，說道：「過去二十餘年來，我日日夜夜記掛著你母子二人，自知身犯大戒，卻又不敢向僧眾懺悔，今日卻能一舉解脫，從此更無罣礙恐懼，心得安樂。」說偈道：「人生於世，有欲有愛，煩惱多苦，解脫為樂！」說罷慢慢閉上了眼睛，臉露詳和微笑。(《天龍八部》第四十二回)

　　虛竹在少室山上被少林寺杖責時，露出小時候背上被燙的戒疤，葉二娘認出他就是自己的親生兒子。當她被蕭遠山追問，當年那個無意中製造了雁門關慘案的帶頭大哥到底是誰時，玄慈終於當眾親口承認了一切，也承認了當年與葉二娘的私情。最終玄慈甘願受杖責而亡，他內心應該是解

四大惡人：我不要熄滅在風中

脫的。而葉二娘在玄慈死後也選擇了殉情，因為她無法承受重獲重要關係之後的再次喪失，這個喪失之痛已經足足折磨了她二十年。相較之下，段延慶這個第一惡人卻得了一個比較理想的結局。

段延慶一生從未有過男女之情，室家之樂，驀地裡竟知道世上有一個自己的親生兒子，喜悅滿懷，實是難以形容，只覺世上什麼名利尊榮，帝王基業，都萬萬不及有一個兒子的可貴，當真是驚喜交集，只想大叫大跳一番，噹的一聲，手中鋼杖掉在地下。跟著腦海中覺得一陣暈眩，左手無力，又是噹的一響，左手鋼杖也掉在地下，胸中有一個極響亮的聲音要叫了出來：「我有一個兒子！」一瞥眼見到段正淳，只見他臉現迷惘之色，顯然對他夫人這幾句話全然不解。

段延慶瞧瞧段正淳，又瞧瞧段譽，但見一個臉方，一個臉尖，相貌全然不像，而段譽俊秀的形貌，和自己年輕之時倒有七八分相似，心下更無半分懷疑，只覺說不出的驕傲：「你就算做了大理國皇帝而我做不成，那又有什麼稀罕？我有兒子，你卻沒有。」這時候腦海中又是一暈，眼前微微一黑，心想：「我實是歡喜得過了分。」

⋯⋯

段延慶大喜，哈哈大笑，知道兒子終於是認了自己為父，不由得心花怒放，雙杖點地，飄然而去，對暈倒在地的雲中鶴竟不加一瞥。（《天龍八部》第四十八回）

相較於葉二娘重獲喪失的重要關係，段延慶以另一種方式消解了他的喪失之痛。刀白鳳臨死前告訴了段延慶，他與段譽是父子，這個埋藏了二十多年的祕密，瞞過了段正淳，瞞過了所有人，卻在關鍵時刻救贖了四大惡人之首的段延慶。段延慶最後一身輕鬆地飄然遠去，不知所終，因為他曾經喪失的東西可以透過另一種形式獲得，即自己親生兒子段譽繼承王

創傷篇

位,以補償自己失去王位所遭受的半生痛苦。孩子對於人來說是生命的延續,這個生命更大程度上指的是精神生命,人對於死亡的恐懼並非只有肉體的死亡,還有對精神死亡的恐懼。透過孩子,人可以將自己的部分精神特質傳承給下一代,甚至更下一代,在象徵層面實現了精神的不死,這是對抗死亡恐懼的心理方式之一,也是上萬年來人類採取的最普遍方式。並且這個方式還蘊藏著一種隱祕心理,即透過孩子開啟一段不同的人生歷程,將自己的遺憾與缺失投射到孩子身上,透過想像或操控孩子完成自己未曾實現的理想,以慰藉自己缺失的痛苦,象徵性地治癒自己的心理創傷。

林平之：別愛我

《笑傲江湖》中，林平之算是小說中的反面角色，但是大多數讀者對他卻很難恨得起來，至少同情多於厭惡。如果按照古希臘對於悲劇的定義，那麼林平之可以算是悲劇人物，而岳靈珊、寧中則只能算慘劇。林平之起初是一個單純的紈褲子弟，也有底線和傲骨，遭遇鉅變之後，為報家仇拜師學藝，在一次次地遭受打擊和欺騙之後，最終憑藉家傳的辟邪劍法手刃仇人。同時，他為了獲得無上武學所象徵的權力獻祭了人性，最終雙目失明被囚禁在西湖梅莊地牢，了此殘生。

林平之與令狐沖的對比

小說一開始就是林平之的故事，並且從他的視角和經歷引出了青城派、五嶽劍派、令狐沖、岳靈珊、岳不羣、左冷禪等一眾人物和故事情節。前三章甚至給讀者一種錯覺，以為林平之是小說的主角，讀到後面才發現金庸寫林平之這個角色，是為了與真正的主角令狐沖做對比。第一個對比是，兩人的出場事件非常相似，林平之碰見余滄海之子余人彥調戲岳靈珊假扮的賣酒姑娘，出頭打抱不平結果失手殺了對方，引發全家被殺的慘劇。令狐沖出場時則是見採花大盜田伯光欲擄恆山派小尼姑儀琳，他出手救人，雖不敵但仍與之血戰。兩件事都是行俠仗義，似乎林平之與令狐沖是一樣古道熱腸的俠義之輩，但細細分析，二人是有些許不同的。

創傷篇

　　林平之氣往上衝，伸右手往桌上重重一拍，說道：「什麼東西，兩個不帶眼的狗崽子，卻到我們福州府來撒野！」(《笑傲江湖》第一回)

　　林平之對余人彥不滿的地方，並非完全因為他非禮調戲女性，而是有一種不允許他人在自己地盤造次的意味。之後又因相貌俊美被對方譏笑是兔爺，徹底點燃了林平之心中的怒火。林平之的暴怒源自沒有被尊重，沒有被重視導致的自尊受挫。林平之的這種內心體驗和行為反應是典型的紈褲子弟特點。作為林遠圖的曾孫，他算是福威鏢局第四代傳人。一個大家族、大企業、大集團乃至王朝的三代之後的年輕繼承者由於被保護得太好，沒有第一代從血與火中拚殺出來的慘痛經歷，也缺少前幾代受到的耳濡目染的教導，他們通常活在比較嚴重的自我中心幻想中。此時的林平之不知道什麼是殘酷的現實，什麼是能力的邊界，也不知道人外有人，天外有天。

　　到得午間，腹中已餓得咕咕直叫，見路旁幾株龍眼樹上生滿了青色的龍眼，雖然未熟，也可充飢。走到樹下，伸手便要去折，隨即心想：「這些龍眼是有主之物，不告而取，便是作賊。林家三代幹的是保護身家財產的行業，一直和綠林盜賊作對，我怎麼能做盜賊勾當？倘若給人見到，當著我爹爹之面罵我一聲小賊，教我爹爹如何做人？福威鏢局的招牌從此再也立不起來了。」他幼稟庭訓，知道大盜都由小賊變來，而小賊最初竊物，往往也不過一瓜一果之微，由小而多，終於積重難返，泥足深陷而不能自拔。想到此處，不由得背上出了一身冷汗，立下念頭：「終有一日，爹爹和我要重振福威鏢局的聲威，大丈夫須當立定腳跟做人，寧做乞兒，不做盜賊。」邁開大步，向前急行，再不向道旁的龍眼樹多瞧一眼。

　　……

林平之：別愛我

　　林平之提起長劍，心想：「一劍一個，猶如探囊取物一般。」正要向那仰天睡著的漢子頸中砍去，心下又想：「我此刻偷偷摸摸地殺此二人，豈是英雄好漢的行徑？他日我練成了家傳武功，再來誅滅青城群賊，方是大丈夫所為。」(《笑傲江湖》第二回)

　　第二個對比是林平之的這兩段的內心獨白，與令狐沖和風清揚在華山思過崖上，關於面臨生死攸關的情境時是否行君子手段的一段對話。當自身處於危險時，令狐沖先選擇保命，甚至可以使詐，不會為了所謂的正人君子的道德標準讓自己白白犧牲。而林平之看似堅守了道德底線，但其標準是僵化的、固執的，這也反映了他脫離現實生活，毫無江湖經驗。令狐沖面對現實，不僵化的處理態度決定了他能堅持住最後的底線，而林平之最初絲毫不讓步的道德潔癖反而令其最終的底線盡喪，這是精神分析的視角。這裡大段的描寫是將林平之內心的固執與令狐沖的心理彈性做了對比，這種底層心理的不同也決定了兩人之後截然不同的命運。

創傷後的無意識選擇

　　點了一根火把，四下裡一照，只見父親和自己的長劍、母親的金刀，都拋在地下。他（林平之）將父親長劍拾了起來，包在一塊破布之中，插在背後衣內，走出店門，只聽得山澗中青蛙閣閣之聲隱隱傳來，突然間感到一陣淒涼，忍不住便要放聲大哭。他舉手一擲，火把在黑影中劃了一道紅弧，哧的一聲，跌入了池塘，登時熄滅，四周又是一片黑暗。(《笑傲江湖》第二回)

　　整部小說，對林平之的這段描寫最讓讀者同情憐憫，把一個少年突遭變故，喪失一切後，對於未來的無助、迷惘與恐懼淋漓盡致地體現了出

創傷篇

來。年輕人遭遇如此重大的創傷後，其心理上會出現兩種無意識選擇，一種是尋求母性的慰藉，另一種是尋求父性的支持，很明顯，林平之的無意識替他選擇了後一條路。這個無意識選擇來自他內心對林家父性權威的敬仰與崇拜，具體說就是曾祖林遠圖的威名與其令江湖聞風喪膽的事蹟。林平之的自體需要父性的力量來支撐，以福威鏢局之名，以林遠圖之名，以家傳辟邪劍法之名。

之前如此，之後也必將如此。因此，與其說林平之踏上的是復仇之旅，不如說是尋父之旅。林家被青城派瞬間滅門使他喪失了一位想像界的父親，這個父親虛弱地死去，接下來他希望重新尋找一位在象徵界裡呼風喚雨並能給予他幫助與指引的父親。所以之後無論是認木高峰為爺爺，還是一見岳不群就磕頭拜師，都是林平之這一內在無意識需求的呈現。

林平之道：「岳不群一劍砍在我背上，我受傷極重，情知無法還手，倒地之後，立即裝死不動。那時我還不知暗算我的竟是岳不群，可是昏迷之中，聽到八師哥的聲音，他叫了句：『師父！』八師哥一句『師父』，救了我的性命，卻送了他自己的性命。」岳靈珊驚道：「你說八師哥也……也……也是我爹爹殺的？」林平之道：「當然是啦！我只聽得八師哥叫了『師父』之後，隨即一聲慘呼。我也就暈了過去，人事不知了。」

……

岳靈珊道：「如果……如果我爹爹真要害你，以後……以後機會甚多，他怎地又不動手了？」林平之冷冷地道：「我此後步步提防，叫他再也沒下手的機會。那倒也多虧了你，我成日和你在一起，他想殺我，就沒這麼方便。」岳靈珊哭道：「原來……原來……你所以娶我，既是為了掩人耳目，又……又……不過將我當作一面擋箭牌。」（《笑傲江湖》第三十六回）

林平之：別愛我

對林平之造成最大心理傷害的，不是余滄海，也不是青城派，而是岳不羣。林平之第一次遇見岳不羣，是他被木高峰制住，逼迫他交出辟邪劍譜的危急時刻，此時岳不羣就如及時雨般降臨，救下他。岳不羣談笑間露了一手武藝震懾住對手，讓木高峰知難而退，岳不羣的這份自信、氣度和瀟灑讓林平之心悅誠服，於是當場跪倒在地，請求加入華山派，拜其為師。林平之第一次見岳不羣就迫不及待地拜師，一是他復仇心切，二是他無意識裡急切地要尋到那個「好父親」，拜師，拜師父，師即是父。此時，林平之的心理依然更多處在想像界的層面，而之後發生的諸多事件，打破了林平之對於岳不羣的美好想像。

當林平之知道砍他一劍、要置他於死地的人，竟然是那個救過自己、傳授自己武藝，並且還欲將女兒嫁給自己的師父岳不羣時，他內心的痛苦可想而知。一個被自己投射為好父親的客體，突然變成殘害自己並且比自己強大得多的客體，林平之內心充滿巨大的失望與恐懼。這個打擊堪比《倚天屠龍記》中金毛獅王謝遜眼見師父混元霹靂手成崑殺害其全家。這個創傷對孩子，尤其是男孩的心理影響在於，其理想化自體的發展路徑被阻塞了。父親在心理上代表父性、規則與邊界，孩子要避免被惡魔般的父親傷害就必須與之戰鬥，由此可能會泛化為無視規則，突破邊界。所以，謝遜本是個知書達理、性情溫和的人，遭此變故後開始濫殺無辜，常常咒罵蒼天不公，這其實是在咒罵那個心理上的父親。林平之的迅速黑化也是在被岳不羣差點殺害，對其徹底失望與恐懼之後發生的，從這個時刻開始，他想像中的理想父親死去了，也結束了「尋父之旅」。當他終於拿到《辟邪劍譜》後，為練成這神鬼莫測的武功，沒有絲毫猶豫便揮刀自宮，成為不男不女之身。在林平之的意識層面，這麼做是為了復仇，在無意識層面則表達了他對規則、邊界的踐踏與突破。

創傷篇

武俠復仇題材的意義

　　林平之道：「我縱然雙眼從此不能見物，但父母大仇得報，一生也決不後悔。當日令狐沖傳我爹爹遺言，說向陽巷老宅中祖宗的遺物，千萬不可翻看，這是曾祖傳下來的遺訓。現下我是細看過了，雖然沒遵照祖訓，卻報了父母之仇。若非如此，旁人都道我林家的辟邪劍法浪得虛名，福威鏢局歷代總鏢頭都是欺世盜名之徒。」（《笑傲江湖》第三十五回）

　　學成辟邪劍法的林平之，終於報得大仇。當然代價也是巨大的，他獻祭了人性，獻祭了純真，獻祭了愛情，所以曾祖林遠圖立下家訓，後代不可翻看，自然也不可練此劍法。想來當年還是渡元禪師的林遠圖為練辟邪劍法也失去了很多東西，雖然其還俗後在江湖上獲得了名與利，最終還是為此後悔。復仇一直是武俠小說、武俠影片中一個重要主題，大多數武俠小說無論是主線還是支線都會有復仇故事。雖然復仇故事被反覆書寫，最後的結果基本也是大仇得報，但是讀者依然百讀不厭，也不會覺得違和，這是為何？這和復仇的心理意義相關。對個人來說，復仇的過程是一次自戀修復的象徵性過程。復仇故事的開始，通常都是大俠們遭遇關於喪失的重大創傷，喪失師父、親友、愛人等。喪失動搖了自體的平衡，這個時候人們體驗到的是無力感、無能感，這都是指向自戀的創傷。復仇就是要否認這些喪失帶來的無力感，復仇的成功是對於否認的確認，是象徵性地重拾創傷後的自戀碎片，好比一件瓷器碎了以後，再努力將其拼合起來。現實生活中，大多數人並不會經歷類似武俠作品中的重大創傷，但多多少少也會遭受一些欺凌或不公，也會體驗無力和無能感，同樣需要透過類似復仇的行為和感受來修復自戀創傷。就算在現實生活中無法完成，還可以將自己投射到武俠人物身上，象徵性地完成這一修復過程，雖然只是臨時

性、象徵性的，但也發揮一定的心理緩解作用。在集體心理層面，復仇主題被反覆描述還帶有一種對於自然法的維護功能。自然法是現代所有法律、法典的基石，是人類文明社會的根基，是將人類與動物區分開來的最偉大發明之一。所謂「殺人償命，欠債還錢」就是一種自然法，是植根於人類內心最樸素的文明理念。古今中外千百年來，多少文學作品反覆描寫復仇故事，這也是在對自然法進行維護，對人性進行弘揚與讚美。

痛恨之人有時是我們無法成為的那個人

只聽林平之道：「令狐沖，你在江湖上呼風喚雨，出盡了風頭，今日卻死在我的手裡，哈哈，哈哈！」笑聲中充滿了陰森森的寒意，一步步走將過來。

……

左冷禪道：「平之，今日終於除了你平生最討厭之人，那可志得意滿了罷？」林平之道：「全仗左兄神機妙算，巧計安排。」（《笑傲江湖》第三十八回）

最後我們談談林平之為何那麼恨令狐沖。按道理，林平之應該最恨殺害他家人的余滄海，或者讓他失明的木高峰，再或者那個人面獸心、時刻想害他的岳不群，但是他卻最恨令狐沖。要知道在整部小說中，令狐沖對林平之尚可，即使林平之奪走了他的初戀小師妹岳靈珊，令狐沖也從來沒有害過這位林師弟。雖然林平之曾經一度懷疑令狐沖假傳父母的遺言，也懷疑他的劍法突然出神入化是偷學了自家的辟邪劍法，但是最後在和岳靈珊的交談中，他也提到了之前是自己的誤會，那麼林平之為何對令狐沖懷有如此大的恨意呢？再回到小說開頭，金庸對比描寫林平之和令狐沖的用

創傷篇

意所在，便能明白林平之恨令狐沖，是因為這位大師兄擁有自己沒有的東西，這是一種嫉恨心理，是一種從嫉羨到嫉毀（在《天龍八部》康敏的分析中詳細闡述過）的過程。就像林平之在思過崖山洞中叫囂的，在他看來，令狐沖可以輕易獲得獨孤九劍、吸星大法，成為頂尖高手；義助恆山派並成為掌門，俠義之名傳遍天下；被少林、武當以及日月神教爭相拉攏，最後還能保有自己的原則和底線；在愛情上則收穫了聖姑任盈盈的垂青，二人雙宿雙飛，琴瑟和鳴，得到了幸福。這些全都是林平之付出那麼多努力和辛苦，甚至獻祭了自己的人性都沒有得到的，而令狐沖卻輕而易舉地得到了，這種恨是對自己不具備而客體卻擁有的嫉毀般的恨。當然，令狐沖「不與天下爭」的態度也是金庸想要表達的道家思想之一。同時，林平之對令狐沖的恨也是一種無意識中對自己的恨，恨自己再也無法回頭，喪失了人性，喪失了純真，喪失了愛的能力，當心理上不能哀悼這些失去的部分時，就一定會將其轉變成恨的形式投射到一個客體身上。對林平之來說，別愛我，因為我只有恨，無法回報以愛。

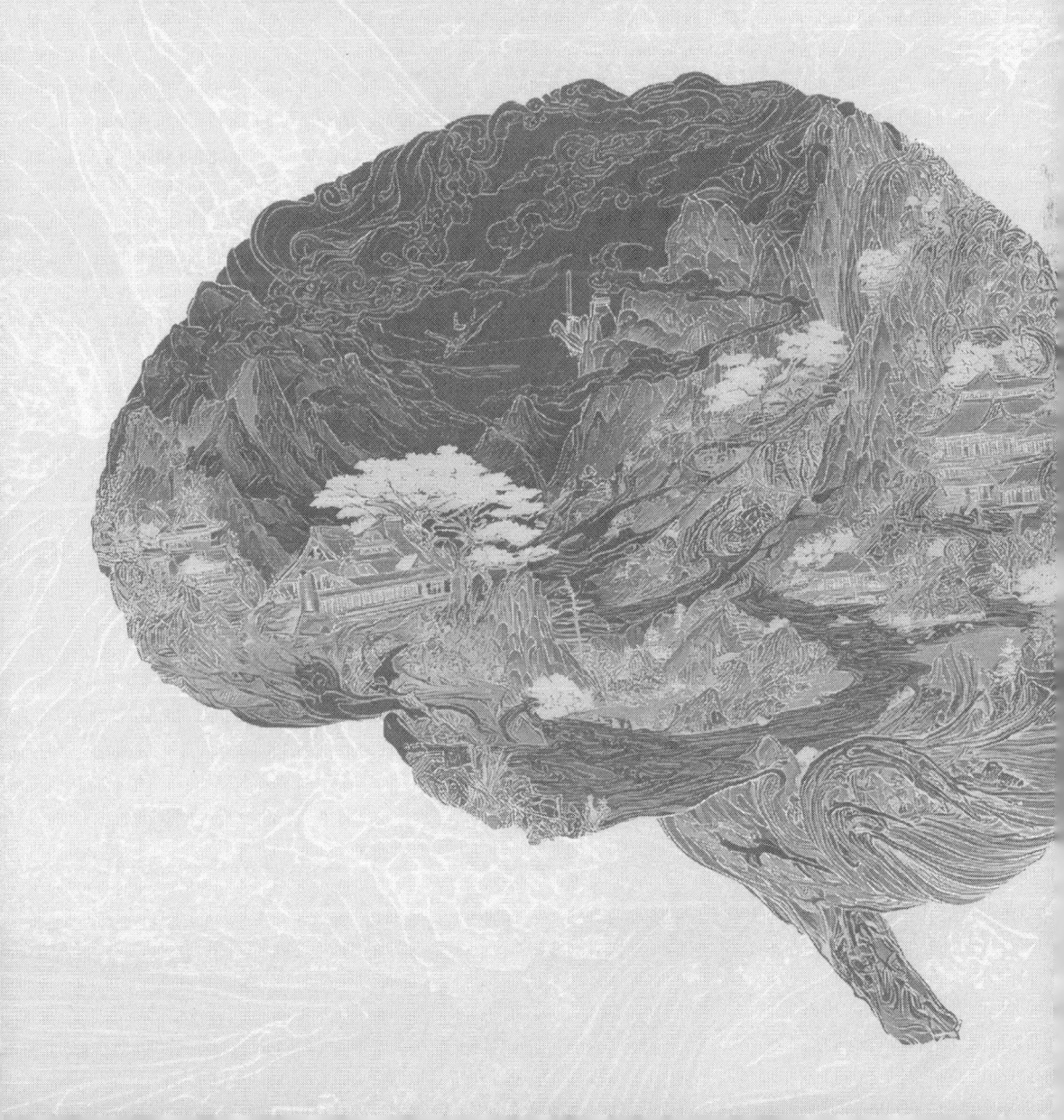

其他

其他

令狐冲：不羈的風

　　金庸武俠小說的幾部重量級作品中，如果說中期的「射鵰三部曲」更多呈現的是熱熱鬧鬧、豐富多彩的故事，那麼後期的三部作品《天龍八部》、《笑傲江湖》、《鹿鼎記》則著重在闡述思想。《天龍八部》與《笑傲江湖》在思想性上各有特色，前者談的是「有情皆孽」、「眾生皆苦」、「貪嗔痴三毒」的佛家思想，後者則是金庸著重談道家的人生態度。

《笑傲江湖》是本闡述道家思想的小說

　　如果從時間線上看，道家是中華文化的根，拋開神話部分，道家最早可以追溯到黃帝問道廣成子的記載，距今已有五千多年。到了春秋時期，作為道家代表人物的老子以一部五千言的《道德經》將道家思想總結闡述，使之流傳後世成為經典。道家思想已經成為中國人的集體無意識中的重要組成部分，深深影響著一代又一代，歷史上眾多耳熟能詳的人物都是道家中人，或是受道家思想影響深刻的人，比如伊尹、姜尚（子牙）、范蠡（陶朱公）、張良（子房）、諸葛亮（孔明）、阮籍、嵇康、劉基（伯溫）、姚廣孝……這類名人簡直多如繁星。

　　風清揚微笑道：「你用這法子取得了一日一夜，竟不費半點力氣，只不過有點兒卑鄙無恥。」令狐冲笑道：「對付卑鄙無恥之徒，說不得，只好用點卑鄙無恥的手段。」風清揚正色道：「要是對付正人君子呢？」令狐冲一怔，道：「正人君子？」一時答不出話來。

令狐沖：不羈的風

　　風清揚雙目炯炯，瞪視著令狐沖，森然問道：「要是對付正人君子，那便怎樣？」令狐沖道：「就算他真是正人君子，倘若想要殺我，我也不能甘心就戮，到了不得已的時候，卑鄙無恥的手段，也只好用上這麼一點半點了。」風清揚大喜，朗聲道：「好，好！你說這話，便不是假冒為善的偽君子。大丈夫行事，愛怎樣便怎樣，行雲流水，任意所之，什麼武林規矩，門派教條，全都是放他媽的狗臭屁！」

　　令狐沖微微一笑，風清揚這幾句話當真說到了他心坎中去，聽來說不出的痛快，可是平素師父諄諄叮囑，寧可性命不要，也決計不可違犯門規，不守武林規矩，以致敗了華山派的清譽，太師叔這番話是不能公然附和的；何況「假冒為善的偽君子」云云，似乎是在譏刺他師父那「君子劍」的外號，當下只微微一笑，並不接口。（《笑傲江湖》第十回）

　　這一段風清揚與令狐沖的問答中，透露的便是道家的處世哲學與人生態度，即「全性保真，不以物累形」。保全自己的生命是道家的第一要務，在道家的觀念裡，性、命不二分，身心一體。沒有了身體這個載體，精神的提升就無從談起。因此，道家中人追求的是肉體與精神一起昇華，最終的理想境界是「白日飛昇」。佛教進入東土之後，和道家、儒家為代表的本土文化彼此借鑑融合，最終發展為有別於東南亞和藏區佛教的本土特色的漢傳佛教。對道家來說，保全性命是基礎，如果沒有這個基礎，其後的養性、存神、全真這些精神層面的昇華便無從實現，所以令狐沖才對風清揚有了這段關於保命是第一要務的回應。我們在歷史上常見的儒家人物、墨家人物為了理想與信念可以拋頭顱，灑熱血，犧牲生命也在所不惜。孔子「知其不可而為之」，孟子「雖千萬人，吾往矣」，文人夫子們捲起袖子衝鋒的樣子確實讓人熱血沸騰，但是歷史上入世的道家人物踐行的理念通常是「功成、名遂、身退」。如范蠡助越王勾踐復國後，辭別廟堂攜西施泛舟太湖，後經商富甲天下號陶朱公，作為商販的始祖被祭拜。而

其他

沒有聽范蠡規勸的文種成了被勾踐「烹的走狗」。

漢初三傑之一的張良為沛公劉邦出謀劃策，擊敗強大的項羽軍團，為建立大漢立下蓋世功勳，被封留侯，後淡出朝堂、深居簡出，在漢初呂后的功臣良將清洗運動中也才得以善終。

令狐沖被詬病之處

和金庸早中期筆下那些「俠之大者，為國為民」的大俠相比，令狐沖這個角色被詬病之處有很多，其中最被拿來說事的是，其師母寧中則被魔教長老俘獲並受辱，令狐沖就躲在附近草叢中目睹一切卻遲遲沒有出手相救。試想如果換作胡一刀、胡斐父子，或是郭靖、楊過、蕭峰，肯定立即現身救人了，哪怕是江南七怪自知不敵也會出手相救。但是令狐沖眼見一手帶大自己的師母被辱卻沒有出手相救，猶猶豫豫，金庸還為此描寫了不少他內心的思想鬥爭。所謂顧及向大哥和任盈盈的面子，以及思考事情可能會發展的結果而沒有出手，這些不過是令狐沖心理層面上對愧疚感的一種理智化防禦。身上有傷，手中無劍，出手會喪命才是令狐沖第一時間無意識自動化決策的決定因素。如果說令狐沖這部分的無意識一部分來自道家文化的集體無意識，另一部分的個人無意識也許和他的經歷有關。《笑傲江湖》對於令狐沖的身世只做了簡單交代，他是作為孤兒被華山派掌門岳不群和夫人寧中則收養，也是掌門岳不群門下首徒。至於他的親生父母及兒時經歷則沒有任何提及，是一個謎。也許令狐沖作為孤兒時動盪不安、朝不保夕的感受形成了一種保全自己的個人無意識。《笑傲江湖》是一部闡釋道家思想的書，道家人物神龍見首不見尾的神祕感也在此與令狐沖相呼應。

令狐沖：不羈的風

在道家看來，肉體存在的前提下，「全性保真」才有機會實現。性乃是天性，保持一顆天真的赤子之心是道家所推崇備至的。從心理層面來說，即減少意識層面的心理壓抑，面對自己的需求、自己的欲望和情緒。這部分是反儒家思想的，因此，戰國時期的道家著作，尤其《莊子》、《列子》中很多內容都在批評儒家思想，並順帶編故事調侃一下孔夫子。儒家思想從心理層面看是壓抑的，「克己復禮」是儒家追求的理想，由此形成了「仁」的核心思想。

為何在道家思想之後出現了儒家思想，並在歷史長河中部分地替代了道家思想成為主流？這是由地理的封閉性、農耕社會的保守性，以及人口不斷增加等因素共同決定的。儒家思想有利於歷代王朝統治，但仍然無法避免上述問題進一步發展導致的混亂結局。因此，歷史上每個大一統王朝基本上有二百年至四百年（中間出現一次中興）的大限。結構化系統要求的不是個性而是共性，因此壓抑個性是必需的，用規矩（禮）來規範人們的一言一行、情感表達與思想。

令狐沖身上散發出人性的自然

儒家思想的刻板要求在令狐沖身上是較少呈現的，《笑傲江湖》中他在不少名門正派人士眼中是個放浪形骸、吊兒郎當、行事狂妄的傢伙，令狐沖也評價自己「我乃無行浪子」。在整部小說中，令狐沖最快樂的時光便是從西湖湖底的地牢中脫身之後，化裝易容用福建泉州府參將吳天德的身分行走江湖，暗中保護恆山派眾尼。沒有了華山派門規的約束，令狐沖再也不用瞞著師父和師母偷酒喝，而是無拘無束地大口喝酒大口吃肉，暢快之餘再爆幾句「格老子」的粗口。面對嵩山派伏擊恆山派的刺客，也不

其他

用顧忌五嶽劍派彼此間的面子,直接拔劍誅殺惡人。這一切都是興之所至,不再遵循世俗的規矩,這是對天性的解放,是對儒家文化束縛人性的反抗。道家標榜的「返璞歸真」並非回到動物性的一面,而是盡量消除後天教化加之於身的束縛情緒、心理、思想,盡可能地展現天性,呈現在生活態度中便是樸素的自然人性。

這樣樸素的自然人性在令狐沖身上多有展現,比如當上恆山派掌門後,平日裡吃慣酒肉的他開始吃素,並要求跟隨自己的群雄可以繼續吃葷,但不能再上恆山群尼住的見性峰。這是一種對他人的尊重,對另一種存在方式的尊重,以及對人性的尊重和敬畏。還有他受定靜師太臨終所託,護送恆山群尼去福州途中,作為男人,為了避嫌,故意粗言粗語離開恆山女尼隊伍,卻在身後暗中保護,他避嫌的行為也是出於對群尼名聲的保護。令狐沖的這些舉動是自然人性的流露,是拋開儒家規範,直指最真實人性情感做出的決定。

因為在心理層面不刻意壓抑,所以他能共情自己的情感與需求,也同樣能共情別人的情感和需求,對他來說,這是一種自然而然的能力。這個能力也是他打動任盈盈、向問天、風清揚、藍鳳凰、老頭子、桃谷六仙、劉正風、曲洋、莫大先生等一眾人的重要因素。當然,他們的性格中也或多或少有與令狐沖相似的部分。

金庸將自己的態度投射在小說中

在《笑傲江湖》的故事中,令狐沖還有個令人印象深刻的特質是,他既不受脅迫也不受利誘。小說中最能詮釋他這個特質的情節是,任我行重登日月神教教主之位後,準備掃蕩各武林門派、一統江湖之際,以剷除恆

令狐沖：不羈的風

山派為要挾，並暗示未來讓他繼承自己的教主之位，以及許諾他和女兒任盈盈的婚事，要求令狐沖向自己表態臣服。最終，令狐沖斷然拒絕，既不受脅迫，也不受利誘，一如之前在西湖底救出任我行後，甘願受內力反噬之痛也不願被其收為己用。當少林寺方丈方證與武當派掌門冲虛，武林中最老牌的兩大勢力表態合力支持他，希望他能消滅左冷禪和岳不羣的勢力，成為武林正派的盟主以對抗日月神教的任我行時，在權力誘惑面前，令狐沖也斷然拒絕了。

金庸是透過描寫令狐沖的態度表達了道家「不以物累形」的思想。接受威脅或者利誘，必被「物」所困所縛，喪失的是自然天性，非道家人所為也。戰國時期有位楊朱，道家中人，他的著作現已不存，只有一些隻言片語在典籍中被引用，比如《孟子》中斷章取義地批判他「一毛不拔」的思想。道家著作《列子·楊朱》中記載道：「古之人損一毫利天下，不與也；悉天下奉一身，不取也。人人不損一毫，人人不利天下，天下治矣。」不取天下，不拔一毛，是為道家態度，後發展為「無為而治」的治國理念，漢文帝、漢景帝就是這個理念的實踐者，造就了「文景之治」，也為後來漢武帝的雄圖霸業打下基礎。

金庸寫《笑傲江湖》的目的是透過令狐沖的故事來闡述道家思想，同時也是在表達自己的政治態度，將自己的態度投射到令狐沖身上。金庸原名查良鏞，出生於海寧的世家望族，年輕時雄心勃勃，希望日後成為外交官，在政治上有所建樹，無奈造化弄人，這一夙願始終無法得償。靠寫作成名後，將自己對政治的看法寫進了書中，試圖透過令狐沖這個人物來闡述道家思想和處世態度。而恰恰道家的思想，本質上是反儒家的，更是反法家的，換一句話說，是反政治的，這也讓創作《笑傲江湖》的金庸在內心上好受一些。

其他

東方不敗：如果再回到從前

在徐克電影《笑傲江湖2：東方不敗》中，林青霞飾演的東方不敗深入人心，成為一代經典影視形象。原著小說中的東方不敗與林青霞的美貌颯爽一點也不沾邊，而是更多透著一股妖邪之氣。他在小說中還未登場，便讓其他人感受到深深的恐懼。

東方不敗的反差感

儀琳道：「……田伯光聽了這話後，斜眼向著令狐大哥問道，『令狐兄，你當真有必勝的把握？』令狐大哥道：『這個自然，站著打，我令狐沖在普天下武林之中，排名第八十九；坐著打，排名第二！』田伯光甚是好奇，問道：『你第二？第一是誰？』令狐大哥道：『那是魔教教主東方不敗！』」

眾人聽她提到「魔教教主東方不敗」八字，臉色都為之一變。（《笑傲江湖》第四回）

當恆山小尼儀琳在劉正風金盆洗手的儀式上，當著武林群雄轉述令狐沖與田伯光的對話，提到東方不敗時，全場一時噤聲色變。連一向硬氣的師父定逸也不準她再提這四個字，可以想見這個人名指向的是一股令人恐懼的強大力量。東方不敗這四字人名，金庸先生取得極妙，一種對強大力量的想像與感受撲面而來。這個名字已經成為一種象徵、一個符號，在拉岡所謂的象徵界運行，所以才能讓人生出各種恐懼的想像。當任我行一行

人潛入黑木崖刺殺東方不敗，見到他的真人時，驚詫反而大過恐懼。

　　房內花團錦簇，脂粉濃香撲鼻，東首一張梳妝檯畔坐著一人，身穿粉紅衣衫，左手拿著一個繡花繃架，右手持著一枚繡花針，抬起頭來，臉有詫異之色。

　　但這人臉上的驚訝神態，卻又遠不如任我行等人之甚。除了令狐沖之外，眾人都認得這人明明便是奪取了日月神教教主之位、十餘年來號稱武功天下第一的東方不敗。可是此刻他剃光了鬍鬚，臉上竟然施了脂粉，身上那件衣衫式樣男不男、女不女，顏色之妖，便穿在盈盈身上，也顯得太嬌豔、太刺眼了些。

　　這樣一位驚天動地、威震當世的武林怪傑，竟然躲在閨房之中刺繡！（《笑傲江湖》第三十一回）

　　金庸塑造的東方不敗堪稱神來之筆，人物的前後反差與衝突感達到極致。一位武功登峰造極、讓無數高手俯首聽命的日月神教教主，居然在房間裡扮繡花女子，行為舉止還如此自洽，實在令人匪夷所思。不但任我行、令狐沖一行人感到奇怪，讀者也一定充滿了疑問，東方不敗到底經歷了什麼，竟然變成這樣一副不男不女的模樣？

關於性別的精神分析判斷模型

　　東方不敗微微一笑，說道：「你二位能這麼說，足見男子漢大丈夫氣概。唉，冤孽，冤孽，我練那《葵花寶典》，照著寶典上的祕方，自宮練氣，煉丹服藥，漸漸地鬍子沒有了，說話聲音變了，性子也變了。我從此不愛女子，把七個小妾都殺了，卻……卻把全副心意放在楊蓮亭這鬚眉男子身上。倘若我生為女兒身，那就好了。」（《笑傲江湖》第三十一回）

301

其他

　　東方不敗性情大變，小說中說他是揮刀自宮練《葵花寶典》導致的，這是從生理角度給出的答案。那麼從心理角度如何解讀東方不敗的轉變呢？關於男性與女性的區分，精神分析早在一百年前就給出了一個心理判斷模型，這也是佛洛伊德偉大的洞見之一。他提出了三個判斷角度，分別是身體的性特徵、心智的性特徵、性客體的選擇。要知道，在一百多年前就用這樣的視角去看待男性和女性，是相當前衛的，這種判斷方式也因此飽受爭議。

　　東方不敗尖聲道：「果然是任教主！你終於來了！蓮弟，你⋯⋯你⋯⋯怎麼了？是給他打傷了嗎？」撲到楊蓮亭身旁，把他抱了起來，輕輕放在床上。東方不敗臉上一副愛憐無限的神情，連問：「疼得厲害嗎？」又道：「只是斷了腿骨，不要緊的，你放心好啦，我立刻給你接好。」慢慢給他除了鞋襪，拉過燻得噴香的繡被，蓋在他身上，便似一個賢淑的妻子服侍丈夫一般。

　　眾人不由得相顧駭然，人人想笑，只是這情狀太過詭異，卻又笑不出來。（《笑傲江湖》第三十一回）

　　在東方不敗的案例中，性客體的選擇被置於前臺呈現層面，是很容易被辨識出來的，他對楊蓮亭愛憐的態度表明了他的性客體對象是如楊蓮亭般的粗豪漢子。在身體的性特徵方面，他因為練《葵花寶典》失去了男性的生殖器官。因此，從身體的性特徵與性客體選擇這兩個角度很容易判斷，此時東方不敗的女性特質占優勢。另一個判斷角度「心智的性特徵」較之前兩個角度，是被置於後臺的背景層面，其中包含了許多因素，可以籠統地描述為，是否更多體現女性的心理特徵。這包含女性集體無意識特徵，以及社會對於女性要求的特質，後者會隨著社會文明的發展而變化，這也是女性主義者能夠在意識層面努力改變的部分。東方不敗看到楊蓮亭

受傷後，對待他的態度，就像一位妻子對待丈夫般無微不至地關心與疼愛。而楊蓮亭對待東方不敗的態度哪裡有半分下屬對待上司、教眾面對教主應有的尊敬，分明是古代社會丈夫對待妻子的上下尊卑的態度。東方不敗也坦然接受，這就是女性集體無意識的影響，他把自己放在了一個女性和妻子的位置。所以在心智的性特徵角度上，現在的東方不敗也更多呈現女性特質。

也難怪任我行、向問天以及東方不敗曾經的好兄弟童百熊再見到他時，會如此驚詫，此時東方不敗的舉止模樣與過去的他實在是差距太大。可是，東方不敗從一位鋼鐵男子轉變為一位嬌滴滴的女子，這背後更深層的心理動力又是什麼？

對於被愛的渴望

東方不敗的目光緩緩轉到盈盈臉上，問道：「任大小姐，這幾年來我待你怎樣？」盈盈道：「你待我很好。」東方不敗又嘆了口氣，幽幽地道：「很好是談不上，只不過我一直很羨慕你。一個人生而為女子，已比臭男子幸運百倍，何況你這般千嬌百媚，青春年少。我若得能和你易地而處，別說是日月神教的教主，就算是皇帝老子，我也不做。」（《笑傲江湖》第三十一回）

在小說中，任盈盈不止一次提到東方叔叔對自己很好，東方不敗也的確對她不錯，這份好源自他對任盈盈女子身分的羨慕。那麼，從心理層面上分析，東方不敗到底羨慕任盈盈什麼？在前面提到的「心智的性特徵」角度，對於男性、女性的區分，有一條是主動性與被動性的區別，這是集體無意識中對於男性原型與女性原型的本質區分。因此，在社會生活中，

其他

    人們通常會認同男性表現的主動性與女性表現的被動性。當然，現代社會出現相反的情況也不足為奇，這是現代文明發展帶來的多元化。但在親密關係中，男性的主動和女性的被動更容易被大多數人接受。東方不敗之所以羨慕任盈盈，是因為對方擁有年輕與美貌，能夠作為女子，在被動的位置上享受被愛的感覺。

    東方不敗需要「被愛」，這也許指向了他心理上的創傷與缺失。在小說中，透過他與好兄弟童百熊的對話可以知道，東方不敗自幼貧寒，父母雙亡，十一歲跟著這位兄長闖江湖，從低階教眾做起，一步步努力往上爬，多次身陷險境，九死一生。也正是因為他拚命的勁頭被教主任我行看中，他從風雷堂長老手下的一名副香主開始，被破格提拔，一路升遷，最終成為一人之下的副教主，手握大權。從精神分析的視角看，東方不敗如此追求事業有成與個人卓越的背後，其心理動力實際上來自對被愛的渴望。對孩子來說，愛來自他人，最早來自父母這樣的重要養育客體，如果獲得的愛比較充足，那麼被愛的感受會內化到自體中，成為今後愛自己的基礎。如果孩子過早喪失父母的愛，或被愛的感受不充足，那麼在長大的過程中，孩子會無意識地渴望從外在環境中尋求這份被愛的感受——而方法通常是努力讓自己變得卓越，這是一種在象徵層面希望從父母那裡重獲被愛的目光與關注的移情表現。但這本質上是不可得的，早年缺失的終究已經缺失，由此發展出的無意識補償模式，終究是刻舟求劍。因此，當東方不敗發動政變成功，囚禁了任我行，登上教主之位，成為武林至尊後驀然回首，被愛的體驗依舊不可得，創傷依舊在。這也能解釋為何東方不敗會像一位賢惠的妻子那樣對待楊蓮亭，因為粗豪的楊蓮亭就是他年輕時的樣子，他把被愛的渴望投射到了這位蓮弟身上，對其無限愛憐。

權力是透過獻祭後才能獲得的

不多時，又有一批人入殿參見，向他跪拜時，任我行便不再站起，只點了點頭。

令狐沖這時已退到殿口，與教主的座位相距已遙，燈光又暗，遠遠望去，任我行的容貌已頗為朦朧，心下忽想：「坐在這位子上的，是任我行還是東方不敗，卻有什麼分別？」

……

盈盈悽然一笑，道：「信得過。」隔了一會，幽幽地道：「只是我覺得，一個人武功越練越高，在武林中名氣越來越大，往往性子會變。他自己並不知道，可是種種事情，總是和從前不同了。東方叔叔是這樣，我擔心爹爹，說不定也會這樣。」令狐沖微笑道：「你爹爹不會去練《葵花寶典》上的武功，那寶典早已給他撕得粉碎，便是想練，也不成了。」盈盈道：「我不是說武功，是說一個人的性子。東方叔叔就是不練《葵花寶典》，他當上了日月神教的教主，大權在手，生殺予奪，自然而然地會狂妄自大起來。」(《笑傲江湖》第三十一回)

金庸筆下的武俠人物著實不少，各有鮮明特點，人物性格豐富多彩，但是如果用人格評估模型來劃分歸類的話，絕大多數人物都會被劃入自戀型人格。這是個挺有意思的現象，細細想來也情有可原。一個人持續地練習武藝，與人PK，不斷精進，最終成為高手、俠客，使自己比普通人更厲害（優秀），其心理動力必然是帶有自戀特質的。這個過程帶來的能力感、勝任感、滿足感、卓越感讓自體凝聚，在心理上屬於良性自戀。而如果個體受早年的創傷影響，對於自戀感受的需求過於痴迷，則容易進入惡性自戀的病態階段，就會從正常的自戀型人格漸漸轉變為自戀型人格障礙、自戀型行為障礙。在小說中東方不敗便是如此，任我行重登教主之位

其他

後也是如此，岳不羣、左冷禪也都展現出了這一點。他們都有一個相似的特點，即對於權力的無限痴迷追求。

權力會催生出惡性自戀，以及自戀型人格障礙或自戀型行為障礙。當一個人擁有決定他人態度、行為，乃至生死的權力時，他通常會感覺自己無所不能，漸漸誇大到無以復加，在無意識裡甚至覺得自己是決定一切的神祇。個人既然在神的位置上，那麼看待芸芸眾生就是俯視的，抽離的，沒有共情的。因此，古代君王會自稱寡人，鄭少秋有首歌〈無敵是最寂寞〉，天下一人的感受雖然寂寞，但也很滿足，自戀的滿足。

然而，當這條路走到盡頭時，孤身一人回頭再看，原來自己也是喪失了親情、友情、愛情等種種關係後才到達此處，自戀的滿足並不能撫慰喪失的痛苦，越往前走越需要獻祭本已不多的擁有之物。就如東方不敗自宮練《葵花寶典》的心理隱喻，用拉岡派精神分析理論來說就是：為獲取假陽具而獻祭了陰莖。這是否值得？最後，東方不敗給出了他自己的答案。

韋小寶：逝去的歌

韋小寶：逝去的歌

《鹿鼎記》是金庸最後一部長篇武俠小說，也是他爭議最大的作品，倪匡評金庸武俠《鹿鼎記》第一，不少金迷則捏著鼻子讀不下去。之所以有這樣的爭議，是因為《鹿鼎記》可以說是一部「反武俠」的武俠小說，從主角人物塑造到故事構思與之前任何一部金庸武俠小說完全相反。筆者亦認為《鹿鼎記》是金庸最好的一部小說，其思想境界遠超他之前所有的作品。正因為這不是一部純粹的武俠小說，所以能夠擺脫武俠框架的束縛登上巔峰。一件事物發展到盡頭，不是死亡就是自反，武俠小說也是一樣，《鹿鼎記》是一部武俠的自反之作，也是巔峰之作。

反英雄的主角

九難冷笑道：「今日倒也真巧，這小小禪房之中，聚會了一個古往今來第一大反賊，一個古往今來第一大漢奸。」韋小寶道：「還有一個古往今來第一大美人，一位古往今來第一武功大高手。」九難冷峻的臉上忍不住露出一絲微笑，說道：「武功第一，如何敢當？你倒是古往今來的第一小滑頭。」（《鹿鼎記》第三十二回）

《鹿鼎記》是一部反武俠、反英雄的小說。主角韋小寶與金庸武俠小說之前的所有主角完全不同，這種不同也是很多讀者不喜歡這部小說的最大原因。韋小寶身上既沒有郭靖家國天下的情懷，楊過的至情至性，張無忌的寬厚仁愛；也沒有蕭峰的英雄氣概，段譽的天真爛漫，虛竹的慈悲善

其他

良；更沒有令狐沖的瀟灑豁達。韋小寶身上展現出的反而是貪財好色、見風使舵的油滑。因此，韋小寶這個人物的設定基本切斷了讀者把自己代入主角的閱讀習慣，這也許是金庸刻意為之，因為他寫《鹿鼎記》是想要闡述一些思想，這些思想需要更多從客觀的角度來思考，而非從代入的主觀角度去體驗。就是這樣一位和傳統英雄俠客沾不上半點邊的人，卻完成了許多大事，誅鰲拜、滅神龍教、助平吳三桂三藩之亂、挫沙俄簽《尼布楚條約》。雖然讀者知道韋小寶是個杜撰的人物，但是放在小說中，他的所作所為以及最後的結果又是如此合情合理，這背後的原因值得我們思考。

這種聲音韋小寶從小就聽慣了，知道是老鴇買來了年輕姑娘，逼迫她接客，打一頓鞭子實是稀鬆平常。小姑娘倘若一定不肯，什麼針灸指甲、鐵烙皮肉，種種酷刑都會逐一使了出來。這種聲音在妓院中必不可免，他睽別已久，這時又再聽到，倒有些重溫舊夢之感，也不覺得那小姑娘有什麼可憐。（《鹿鼎記》第三十九回）

韋小寶出生在揚州社會最底層的妓院之中，母親韋春花是一位地位低微的妓女，父親是誰，連他的母親也不能確定。他應該是因母親避孕失敗所生，從小在妓院長大，母親忙著皮肉生意自然也就無暇管教他。這個野蠻生長的孩子，從小耳濡目染的是世界上最現實、最殘酷、最強調利益為先的成長環境，這也就不難理解韋小寶的價值觀就是現實的、注重利益的，為了生存可以放下一切，什麼家國，什麼驕傲，什麼面子，什麼慈悲，這些都不能成為阻礙他行為的內心障礙，不會構成心理層面的衝突。而恰恰家國情懷，名譽節操的取捨是英雄大俠們最為看重（糾結）的東西。

韋小寶暗暗嘆了口氣，心道：「媽的小調唱來唱去只是這幾支，不是《相思五更調》，就是『一根紫竹直苗苗』，再不然就是『一把扇子七寸長，一人搧風二人涼』，總不肯多學幾支。她做婊子也不用心。」轉念一想，險

韋小寶：逝去的歌

些笑了出來：「我學功夫也不肯用心，原來我的懶性兒，倒是媽那裡傳下來的。」（《鹿鼎記》第三十九回）

　　韋小寶是金庸武俠小說主角中武功最低微的，算來算去只會洪教主夫人教的美人三招和九難師父教的神行百變。前者是出其不意，鑽襠偷襲，上不了檯面的陰損奇招，後者是純粹的逃遁之術，這都符合韋小寶保命第一的行事風格。在《鹿鼎記》中，韋小寶戰無不勝，屢創奇蹟的關鍵不再是絕世武功，而是韋氏四寶：蒙汗藥，石灰粉，一件刀槍不入的金絲軟甲和一把削鐵如泥的匕首。這四件東西加上他舉世無雙的拍馬屁功夫，使他一路逢凶化吉，比任何武功都好用，管用。因此，小說中再也不會有降龍十八掌或者九陽神功那樣驚世駭俗的武功，也不會再有主角為了練成絕世武功而那麼辛苦地修內力，尋祕笈。理想中的武俠英雄不再成為決定事件成敗的關鍵力量，對絕世武功的理想化在此破滅。

　　韋小寶哼了一聲，問那歌妓：「你會唱《十八摸》罷？唱一曲來聽聽。」眾官一聽，盡皆失色。那歌妓更是臉色大變，突然間淚水涔涔而下，轉身奔出，啪的一聲，琵琶掉在地下。那歌妓也不拾起，逕自奔出。（《鹿鼎記》第三十九回）

　　在武功方面，韋小寶和大俠毫不沾邊，在才情品味方面，也只能用「俗不可耐」來形容。在之前的金庸武俠人物中，武藝與才情雙全是對大俠最完美的設定。哪怕如郭靖，自小長於大漠，不通文墨，在《射鵰英雄傳》中，他年少時遇黃蓉與人交流詩詞，常感尷尬與茫然。而《神鵰俠侶》裡的中年郭靖守襄陽時，他帶著楊過巡視城防，也能作一首壯懷激烈的宋詞來抒發內心的感懷。韋小寶從未對自己的粗俗感到一點羞恥感，可謂一個非常自然而然的庸俗之人。

其他

反愛情的小說

韋小寶一見這少女，不由得心中突地一跳，胸口宛如被一個無形的鐵錘重重擊了一記，霎時之間唇燥舌乾，目瞪口呆，心道：「我死了，我死了！哪裡來的這樣的美女？這美女倘若給了我做老婆，小皇帝跟我換位我也不幹。韋小寶死皮賴活，上天下地，槍林箭雨，刀山油鍋，不管怎樣，非娶了這姑娘做老婆不可。」（《鹿鼎記》第二十二回）

金庸武俠小說中，男女主角的愛情也是被金迷們津津樂道的，比如郭靖與黃蓉從少年到中年的相濡以沫，楊過與小龍女十六年之約的深情，張無忌與趙敏日久見真情，以及令狐沖與任盈盈的琴瑟和鳴。但到了《鹿鼎記》中，韋小寶的愛情卻是不存在的。韋小寶是金庸武俠小說中伴侶最多的男主角，他最終擁有了七個老婆，湊成了「三妻四妾」。但這和愛情沒有關係，韋小寶沒有愛的能力，他只有慾望沒有愛，他對於美麗的女性只有千方百計獲取的慾望，對阿珂的追求就是他慾望最赤裸裸的展現。書中將愛情的理想化表現得最極致的一位人物是百勝刀王胡逸之，他對陳圓圓一見鍾情，卻只甘願做她身邊的一名花匠。默默守護陳圓圓的二十三年中，胡逸之只希望偶爾能夠見到她，聽到她說話足矣。如此痴情到極致的愛情，韋小寶自然是無論如何也不能理解的，他從小沒見過什麼是男女之間的愛情，更不具備愛一個女子的能力，在他的心中，男女之情只是慾望與性的結果。

韋小寶心想：「這位明朝皇帝的末代子孫自殺殉國，有五個老婆跟著他一起死。我韋小寶如果自殺，我那七個老婆中不知有幾個相陪？雙兒是一定陪的，公主是一定恕不奉陪的。其餘五個，多半要擲擲骰子，再

韋小寶：逝去的歌

定死活了。方怡擲骰子時定要作弊，叫我這死人做羊牯。」（《鹿鼎記》第四十六回）

　　韋小寶身邊雖有七位如花似玉的妻子，卻沒有一位是因為愛情而與他在一起的。阿珂最後委身嫁於韋小寶，一方面是懷了他的孩子，另一方面是鄭克塽實在太草包，而且以她的身分很難成為鄭家正房媳婦，最終理想只能向現實低頭。教主夫人蘇荃則更是基於現實的考量，在神龍教被蕩滅，教主身死之後，作為朝廷要犯，也只有跟著韋爵爺才能夠護自己周全。小郡主沐劍屏與曾柔則是把韋小寶想像成自己以為的樣子。方怡從頭至尾就沒有愛過韋小寶，她屢次背叛出賣韋小寶，她的選擇純粹是出於現實的因素，這也符合她的出身與遭遇。建寧公主與韋小寶的關係始於深閨公主對性禁忌的好奇，之後二人的相處始終帶著主子對僕人的高高在上的態度，直到蘇荃出頭教了她規矩。那麼，讓韋小寶篤定會為自己殉情的雙兒，她真的愛韋小寶嗎？或許有一點，但更多是報恩。雙兒始終是一個愚忠的角色，莊家三少奶奶將她送給韋小寶，她就死心塌地地跟著他，為他擋劍，為他不眠不休拼《四十二章經》裡的羊皮碎片，無論韋小寶做什麼，怎麼對待她，她都毫無怨言，雙兒更像一個工具人，毫無自己的人格獨立性。沒有愛情的關係卻讓韋小寶與三妻四妾們其樂融融，各有所得。從這點上看，《鹿鼎記》不但反英雄，反武功，反才華，還徹底地一反武俠中的理想愛情。

大俠父親之死

　　風雨聲中，忽聽得吳六奇放開喉嚨唱起曲來：「走江邊，滿腔憤恨向誰言？老淚風吹，孤城一片，望救目穿，使盡殘兵血戰。跳出重圍，故國

其他

悲戀，誰知歌罷剩空筵。長江一線，吳頭楚尾路三千，盡歸別姓，雨翻雲變。寒濤東卷，萬事付空煙。精魂顯大招，聲逐海天遠。」

曲聲從江上遠送出去，風雨之聲雖響，卻也壓他不倒。馬超興在後艙喝采不迭，叫道：「好一個『聲逐海天遠』！」韋小寶但聽他唱得慷慨激昂，也不知曲文是什麼意思，心中罵道：「你有這副好嗓子，卻不去戲臺上做大花面？老叫化，放開了喉嚨大叫：『老爺太太，施捨些殘羹冷飯』，倒也餓不死你。」（《鹿鼎記》第三十四回）

韋小寶與英雄豪傑們的格格不入在整部小說中屢次上演。在《鹿鼎記》中，傳統的英雄俠客並不少，吳六奇、胡逸之，以及紅花會青木堂眾人等。其中，最典型的人物就是韋小寶的師父、紅花會幫主陳近南。有道是：「平生不見陳近南，就稱英雄也枉然。」可見陳近南是傳統英雄中的典範。他身上集中了儒家尊崇的仁義禮智信品格，心懷家國天下的理想，一生為反清復明奔走；為報國姓爺知遇之恩，哪怕受到排擠，依舊對主公鄭家忠心耿耿，可謂忠義。他和諸葛亮一樣都屬於為了心中理想，知其不可而為之的悲劇英雄，悲劇更能襯托出英雄本色，令人心折。陳近南對於韋小寶的重要性在於，他扮演了韋小寶心理上缺失的父親角色，一位理想化的父親。陳近南之死是韋小寶最悲痛的時刻，也有著更深層的隱喻。

陳近南功力深湛，內息未散，低聲說道：「小寶，人總是要死的。我……我一生為國為民，無愧於天地。你……你……你也不用難過。」

韋小寶只叫：「師父，師父！」他和陳近南相處時日其實甚暫，每次相聚，總是擔心師父查考自己武功進境，心下惴惴，一門心思只是想如何搪塞推諉，掩飾自己不求上進，極少有什麼感激師恩的心境。但此刻眼見他立時便要死去，師父平日種種不言之教，對待自己恩慈如父的厚愛，立時充滿胸臆，恨不得代替他死了，說道：「師父，我對你不住，你……你傳

我的武功,我……我……我一點兒也沒學。」

陳近南微笑道:「你只要做好人,師父就很喜歡,學不學武功,那……那並不打緊。」韋小寶道:「我一定聽你的話,做好人,不……不做壞人。」陳近南微笑道:「乖孩子,你向來就是好孩子。」

……

陳近南登時安心,籲了口長氣,緩緩地道:「小寶,天地會……反清復明大業,你好好幹,我們漢人齊心合力,終能恢復江山,只可惜……可惜我見……見不著了……」聲音越說越低,一口氣吸不進去,就此死去。

韋小寶抱著他身子,大叫:「師父,師父!」叫得聲嘶力竭,陳近南再無半點聲息。

蘇荃等一直站在他身畔,眼見陳近南已死,韋小寶悲不自勝,人人都感悽惻。蘇荃輕撫他肩頭,柔聲道:「小寶,你師父過去了。」

韋小寶哭道:「師父死了,死了!」他從來沒有父親,內心深處,早已將師父當成了父親,以彌補這個缺陷,只是自己也不知道而已;此刻師父逝世,心中傷痛便如洪水潰堤,難以抑制,原來自己終究是個沒父親的野孩子。(《鹿鼎記》第四十四回)

韋小寶從小缺失父親,無論是生物學上的親生父親,還是成長中的養父都是缺失的,但凡是缺失,就需要在心理上獲得一定程度的補償。當他遇到陳近南,陰差陽錯加入紅花會做了青木堂香主之後,陳近南成了韋小寶心理上的父親。

父親最重要的心理功能包括對孩子言傳身教規則意識,以及作為崇拜榜樣,給予孩子理想化的精神指引。可以明顯看到,早期的韋小寶身上就缺少這兩個部分,他的規則是為了生存可以無所不為,也正因為如此,才誤打誤撞地成為小玄子(康熙)的夥伴。這套生存哲學讓他在皇宮這個「大妓院」(韋小寶第一次進宮時對其的評價)生活得遊刃有餘,當然也離

其他

不開索額圖的指導，但這不屬於父親規則，或者說不是帶有父性精神的規則。陳近南踐行的是一套代表父性精神的規則，這套規則在各個時代呈現得雖有不同，但總體是從精神層面對映到現實生活中的什麼可為、什麼不可為的道德準則。

陳近南理想化的形象與其反清復明的理想是一種父性的精神指引，這部分會形成孩子自我理想化的重要一環。韋小寶卻自始至終都沒有精神層面的自我理想化痕跡，他從來沒有反清復明的理想，也沒有顧炎武、吳六奇等人為報國仇家恨的犧牲精神。韋小寶從沒有想過自己要成為什麼樣的人，他一直被層出不窮的事件推著走，用他的生存哲學見招拆招，逢凶化吉。直到最後路走不通了，必須在康熙和紅花會之間做出選擇時，他放棄了這兩個選擇，最終帶著母親、妻兒以及錢財隱姓埋名去大理國過逍遙日子。他的選擇永遠是基於物質的、生存的，不會是立場的、精神的。

陳近南的逝世，對韋小寶來說是父性精神的徹底失去，這也是他如此悲傷的更深層原因。他雖然與陳近南相聚不多，但依然受到了一些父性的影響，比如韋小寶身上比較明顯的「講義氣」特點，這一方面是受他小時候聽評書的影響，另一方面也是陳近南這個心理上的父親帶給他的。只是在心理層面上，韋小寶遇到「父親」太晚，「父親」離開得又太早，這是他人生的遺憾與悲哀。他如洪水決堤般的悲痛既是對陳近南離去的哀悼，也是對自己缺失父親、重獲父親卻最終喪失父親的哀悼。

父性精神的輓歌

那文士提筆蘸上了墨，在紙上寫了個「鹿」字，說道：「鹿這種野獸，雖是龐然大物，性子卻極為和平，只吃青草樹葉，從來不傷害別的野獸。

凶猛的野獸要傷它吃它,它只有逃跑,倘若逃不了,那只有給人家吃了。」又寫了「逐鹿」兩字,說道:「因此古人常常拿鹿來比喻天下。世上百姓都溫順善良,只有給人欺壓殘害的份兒。《漢書》上說:『秦失其鹿,天下共逐之。』那就是說,秦朝失了天下,群雄並起,大家爭奪,最後漢高祖打敗了楚霸王,就得了這隻又肥又大的鹿。」(《鹿鼎記》第一回)

韋小寶這樣一個市井小子、缺乏父性引導之人,最終長成一個武藝平平,品味俗氣,貪財好色又有些江湖義氣的人。但恰恰是這樣的反英雄人物,最終卻完成諸多大事,獲封一等鹿鼎公,位極人臣,這樣的故事構思是金庸有意為之。小說開頭,作者借文士父子對答點出了「鹿」與「鼎」的含義,對應了小說結尾處韋小寶受封的鹿鼎公爵位。《鹿鼎記》要表達的思想就在這個前後呼應之中,金庸旨在批判中國歷史上的統治者們用嚴刑峻法塑造的壓抑社會。

小說發生在清代康熙初年,在小說第一回中,通篇都在寫當時的文字獄。秦滅六國一統天下用的就是法家思想,但法家思想和法律公正不是一回事,簡單說就是統治階層對布衣百姓採用嚴刑峻法的統治手段。也是因為法家太過嚴苛,秦朝兩世滅亡。經過漢朝文景兩代採用道家無為而治的短暫階段之後,到漢武帝時開始獨尊儒術,建構出「外儒內法」的統治策略,一直沿用到清,其嚴苛程度到明清最盛。

法家代表人物韓非子在〈五蠹〉中的名句「俠以武犯禁」,是最早提到「俠」這個概念的記載,這句話體現了法家對於俠的否定態度。於是乎,在兩千多年「外儒內法」思想的統治下,俠是不被允許的,是被打壓的,俠的精神在這樣的統治背景下一定會逐漸消亡殆盡。這就是《鹿鼎記》為何是部反武俠的武俠小說,因為在古代的社會統治背景下,俠不過是一種想像,想像終究抵不過現實,終將破滅。毫無半點俠氣的人反而能夠在這

其他

樣的社會中左右逢源，呼風喚雨，得償所願。真正懷有俠義精神的人，如陳近南，唯有壯志難酬，遺恨而亡。

　　金庸武俠洋洋灑灑數百萬字，「飛雪連天射白鹿，笑書神俠倚碧鴛」到底在寫什麼？如果從精神分析角度，一言以蔽之就是寫「尋找父親」。金庸筆下的主角們大多都沒有父親，或是遺腹子；或是還在襁褓中就失去了父親；幼年、少年喪父者比比皆是；還有不知道自己親生父親到底是誰的。他們開啟英雄之旅的心理動力本質上都是在尋找「父親」，尋找父性精神，並將其繼承或發揚。直到《鹿鼎記》的故事，透過韋小寶這個主角，金庸表達了「俠」這種代表父性精神的象徵在現實世界中掙扎、磨滅，雖有萬般傷感但又不得不接受，於是金庸武俠到此為止。

附錄：談「中西人格的心理差異」

近來忽有所感，我距今從事臨床心理諮商的學習與工作已滿12年，說長不長，說短也不短，好歹一路走了下來，沒有出現倦怠，興趣也未減。這十多年來，我心裡始終有一個疑問，這個疑問在我剛從事心理方面的工作時就出現了，後來還擴展出一系列疑問，面對這些疑問，我始終無法解決，或者說無法做出讓自己滿意的回答。隨著這些年在心理諮商與治療領域的學習與實踐，這個疑問始終在那裡，有時候在後臺靜默，有時候則出現在前臺迫使我去思考。

這個疑問就是：「中西人格作用在心理層面上，是否存在巨大差異？」具體來說，就是由於東西方存在地域差異，文化差異，人種差異，乃至歷史的差異，那麼華人和西方人（當然還可以再分）在內在人格層面上是否存在差異，這個差異是否大到足夠使各自的心理層面出現極大的不一致性，甚至對立性？這個問題的答案簡單來說，無外乎是與否。或者用我們已經駕輕就熟的辯證邏輯來套一下：東西方人格有相同的地方也有不同的地方，需要我們辯證統一地看，去理解，求同存異，著眼實踐，關注生活……可是我不願意在這個貌似清楚，實則混亂的地方停止追問與思考，因此，這個疑問還引發了一系列的追問。

我們奉為圭臬的現代心理治療與諮商的認識論與方法論均來自西方，是基於西方人的人格心理，針對西方人心理困惑與心理矛盾得出的結論，它是否適合我們中國人的心理？

附錄：談「中西人格的心理差異」

　　如果中國人和西方人在人格層面存在巨大差異，那麼這些心理治療方法對中國人適用嗎？會不會只是安慰劑，甚至有副作用？

　　在經過一段時間的臨床心理諮商與治療之後，透過現實與感受的評估，來訪者的心理確有改善和治癒，那麼這些基於西方人格心理的理論和方法，如何作用於內在人格不同的華人心理，起效的原因何在？

　　……對於這一系列問題，我至今沒有得出清楚的，自己認為完善的、滿意的答案，或者說也許永遠不會有完美的答案，只有不斷地去追問，去思考，去探求。也許這個過程本身便構成了對問題接近完美的回答。

　　人的心理與人格特質息息相關，人格對於心理的影響是決定性的、先驗性的，但人格不具備倫理性，並不是品格的同義詞。不同人的人格各有不同，但有共性部分，尤其生活在同一個或相近文化地域的背景中，這樣的共性人格是顯而易見的，此文討論的中西人格主要指這個共性部分。

　　西方人格的形成基於西方文化的塑造，西方文化起源於古希臘文明，經過古羅馬文明、基督教文化到今天的科技文明，雖歷經數千年，但其內在的核心思想一脈相承，這個核心即是塑造西方人格的關鍵因素。作為西方文明之根的古希臘文明，其核心思想在那些如群星璀璨的古希臘哲學家的哲思中得以體現。相較西方文明，東方文化的根為道家思想，又誕生了核心一致、外顯入世的儒家思想，再異化的法家思想，最終在內法外儒與道家思想的不斷切換中，迎來印度佛教思想傳入東土，再演變為本土佛教（以禪宗為代表），直到宋明理學出現，將儒釋道的思想進行糅合，這個文化發展過程成為塑造東方人格特質的基礎。

　　第一個被記載的古希臘哲學家泰利斯（Thales）說：「這個世界是由水構成的。」從此開啟了哲學，開啟了對於世界本源的探討。德謨克利特

（Democritus）說世界的本源是「原子」；阿那克西美尼（Anaximenes）說是「氣」；畢達哥拉斯說是「數」……這些哲人們提出觀點，去思考，去辯論，去證明自己的觀點。與此同時，東方最偉大的哲學家老子同樣提出了自己的觀點，他認為世界的本源是「道」。但這個觀點不可描述，不能證明，不能分析，不能討論，因為「道可道，非常道」，只能感受，這種「不能言傳，只可意會」的文化傳統一直影響到今天。不追問形而上的本質，就走向形而下的運用。於是西方與東方各自衍生出「無用」的哲學、抽象的幾何代數、上帝與黃老之術、治國平天下的權謀、仁治。

東西方文明差不多的起點，卻走向了不同的道路，這個不同隨著歷史的發展，在近代已經產生了肉眼可辨的巨大差異。西方由不斷形而上的思辨追問展開了個人主義，自由主義；東方則進入了自然主義，實用主義。西方文化的思辨精神最佳注解是笛卡兒的「我思故我在」，這是主客分離的二元論，是內在精神世界與外在自然世界的二元分化。對於這個分化，西方文明是用宗教，用上帝，用基督來解決，以達到二者的連結與統一。而這個問題在東方則完全不存在，受自然主義的影響，在東方文化中，內在精神與自然世界是合一的，未分化的，體現在道家是坐忘，在佛家是無我，在儒家是家國天下。所以會有一種激進的觀點認為，中國的文化裡沒有宗教信仰，因為中國文化裡沒有基督教式的那種純粹的彼岸式信仰，而是一種更為現實化、世俗化、功利化的此岸式信仰。

二元分化的文化會催生出「我」的意識，我之獨立，我之存在。隨之而來的是心理上的「自由意志」，這是西方人格最本質的底色。在《聖經》中，亞當、夏娃被逐出伊甸園的隱喻便是他們意識到了彼此的不同，意識到了自己與上帝的不同，從融合態中分裂了出來，失去了樂園，但開啟了

附錄：談「中西人格的心理差異」

智慧，也開始了自己為自己負責的血與淚的自由之旅。回到東方文化，找遍上下五千年，有血緣意志，宗族意志，家國意志，天道意志……各種結構系統意志，唯獨沒有「我」的「自由意志」。古今多少大英雄、大梟雄不是替天行道，就是天要亡我，要麼是順應天意，要麼是造物弄人。一切行為要合乎心，合乎理，合乎道，心即是理，理即是性，空即是色，色即是空……我與自然合一，內在精神世界與自然世界不分，這是東方文化追求的最高境界。所以「我」在哪裡？「我」無處不在，那麼又如何有我？如何有自我意識？這個部分的追求在六祖慧能贏了神秀，得了禪宗法脈的那首傳頌千年的佛偈中體現得淋漓盡致。

西方文明經過文藝復興，宗教改革運動之後，基督教對人精神上的影響被迅速發展的科學技術替代，最終尼采宣告：上帝已死。對西方來說，這是個新時代的開始，是一個最好的時代，同時也是一個最壞的時代。上帝死了，解決內在精神世界與外在自然世界二分困境的上帝死了。這個空出來的部分，是無法用科學彌補的，科學雖然做了很多努力，但至今仍無法擔當連結精神世界與自然世界的橋梁。因此，我們可以看到今天的西方世界呈現出越來越多的分裂現象——從內心到外在。上帝死後，才有了西方心理學的出現。從這個哲學層面來說，西方的心理學是替代原本基督教的角色來重新彌合西方心理上的分裂傾向。而東方文明在近代之前呈現的都是融合的自然主義、結構主義的心理特徵。血緣，宗族，家國，天下，將所有人捆綁在一起，沉悶，壓抑，但也融合，安全，有情（無愛），你中有我，我中有你，但沒有「我」，沒有自由意志。所以中國近代以前的歷史始終王朝興替，周而復始，你方唱罷我登場，看似很熱鬧，但本質上換湯不換藥，結構不變。打破東方文明這個形式以及心理結構的，

是被西方欺壓的那段屈辱歷史。傳統的結構化文化太堅固了，很難進行自身更新疊代，只有靠外力的打破，雖然這個過程是極為痛苦的，但也是不得不挨的。

談到這裡，我們可以粗略地得出結論，西方人格心理問題的本質是由長期內心二元分裂衝突導致的。西方的心理諮商與心理治療本質上是在彌合這個分裂的部分。就拿精神分析來說，佛洛伊德的「三我結構」、「地質說」、「生死本能」都是對這個分裂本質的理性闡釋。而他的工作是基於「我」的自由意志大背景下的分析，最終在古希臘的日神精神和酒神精神之間找一個相對自由的平衡點。

而我們東方文化背景下的心理問題在於「傳統融合態的打破」和「新的自我意識進入」產生的衝突與矛盾。這個內心衝突矛盾的外在呈現，可以參照、觀察南北文化的差異導致地域經濟發展的不平衡。這些年，傳統文化的提倡與興起，解讀儒釋道經典，推崇陽明心學，其背後的心理是對於注入心理結構的新因子使結構暫時處在不穩定狀態的一種無意識補償，是一種偏執──分裂位態，是害怕喪失、混亂才要更緊地抓住過去。

基於上述東西方文化與心理的差異，我們有必要進一步審視西方的心理治療與諮商作用於我們東方文化下的心理的有效性和負面性問題。這個問題是值得深入、詳細、長期地討論和思考的。限於篇幅問題，我簡單談幾個小例子。

人格面具。人格一詞原本來自拉丁文中的面具，在西方文化裡，人格面具沒有貶義的意思，因為人格不具備倫理性。關於東西方人內心的不同有一個「鏡子」的比喻。同樣是一面鏡子，西方人習慣把鏡子放在外面，透過外在世界照見自己，所以西方人注重法律、言行、規範，以此來演出

附錄：談「中西人格的心理差異」

自己，展示人格，而不去追究內在如何，因此，西方人更注重個人隱私，哪怕內心再不堪，只要外在合乎法律規範，就算是一名擁有高尚品格（注意，不是人格）的人，這也是西方原罪文化的起源。而華人的鏡子是在心裡的，是無垢的，因此，神秀那句「時時勤拂拭」的佛偈輸了慧能的「本來無一物」一籌。華人無論是看人還是看事，都是從這個自以為無垢的本心之鏡出發去映照別人，探求別人內心的鏡子如何，是否乾淨，出發點如何，至於做事的結果反而在其次。因此，好心辦壞事、身不由己都是可以被原諒的，因為本心乾淨。所以，華人做事常說我摸著自己良心如何如何……要將自己的內心展現給這個世界看，以達到內心精神世界與外在自然世界的融合。但這恰恰失去了真正的反思，鏡子是無法反照自身的，缺乏反思更容易走入虛偽、粉飾、自我欺騙之途。鏡子的比喻代表了西方人內心的分裂，人格長期外顯導致的僵化，因為分裂的加劇，所以才有人格面具的理論，這是一種緩解西方人心理焦慮和僵化的觀點。而東方人不但不需要摘下這個面具，反而應該更多塑造這個面具，這個面具代表的是「我」，塑造的過程恰是自由意志展現的過程。有意識地戴上自己選擇的面具，知道自己在演出並且努力演好是不累的；相較之下，戴上一樣的面具卻以為自己沒有戴面具，在人生的舞臺上演出才是累人的。

孤獨。因為西方人心理上的分裂體驗，所以西方式的孤獨是深入骨髓的。這部分在東方文化裡是達不到的，因為東方人受傳統文化的影響，其心理上是融合的。歷史上有很多離群索居的隱士，但那種孤獨只是形式上的孤獨，而非精神上的孤獨，是一種與天地精神相往來，與自然世界融合的體驗，是一種以孤獨的方式去追求更深刻的融合體驗。這與西方文化中在此岸嚮往彼岸的孤獨是非常不同的，西方人的孤獨是一種更為純粹的孤

獨，是薛西弗斯日復一日推石頭的孤獨，是一種希望在彼岸獲得救贖的孤獨。而中國的隱士們追求的是與天地融合的孤獨，而其他更多人的孤獨僅僅是恐懼被群體異化或不容於群體，本質上也是為了融合。所以在憂鬱或憂鬱症的心理治療中，如果說導致憂鬱的最深層原因是孤獨的話，那麼孤獨的不同層次、不同原因在心理治療與諮商工作中也要被考慮進去。

除了孤獨，另外一種情緒在東西方文化中也有些許不同解讀，比如自體心理學非常重視的一種情緒體驗：羞愧感。在西方文化中，這種感受主要是由人格面具的演出與內在自我評價相悖的反思帶來的；而在東方文化中，人們更多是意識到自己與群體文化不一致導致的羞愧體驗，這些都是需要我們細細分辨和體會的。

那麼為何在東西方文化差異、人格差異、心理差異的大背景下，西方式的心理治療與心理諮商還能夠在實際層面對東方人的心理產生療效？這真是一個複雜的問題，目前我還沒有一個確切的答案。對此，我聯想到，在中國目前的心理治療與諮商領域，精神分析取向的心理療法之所以如火如荼地開展並占有相當高的比例，除了客觀上精神分析流派進入中國比較早之外，我認為精神分析流派內在的哲學性，即理性、思辨、邏輯，並強調自我，崇尚自由意志的特徵暗暗契合了當下中國人內在心理的無意識需求，雖然這種需求也是充滿矛盾的，但是，值得去接納。

附錄：談「中西人格的心理差異」

後記

　　這本書緣起於 2016 年的暑假，我在富春江上行船，一邊欣賞兩岸湖光山色，一邊在一個群組中聊臨床心理，後來不知怎麼大家就一起聊到了金庸武俠人物的心理特徵，我當時便有了一些靈感。半年後的 2017 年 1 月，我寫了第一篇金庸武俠人物分析的文章，將它發表在我的個人社群上。

　　第一篇文章分析了《射鵰英雄傳》中郭靖與黃蓉的人物性格及其心理成因與發展，當時並未有系列寫作並出版的想法，純屬自娛自樂。之後的幾年時間裡，每當我在心理諮商工作中偶有所感，並能聯想到金庸筆下人物的人格以及心理特點時，我便會撰寫一文。這算是對心理諮商工作的一種經驗總結，對臨床治療中一些觀點的思考。到 2021 年 4 月中旬時，我大約零零散散寫了 24 篇人物心理分析。之後這個系列一直停更。直到 2023 年 9 月的一天，我突然在網路上得知 2024 年是金庸先生 100 週年誕辰的訊息，當時突然生出個想法，打算將這個系列在 2024 年前更新完畢，算是給這個系列畫上一個句號，並以此來紀念金庸先生。於是，我在 2023 年接下來的時間裡突然靈感如泉湧，寫完了餘下的 14 篇，前後一共 38 篇金庸武俠人物分析。濟南出版社的姚曉亮編輯作為同樣愛好金庸武俠小說與精神分析的朋友，在 2018 年關注了我的個人專頁，曾經也問過我是否有考慮出版這個系列的意願，當時我並沒有這個想法，於是婉拒了。在 2023 年底，我重新聯繫了姚編輯並表達了出版意願，當時心裡頗有些不安，沒想到姚編輯的熱情讓我打消了顧慮。於是，在姚編輯與濟南出版

後記

社的幫助與建議下，我將 38 篇文章進行了一些修整和改善，最終在 2024 年能夠出版。

　　作為一位再過幾年就知天命的 70 後，金庸武俠小說以及武俠影視劇是我青少年時期最主要的精神娛樂之一，此外還有 1980 年代的港臺流行歌曲。這兩部分深深影響了我個人的各方面，從人生態度到思考方式，乃至生活與審美。這是鮮明的時代文化給個人留下的印記，會從內在心理到外在表現影響一代甚至幾代人。我寫金庸武俠人物的心理分析，每一篇都用流行歌曲的歌名或歌詞做標題，大多是自然而然地想到，算是一種回顧，一種紀念，一種祭奠：回顧自己一路在臨床心理諮商中的工作，紀念我心中的精神父親金庸先生，祭奠已經逝去的青春歲月。

　　本書能夠出版要感謝濟南出版社與姚曉亮編輯的大力支持與協助。感謝我在心理諮商路上遇到過的諸多良師，如中德班的仇劍崟老師、李小龍老師等，帶我入門精神分析的薛偉老師、鄒政老師；感謝學習路上遇到的心理學同道們；最後也要感謝我的家人，尤其是我的愛人 Lisa 蔣對我一直以來的支持。

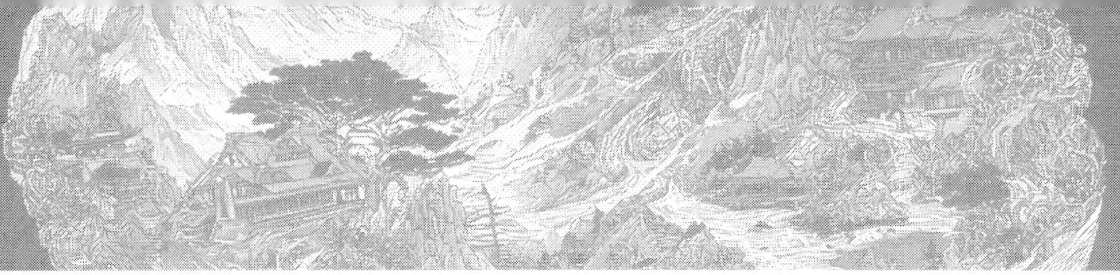

師父，這玩意比功夫還管用！闖江湖必備的心理學寶典：

飛雪連天射白鹿，練武不如讀心術！佛洛伊德帶你拆解金庸筆下的愛恨情仇

作　　　者：	居正
發 行 人：	黃振庭
出 版 者：	樂律文化事業有限公司
發 行 者：	崧博出版事業有限公司
E-mail：	sonbookservice@gmail.com
粉 絲 頁：	https://www.facebook.com/sonbookss/
網　　　址：	https://sonbook.net/
地　　　址：	台北市中正區重慶南路一段 61 號 8 樓

8F., No.61, Sec. 1, Chongqing S. Rd., Zhongzheng Dist., Taipei City 100, Taiwan

電　　　話：	(02)2370-3310
傳　　　真：	(02)2388-1990
印　　　刷：	京峯數位服務有限公司
律師顧問：	廣華律師事務所 張珮琦律師

-版權聲明-

本書版權為濟南社所有授權崧博出版事業有限公司獨家發行繁體字版電子書及紙本書。若有其他相關權利及授權需求請與本公司聯繫。

未經書面許可，不得複製、發行。

定　　　價：450 元
發行日期：2025 年 06 月第一版
◎本書以 POD 印製

國家圖書館出版品預行編目資料

師父，這玩意比功夫還管用！闖江湖必備的心理學寶典：飛雪連天射白鹿，練武不如讀心術！佛洛伊德帶你拆解金庸筆下的愛恨情仇 / 居正 著 . -- 第一版 . -- 臺北市：樂律文化事業有限公司, 2025.06
面；　公分
POD 版
ISBN 978-626-7699-40-9(平裝)
1.CST: 精神分析 2.CST: 文學評論
175.7　　　　114007559

電子書購買

爽讀 APP　　　臉書